中国语言学

第八辑

图书在版编目(CIP)数据

中国语言学. 第8辑/郭锡良,鲁国尧主编. —北京：北京大学出版社，2015.10
ISBN 978-7-301-26429-4

Ⅰ.①中… Ⅱ.①郭…②鲁… Ⅲ.①汉语—语言学—丛刊 Ⅳ.①H1-55

中国版本图书馆CIP数据核字(2015)第255718号

书　　名	中国语言学　第八辑
著作责任者	郭锡良　鲁国尧　主编
责任编辑	王铁军　王　飙
标准书号	ISBN 978-7-301-26429-4
出版发行	北京大学出版社
地　　址	北京市海淀区成府路205号　100871
网　　址	http://www.pup.cn　　新浪微博:@北京大学出版社
电子信箱	zpup@pup.pku.edu.cn
电　　话	邮购部 62752015　发行部 62750672　编辑部 62753374
印刷者	三河市博文印刷有限公司
经销者	新华书店
	787毫米×1092毫米　16开本　13印张　324千字
	2015年10月第1版　2015年10月第1次印刷
定　　价	38.00元

未经许可，不得以任何方式复制或抄袭本书之部分或全部内容。
版权所有，侵权必究
举报电话: 010-62752024　电子信箱: fd@pup.pku.edu.cn
图书如有印装质量问题，请与出版部联系，电话: 010-62756370

《中国语言学》工作委员会

主　编：郭锡良（北京大学）、鲁国尧（南京大学）

学术委员会：（按音序排列）

　　曹先擢（国家语言文字工作委员会）　　陈新雄（台湾师范大学）
　　陈章太（国家语言文字工作委员会）　　戴庆厦（中央民族大学）
　　侯精一（中国社会科学院语言研究所）　胡明扬（中国人民大学）
　　胡壮麟（北京大学）　　　　　　　　　吉常宏（山东大学）
　　江蓝生（中国社会科学院语言研究所）　蒋绍愚（北京大学）
　　李维琦（湖南师范大学）　　　　　　　李行健（国家语言文字工作委员会）
　　陆俭明（北京大学）　　　　　　　　　宁继福（吉林省社会科学院）
　　钱曾怡（山东大学）　　　　　　　　　裘锡圭（复旦大学）
　　孙良明（山东师范大学）　　　　　　　唐作藩（北京大学）
　　王　宁（北京师范大学）　　　　　　　伍铁平（北京师范大学）
　　邢福义（华中师范大学）　　　　　　　徐思益（新疆大学）
　　许嘉璐（北京师范大学）　　　　　　　许威汉（上海师范大学）
　　薛凤生（美国俄亥俄州立大学）　　　　曾宪通（中山大学）
　　詹伯慧（暨南大学）　　　　　　　　　赵振铎（四川大学）
　　宗福邦（武汉大学）

编辑委员会：（按音序排列）

　　陈保亚（北京大学）　　　　　　　　　董　琨（中国社会科学院语言研究所）
　　董志翘（南京师范大学）　　　　　　　郭芹纳（陕西师范大学）
　　黄德宽（安徽大学）　　　　　　　　　华学诚（北京语言大学）
　　蒋冀骋（湖南师范大学）　　　　　　　李国英（北京师范大学）
　　李家浩（北京大学）　　　　　　　　　李建国（国家语言文字工作委员会）
　　李小凡（北京大学）　　　　　　　　　李宇明（北京语言大学）
　　刘晓南（复旦大学）　　　　　　　　　卢烈红（武汉大学）
　　马重奇（福建师范大学）　　　　　　　潘文国（华东师范大学）
　　乔全生（山西大学）　　　　　　　　　邵永海（北京大学）
　　宋绍年（北京大学）　　　　　　　　　孙建元（广西师范大学）
　　孙玉文（北京大学）　　　　　　　　　唐钰明（中山大学）
　　汪国胜（华中师范大学）　　　　　　　汪维辉（浙江大学）
　　王韶松（山东出版集团）　　　　　　　吴金华（复旦大学）
　　杨端志（山东大学）　　　　　　　　　杨亦鸣（徐州师范大学）
　　殷国光（中国人民大学）　　　　　　　俞理明（四川大学）
　　喻遂生（西南大学）　　　　　　　　　曾晓渝（南开大学）
　　张　猛（北京语言大学）　　　　　　　张涌泉（浙江大学）
　　张振兴（中国社会科学院语言研究所）

编辑部主任：孙玉文

目 录

郭锡良　再谈《鸟鸣涧》的释读问题 …………………………………………………（1）
　　　　——答蔡义江《新解难自圆其说》
单周尧　高本汉《先秦文献假借字例·绪论》评《说文》谐声字初探 ……………（12）
梁慧婧　谐声不管等之说不可信 ………………………………………………………（32）
周守晋　关于"第三次古音学大辩论"的两点思考 …………………………………（45）
　　　　——从冯蒸教授对这场辩论的总结说起

方有国　先秦汉语"其"的词性演变 …………………………………………………（58）
匡鹏飞　连词"无论"形成发展的历时考察 …………………………………………（70）
陈国华　《辨字诀》：一部早于《马氏文通》的本土汉语文法 ……………………（79）

万献初　颜师古《汉书注》音切数据与术语考析 ……………………………………（94）
张其昀　论音义结合之相对有理性 ……………………………………………………（104）
　　　　——传统语言起源观补正
邱克威　辨"刘""留" …………………………………………………………………（119）

王璐璐　袁毓林　"NP+V起来+AP"句式的语义分析 ……………………………（123）
刘思维　王韫佳　于梦晓　覃夕航　卿伟　普通话阴声韵中/o/和/e/
　　　　音值的实验研究 ………………………………………………………………（133）

郭芹纳　关于《汉语大词典》的一些问题 ……………………………………………（151）

【笔谈】
鲁国尧　古诗文吟诵·我学习古诗文吟诵的经历 ……………………………………（161）
白兆麟　继承传统学术，创新现代思维 ………………………………………………（167）
　　　　——《鲁国尧语言学文集·衰年变法丛稿》评析
张猛　华学诚　汉语的研究应该尊重科学讲究逻辑 …………………………………（173）
姜望琪　《语法修辞讲话》的前前后后 ………………………………………………（179）

【转载】
何乐士　著名的语言学家丁声树 ………………………………………………………（189）
洪成玉　《古今字字典》自序 …………………………………………………………（200）

再谈《鸟鸣涧》的释读问题*
——答蔡义江《新解难自圆其说》

北京大学　郭锡良

提要：王维《鸟鸣涧》的解读早有分歧。十一年前作者发表短文，批评了"春桂"说，赞成"桂花"是指代月光。接着蔡义江发表了批驳文章，作者这次访问王维辋川别墅遗址后，才对蔡文作出了全面反驳。本文首先分析了蔡文对所引用的多首古诗的解释，分别指出它的错误；并根据植物志、县志等论证了从古至今终南山北坡都不可能生长"春桂"。然后结合遗址所处山谷的形势充实了对《鸟鸣涧》的释读，明确了这是一首描写山区春忙季节夜景的田园诗；并对古今用禅理、禅意来解释王维山水的田园诗的做法提出了批评。

关键词：王维　辋川　鸟鸣涧　桂花　月光　山水田园诗

　　十多年前我看到新编《千家诗》《唐诗选》等选本对《鸟鸣涧》的注释，觉得有些地方不妥当，就写了一篇短文《王维〈鸟鸣涧〉的"桂花"》，发表在《文史知识》2002年第四期。我赞同《鸟鸣涧》中的"桂花"是指月光而不是指桂树的花朵，作了比较全面的考证和分析。《文史知识》同年第七期又推出了蔡义江的《新解难自圆其说——也谈〈鸟鸣涧〉中的"桂花"》，对我的论点进行了批驳。蔡文我多年没有看到，直到2008年吴金华教授邀我到复旦大学讲几次课时，我的讲课题目之一是《漫谈知人论世与字、词、句落实——评古典诗词误释三例》，其中一例就是《鸟鸣涧》。课后，有人把蔡文下载复印给我，后面一次课我对蔡文简单地作了一些交代。我认为它没有解决字、词、句的落实问题，却对他提出唐以前的诗中就有写春桂的例证，表示也许我把话说得太满了，要好好考虑。

　　2013年暑假陕西师大举办汉语言文字学高级研讨班，要我讲课，我这次又谈到了《鸟鸣涧》的问题。在课堂上，我提到了蔡文，指出他没有弄清楚《鸟鸣涧》是写山区春忙季节的夜景；又分析、推论王维隐居终南山的辋川别墅很可能是处在一个东南山势比西边高的山谷。讲完课后陕西师大的胡安顺、党怀兴两教授带南京大学讲课的鲁国尧教授和我参观了蓝田猿人出土处和王维辋川别墅遗址。参观遗址时，发现遗址的地形完全适合我对《鸟鸣涧》的分析、推论。我高兴得和老友们讨论起来，他们都鼓励我把它写出来。这里就结合蔡文，再谈谈《鸟鸣涧》的释读问题，作一次迟到的答辩。

---

* 本文初稿曾分送鲁国尧、郭芹纳、胡安顺、张猛、孙玉文等教授，承他们提供宝贵意见，多有采纳，谨此致谢。

一

这里先抄上王维的《鸟鸣涧》：

"人閒（简体作"闲"）桂花落，夜静春山空。月出惊山鸟，时鸣春涧中。"

为了让读者了解双方的论点、论据，并把我上次短文的内容简单概括如下，全文可分为两部分：（1）一开篇我就列举了《唐诗选》等注释"人闲桂花落"为寂静中桂花飘落的四种说法，同时也举出《绝句三百首》把桂花释作指代月光的说法，表示我同意是指代月光。并对前说混淆"闲""静"的词义进行了分析批评，指出几家的解释并不一致，都没有落实字、词、句。（2）论证句中的"桂花"是指代月光。首先指出"花"是"华"的六朝后起字，都有"花朵""光华"两音两义；隋唐时"光华"一般写作"华"，但仍有写作"桂花"来指代月或月光的，举了梁简文帝、庾信、李贺三人的诗句为证。接着我提出三点来论证《鸟鸣涧》的"桂花"是指代月光的（详情见下文）。

蔡文也分为两部分。第一部分是对我有关"闲""静"论述的批驳，第二部分是有关"桂花"的指代问题。这里先谈第一个问题。蔡文开篇就指责我的短文"看起来似乎理由相当充分"，但"结论是完全不能接受的"；并用讥讽的口吻说："历来诗家谈王维《鸟鸣涧》诗的倒不少，唯独不见专说这一句的；旧时注本也未见注释这一句。这在我想来，是因为这句诗太明白了，实在没有什么可说的话"，"不像今天有人以为桂花非在秋天开落不可"。接着又奚落《中国历代文学作品选》把"人閒桂花落"注释为"桂花落人间的倒文，意谓月光照亮了大地"；却大捧余冠英主编的《唐诗选》是"集中了当时一批古典文学精英"，"由余冠英负责，钱钟书参加初稿"的精品著作，它把桂花注释为"春日发花的一种"，"是对把桂花注成月光的误解的纠正，是很正确的"。

蔡文奚落《中国历代义学作品选》，为什么不也介绍一下选注者的队伍呢？我们知道，这部作品选是上个世纪六十年代高校文科的统编教材，当时统编教材是选择、集中了全国的主要学术力量进行编著的。该作品选是由朱东润主编，"中编由马茂元、胡云翼编选，并与曹融南通读全稿"；隋唐诗是"由马茂元任注释工作"，交代得清清楚楚。这个编选力量恐怕并不弱于《唐诗选》吧？《唐诗选》的《前言》交代："参加初稿和修订工作的有余冠英（负责人）、陈友琴、乔象钟、王水照同志。"《前言》由余冠英和王水照署名。明白人恐怕最多也只能说各有所长吧？而且蔡文奚落马茂元，也只是他的一孔之见。

至于蔡文说"这句诗太明白了"，我当初也有这种感觉，不过我们完全是从不同角度考虑的。我在上次的短文中说，《唐诗选》"把这句诗注释错了"，跟他的结论正好南辕北辙。在这里为什么"旧时注本"和马茂元等跟我有同样感受呢？这是古人和马茂元、胡云翼这些前辈学者的古诗文语感和生活感受所决定了的，也与他们都有一定的传统小学根底有关。因为这里的"桂花"如果不认准是指月光的话，那么不但这句诗无法落实字、词、句，整首诗也无法说清楚。因此，古人会觉得"这句诗太明白了"，用不着注释；马茂元有学生古今语隔的顾虑，采取了"倒文"这个不恰当的说法。

我上次的短文首先从字、词、句落实的角度批评了几种注释本，提出："'閒'和'静'的意思是不同的。'閒'是闲暇、空闲、悠闲，重在表示没有事情、没有活动，与'忙'相对；'静'是安静、清静、寂静，重在表示没有声响、安定不动，与'动'相对。'閒'一般是没有安静义的。"批评一些注本，"用'寂静'或'安静'来释'閒'，已经犯了转移概念、注释不准确的毛病"。蔡文讥讽我："这有点像讲现代汉语，又像是不知一个字本就有多种义项。"又以古注用"对举""互文"来"证明语辞的同义"来反驳我。

很抱歉，我在这里不是讲现代汉语，而是根据传统训诂学和现代学科汉语史来讨论问题的。蔡文在后面说："建国初我还在念大学时"，"恩师夏承焘教授曾为我改过一首习作小诗"。看来他大学毕业大概在1955年以前吧？那么他分不清现代汉语、古代汉语、训诂学、汉语史内容，就一点不奇怪了，因为那时中国根本没有开设这些课程。他专搞文学，毕业后也没补这方面的知识，才会指鹿为马吧！

再说，传统训诂学中用"对举""互文"来证明语词同义，这必须十分严谨，因为诗词中对举的词语未必就同义。他却从《诗词曲语辞汇释》中引了一条："坐，犹自也。《文选》鲍明远《芜城赋》：'孤蓬自振，惊沙坐飞。'善注：'无故而飞曰坐。'无故而飞，犹云自然飞也。坐亦自也。坐与自为互文。"蔡文津津乐道地拿它来作为自己强辩的有力论据。我们知道，张相汇释词语，没有从语义系统出发；正如他在《叙言》中所说的："竭其千虑，终有一隔。"特别是以"互文"作为论据，更易失准。蔡文却以此为据，论证"王维将'闲'与'静'对举作互文"，说明"闲""静"意思相同。他全没有考虑这里的"闲""静"的语义关系与"坐""自"是否一致或相似，这已经是方向错误。

进而他还列举了三联诗句，按照他的理解来强辩。（1）"洒空深巷静，积素广庭闲。"（王维《冬晚对雪忆胡居士家》诗）蔡释："这里的'静'与'闲'也都是大雪中静寂无人的意思。"（2）"人闲始遥夜，地迥更清砧。"（李商隐《摇落》诗）蔡释："也说人寂静时长夜才刚开始。"（3）"向来幻境安在？回首总成闲。"（刘克庄《水调歌头》词）蔡释："'闲'更只有空的意思了，与有没有'活动''事情'毫不相干。"

蔡文强辩的手法之一是：代替对方设置不能成立的说法，说什么"我们总不能把'闲庭'解说为没有事情的庭院、'闲花'为没有活动的花吧？"从我的短文能得出这样的解释吗？按我的思路（从词义系统考虑）只能认为："闲庭"的"闲"是与"空闲、清闲、悠闲、休闲"有关，"闲花"的"闲"是与"闲置、闲散、空闲"有关。"闲"的词义引申网络是复杂、多向的，有近义词，还有同源词；但是"闲"还是"闲"，不是"静"。如果古人在这里要表示"寂静"义，为什么不说"静庭""静花"呢？

蔡文强辩的手法之二是：跟《唐诗选》等注释《鸟鸣涧》的"闲"相似，不管词义系统，不落实字、词、句。我在上次短文中只从词义系统方面批评了几种《鸟鸣涧》的注释，没有作具体语句分析。这里不妨补作一点汉语语法分析：《中华古诗文读本》："人闲桂花落：在寂无人声之时，桂花轻轻飘落。"《唐诗选》："'闲'，寂静意。在寂无人声人迹处，花开花落无声无息。"刘璞《"桂花"不是月光》："夜已深，人们都安睡了……夜静极了，甚至连桂花飘落的声音也隐约可闻。"我们知道，"人闲桂花落"是两个主谓结构，上述三种解释不一致，有哪一种把"人闲"表述准确了呢？至于两个主谓结构之间的关系也是一笔糊涂账。上次我批评他们"已经犯了转移概念、注释不准确的毛病"，错在哪里？

这里蔡文所举的例（1），"闲"与"静"对举，都是"静寂无人的意思"。试问，能不能换成"深巷闲""广庭静"呢？勉强换了，是不是意义也将有变化？例（2）是"人闲"与"地迥"对举，为什么"闲"又不是"迥"义呢？这一条条都说明每个字词都有自己的语义系统，不是可以随意搅混的。例（3）的"闲（闲）"，蔡文以惊讶的口气说"更只有空的意思了"。这有什么奇怪呢？"闲"从造字开始就是表示"空隙、间隙"的，"闲空、空閒"是引申义（同源词），"閒"本身就有"空"义。蔡文的惊讶只是表现出他对词义系统太不熟悉，少见多怪了。不过，也应该指出："闲"直接表"空虚"义的确实不多，这里与押韵有关。

二

现在谈第二个问题。我上次的短文叙述了"花""华"的音、义关系及简单的历史变化后，又指出从六朝到唐代都有用"桂花"指称月亮或月光的，举了梁简文帝《望月诗》、庾信《舟中望月》、李贺《有所思》的三联诗句为证。接着提出三点来证明《鸟鸣涧》中的"桂花"也是指称月光的。（1）一般都知道桂花是秋天开花的，江南许多地方女孩九月出生（农历），往往取名"桂华"或"桂花"。（2）分析《全唐诗》出现"桂花""桂华"的全部诗句，作出统计："在76首写到桂花的诗中，近三分之一的诗作可以推定是写秋景的，其他是无法确定季节的。"因而推论说："大致反映了一般人的认识，桂花是秋天才开花的。"（3）引述了李时珍《本草纲目》、赵学敏《本草纲目拾遗》、陈昊子《花镜》三本古代著作有关桂花的论述（这里只摘引最重要的词句）："桂生合浦交趾"，"江南桂八、九月盛开"，"又有四季桂、月桂，闽中最多……花时凡三放"。得出结论：桂树本是南方树木，逐渐向北移植；四季桂、月桂"只生长在南方亚热带地区，像福建、广东"等地；"岭南以北，长江、黄河流域，都只生长八、九月盛开的秋桂"。

蔡文首先从讽刺我"借助于电脑检索"统计《全唐诗》，"有超过三分之二写到桂花的诗""无法确定季节"，"何其多也"开始；接着就挖苦我摘引李顾的诗，理解错了。李顾《送东阳王太守》："昔年经此地，微月有佳期。洞口桂花白，岩前春草滋。"他认为是写春桂的。大度地表示："我（蔡）宁可相信是他（郭）没有看出来，而非隐瞒不报。"

我的短文是把它"列在不能肯定是指称月还是植物的三首诗之中"。蔡文是如何肯定它是写春桂的呢？他说："'微月'（初三之月）怎能把地面照'白'？又为何单单照在'洞口'呢？"（郭按，为省篇幅，只引最关键的字句，下同。）请问，"微月"真是"初三的月牙儿"吗？还是去好好研究一下吧。要知道，张继的"月落乌啼霜满天"才真是写初三的月牙儿。这里的"微月"起码也是初五、初六以后的月亮。还有，桂花的特点在香味浓烈而不在颜色，它的花小，隐藏在叶丛中；照不白地面，又怎么照得见桂树开出的花是白色的？而且桂花一定是白色吗？至于为何单单照在洞口，这也很好解释。就因为昔年相聚之处是在"洞口、岩前"。这里可以肯定，看走了眼的是蔡文；上次短文我没有肯定它是指称月还是植物，这次则毫不犹豫认定是指称月光。

接着蔡文提出，唐以前诗中就有写春桂的，举了两例：（1）"桂吐两三枝，兰开四五叶。是时君不归，春风徒笑妾。"（鲍令晖《寄行人》）（2）"缓步遵汀渚，扬枻泛春澜。电至烟流绮，水绿桂涵丹。"（摘自江淹《采石上菖蒲诗》）请问，鲍照妹妹的诗真的写了桂花吗？"桂吐两三枝"只是说桂树春天吐出两三枝嫩芽来，怎么就成了开花啊？江淹说的"水绿桂涵丹"，倒确实是说的桂树开花，而且是开红花。不过，可惜蔡文又没弄清楚江淹是在哪儿写的这句诗。经考察，这是江淹贬官吴兴县令时所作；吴兴即现在福建省浦城县，培植丹桂的历史悠久，现在被称为中国的丹桂之乡。江淹"梦笔生花"的故事就出在这里。我在短文中交代很清楚："四季桂、月桂，闽中最多"；批驳者为什么视而不见呢？

下面，蔡文绕了很大一个圈子（三四百字），引用"段成式'据所见'否认有秋桂，已遭讥议",告诫我"不能走向另一极端"。然后才举出两人三例"唐诗写春桂"的例子。（1）"吾爱山中树，繁英满目鲜。临风飘碎锦，映目乱非烟。影入春潭底，香凝月榭前。岂知幽独客，赖此当朱弦。"（李德裕《春暮思平泉杂咏》二十首中的《山桂》）（2）"相思春树绿，千里亦依依。鄂杜月频满，潇湘人未归。桂花风半落，烟草蝶双飞。一别无消息，水南车迹稀。"（于武陵《友人南游不回因而有寄》）（3）"日暖上山路，鸟啼知已春。忽逢幽隐树，如见独醒人。石冷开常晚，风多落亦频。樵夫应不识，岁久伐为薪。"（于武陵《山中桂》）

例（1）李德裕的《山桂》真是写的春桂开花吗？大可商量。这里需要指出的是：首先要弄清楚李德裕是在什么情况下写出这《杂咏》二十首的。原来他是在党争中被排挤外放当地方官，在淮南节度使（治所在今江苏扬州市）任内写的。《杂咏》二十首有三首是写桂树的。这是第九首，第六首是《红桂树》，第八首是《月桂》，每首题后都有花色的介绍。《月桂》后还有产地，如："出蒋山（今南京钟山），淡黄色。"平泉是李德裕在洛阳南的一处很大的山庄，范围有十里。《杂咏》二十首大都表现了他退隐田园的思想，在第三首《书楼晴望》中说："幽居人世外，久厌市朝喧。"是最直接的说法。三首写桂树的诗，则是退隐思想的形象表现，并非描写当时"暮春"的平泉景物；何况"影入春潭底"，也只是"山桂"之影，并不是"桂花"。

例（3）于武陵的《山中桂》，题目就值得商讨，《全唐诗》作《山上树》，下注"一作桂"。全诗还有五处异文，没有一处提到"桂"，只说了"幽隐树"（且《全唐诗》本作"处"，下注"一作树"），连樵夫都不认识。这要落实为"春桂"，恐怕太勉强吧？只有例（2）这首于武陵的诗，从字面看，是说的春桂开花，其实是当时党争中的艺术形象。《全唐诗》载："于武陵，会昌时（841—846）人，诗一卷。通考大中（847—858）进士。"我匆匆浏览了他的 50 首诗，多退隐、忿慨之辞。这时正是牛李党争激烈阶段，大中二年(848)九月李德裕被贬为崖州（今海南）司户，第二年死在崖州。我认为，于诗是透露着党争的某些消息。我们即使再退一步，承认蔡文的分析，那么陕西有春桂的诗作最多也不过一首，比我统计的《全唐诗》中可以肯定是写秋桂的有近三分之一（二十多首），是否少得太多了？可是作者却以此为据，推论"当时终南山一带，不但有春桂，而且可能还很多"，"还相当出名"。把诗句、诗题中有南山和桂花字词的诗，都论述成写终南山的春桂，如卢照邻的《长安古意》"独有南山桂花发"。这恐怕也太随意了吧？即使一时博得读者的赞同，恐怕也经不起时间的考验吧！

接着，蔡文提出古人只把"从上往下、由高向低掉的现象，称作'落'"，"光与落的概念连不起来"。还指责我"举'桂花'指代月的第一个例子""就搞错了"。他重新"举那首诗的前半"（我只举一联）说："流辉入画堂，初照上梅梁。形同七子镜，影类九秋霜。桂花哪不落？团扇与谁妆？"（梁简文帝《望月诗》）他分析："说月光的只是开头'流辉'二句，三四句说月形同镜，光影似霜。五六句说，即传说月中有桂花，它怎能老不零落呢？""这里的'桂花'，并非指代月，它还是桂花，只不过是传说里的月中桂花而已"。我的短文举萧纲的诗句明确是"以桂花指代月"，而未说指代月光。六句诗句句都是写望月，发问也是向月发问，而不是向桂花。蔡文几百字的论述里，一下是月，一下是月光，一下还跳到月亮中间去了，逻辑混乱。这恐怕很难服人。

至于古人"光与落的概念连不起来"的说法，却不得不回应几句。"月光落"三字我们虽没有在古籍中找到，但是落霞、落晖、落照、落月的词语却是古人常用的，这是古人把这两个概念连起来的方式。杜甫《梦李白二首》中"落月满屋梁，犹疑照颜色"一联中的"落月"，难道不是落进房屋中的月光吗？王勃的名句"落霞与孤鹜齐飞"（《滕王阁序》）中的"落霞"，既可以落向地面，还可以"与孤鹜齐飞"啊。而且《鸟鸣涧》中是以"桂花"来指代月光，更谈不上"概念连不起来"。蔡文最后还用"已故恩师"为他改过的"一首习作小诗"来教训我如何写诗，如何理解王维的《鸟鸣涧》。这受到了推出他大作的编者按语的高度赞扬！可是我早就确认他（蔡）对整首诗都理解错误，尤其经过这次的再学习，更加坚定不移，对他的那些颇欠考虑的说教，只能敬谢不敏了。

我还想回问一点，在上次的短文中我花了接近四分之一的篇幅引证三部本草、花卉著作说明桂的种类、生长地域，以此说明长江、黄河流域只生长秋桂。这是我三个证据中的首要证据，蔡文却只用"所引用的前人书上的话，是完全得不出这个结论来的"，就一笔带过。请问合适吗？

为了证实这个问题，这次我更要在这个具有决定意义的论据上占用较多篇幅。我一方面查阅了《中国桂花栽培与鉴赏》《陕西植被》等著作，发现今人的研究成果与明、清古人差不多，有发展而更细致。众所周知：桂花喜温暖、湿润，它的生长对温度、湿度、日照都有一定要求。《中国桂花栽培与鉴赏》说："桂花喜温暖，适合生长在亚热带地区……实践证明，露地栽培桂花，以年平均温度在15℃以上，1月份平均温度在3℃—5.5℃之间，极端低温不小于-8℃最宜。"（18页）它跟古著一样，"将桂花品种分为四季桂、银桂、金桂、丹桂四个品种群"。（26页）介绍银桂、金桂、丹桂三个品种群都是"植株较高大，多为中小乔木。花期集中在8—11间"。（27页）只有"四季桂品种群，植株较低矮，常为丛生灌木状"。有两种类型，一种"多见于冬季和春季花期"，一种"主要见于秋季花期。花期长，以春季和秋季为盛开期"。（26页）它还概括介绍："桂花原产于我国西南部和喜马拉雅山东段"，"在我国云南、四川、湖南、湖北、广东和广西等地，均有野生桂花树分布。"现在"秦岭以南至南岭以北的广大北亚热带和中亚热带地区，是桂花集中分布和栽培地区"。（3页）又指出"桂花花期一般为9—10月份。桂花植株的开花迟早，因品种不同而异"。也"因地区气候环境不同"而"有迟有早"。（15页）还说："我国长江以北地区的桂花多为盆栽。"（99页）"作为盆栽桂花品种，多为灌木型。""四季桂品种群中的所有品种，以及银桂、金桂、丹桂品种群中的部分品种，均适合盆栽"，但"以四季桂品种群中的品种作盆栽，较为多见"。（39页）"颐和园盆栽桂花已有上百年的历史。""当颐和园'颐和秋韵'桂花展拉开帷幕时"，就可以看到这些古桂。（179页）

《陕西植被》指出：秦岭北坡位于暖温带落叶阔叶林带的南部，因此，亚热带生长的"许多植物是本省(陕西)秦岭北坡及其以北所没有的(就是秦岭南坡也仅有少量，而多见于巴山)，如黄杉……川桂、香樟"等。（407页）又，"还有一批属于亚热带的植物，如经济植物,如油桐、油菜"，"果树主要有柑橘"，"四旁绿化植物有苦楝、桂花"等，"这些植物绝大多数不越过秦岭而生长"。（408页）

我还查阅了《中国植物志》。此书80卷126分册，体现了中国植物学的最高成就。第31卷载有樟科月桂属28个品种的桂花简介，全是乔木秋桂，最矮的3—6米，最高的达28米。产地多为华南、西南，其次是浙江、江苏、江西和湖南、湖北，都被列为多个品种的产地。陕西则只列为高达25米的川桂一个品种的产地之一，十多年前秋天我在陕西师范大学开学术会议，正好碰上校园内一株高大的川桂盛开。

第61卷载有木犀科桂花5个品种的简介。这里最需要介绍的一种是："木犀，通称桂花。常绿乔木或灌木，高3—5米，最高达18米"，"花期9—10月"。"原产我国西南部，现各地广泛栽培"。编著者还特加说明："笔者在查阅广东、浙江、江苏、四川、福建等地大量标本中以及观察庭园栽培植物中，仅发现少数标本花序近帚状，俗称四季桂（小灌木，高1.5—2.0米，一年可开几次花）。"（108页）木犀科桂树有灌木，有春桂，但是包括庭园栽培也只在长江流域以南。其他木犀科桂树四个品种，都只生长在华南的广东、广西、海南或西南的云南、贵州、四川。

从《中国桂花的栽培与鉴赏》《陕西植被》到《中国植物志》都说明秦岭以北地区没有春桂，与明清的本草著作论述一致。这样说来，我上次的引证是正确的。蔡文的作法，不说是隐瞒证据，也要算掩盖事实了。蔡文还批评我顺便提到的"向朋友请教，也都说陕西的桂树是秋天开花"的，说道："这充其量只能说明今天的情况，可是沧海桑田"，要考虑自然环境变迁；按他的说法，陕西唐代有春桂，现在没有了，是由于"保护生态环境和物种多样性"做得不好，"乱伐森林"造成的。这就不得不指出，蔡文太想当然了。古今植物著作都明确论述了，桂树本是岭南植物，随着生产技能的提高，日益向北移植，这是我国林业生产发展的大方向。我们要尊重科学，要尊重古今植物学专家的研究成果；"沧海桑田"是不错，但是不要分不清方向，混淆事实。据今《蓝田县志》载："（蓝田）年平均温度13.1℃。一月份平均温度-1.3℃。"（65页）与上文提到的桂花栽培适宜温度相比，很明显气温过低，不适宜桂花露地过冬。栽种秋桂都有困难，至于春桂就只有盆栽了。可是唐代恐怕还没有温室盆栽技术吧？更何况蔡文描述的春桂是带有自然生长的色彩啊！看来，蔡文"唐代陕西有春桂"的说法，真不知道它怎样逃脱"难自圆其说"的结论。

三

蔡文批驳我的主要内容，以上已经作了初步答辩。从这次答辩过程，我才发现我面对的不只是一个蔡文的作者，他还掳获了一些粉丝。比如，《文史知识》发表他的文章时，就有署名"望舒"的编者按，给蔡文唱起了热情洋溢的赞歌："《鸟鸣涧》的'桂花'飘落千年，到底是花，还是月光？小小一个争论居然关联着词语训诂、地理考察等方面，但不少人只顾及这局部问题（郭按，颠倒是非！），而忽视了整首诗的意境。于是蔡义江先生旁征博引，更从诗歌本身的写法方面着眼，得出'月光说不能成立'的结论，可谓完满（!）。"也有人"以为蔡说完全正确"，断言郭某"自以为是"，面对蔡文的批评"没有任何话可说"。这两个材料都是友人提供，我才看到的。经过认真思索，我认识到，这些粉丝固然是判断能力出了问题，大概是没有山区农村生活经验吧；但是我原以为只要解决了"人闲桂花落"一句之后，全诗的释读也就解决了，没有把问题点透，可能也是原因之一吧。

下面就从这次访问王维辋川山庄遗址说起，再谈谈我对《鸟鸣涧》的理解。据清嘉庆年间所修《蓝田县志》载："辋川口即峣山之口，去县南八里。两山对峙，川水从此北流入霸（灞）。其路则随山麓凿石为之，约五里，甚险狭，即所谓扁路也。过此则豁然开爽，此第一区也。团转而南，凡三十里，至鹿苑寺，则王维别墅。"又引《雍大记》："商岭水流至辋谷，如车辋环，凑落叠嶂，入深潭，有千圣洞、茶园、栗岭，唐右丞王维庄在焉，所谓辋川也。"（卷一）

又据新修《蓝田县志》载：遗址坐落在蓝田"县东南十三公里处"（62页）的终南山的飞云山一个山谷内，现属辋川乡；终南山在县境东南部，形成群山如带的山地，绝大部分海拔在一千到一千五百米之间。山谷坐东北朝西南，宽近百米，长两百米以上（据笔者目测，下同）。山高估计在五百米以上，东边的山梁比西边高出较多，沿东山梁的山脚有一条小溪。山口就是辋峪河（辋川）。它发源于南面的葛牌乡、红门寺乡。在辋川乡境内，还有一条从东往西的支流，发源于东边的蓝桥乡，全长五公里左右，即旧志所引《雍大记》叙述的"商岭水流"。

我一看到《鸟鸣涧》这首诗，就想到只有像别墅这样坐东北朝西南（或者坐东南朝西北）的山谷，才会让仲春二月忙了一天的农民休闲收工，看到某些突兀山头的月光（不是月亮），感受到月光从高空散射的馀照；回家后，清洗，照料好家禽家畜，人喧马嘶，一点不寂静，等吃完晚饭，睡了觉，才会出现夜静山空的境界；再过相当长时间，才会有一轮望月（十五、十六的月亮，不是月光）从东边山头冒出来，照亮了整个山谷的一切角落，因而惊动了山鸟，以为天亮了；于是飞到水涧中去嬉戏、鸣叫。《鸟鸣涧》所写的田园生活只可能出现在特定地理环境（东边山梁高耸的山谷）和时间条件（满月）中，王维捕捉到这一串难得的画面，写下了这首传诵不衰的田园诗，也给没有山区生活经验的人留下一些不易理解的"难题"。

辋川现名辋峪河，流到县城蓝关镇汇入灞河，往西北流至西安市灞桥区汇入渭河，全长一百多公里（据今《县志》）。今《蓝田县志》在飞云山下记载："山南有唐代诗画家王维别墅遗址，原有鹿苑寺、母塔坟，1963年向阳公司在此建厂而毁。现存唯有王维手植银杏树一棵，王维钓鱼台遗址一处。"（62页）明代何景明游《鹿苑寺》诗说："旧宅施为寺，青山属野僧。高人不可见，胜迹已无凭。"

六十年代建的厂子还在，向他们打听王维遗址情况时，只推说就在银杏树那块。我们在三四人合抱的银杏树下照了相，看到山口挂了"王维山庄"牌子的饭馆。当时感慨颇深，心想："千年银杏在，不见旧楼台。"我们连游鹿苑寺的权利都被剥夺了。这个厂子应该搬走，文物应该恢复。不过，对我个人来说，访问不但落实了"月出惊山鸟，时鸣春涧中"的地理环境，也让我对王维有关终南山、辋川的诗作有了更深入的认识。

我们知道，山庄是先天元年（712）后宋之问留下的产业，王维估计是在开元二十九年（741）得到了它。住宅就在现存山谷遗址内，庄田应该在山谷外的辋川峡谷之间。从王维诗作看，当时庄园风景优美，物产丰富，很有点像江南依山傍水的山区水乡（王维诗句："轻舸迎上客"，"清浅白石滩"，"莲动下渔舟"，"漠漠水田飞白鹭"）。在当时交通应算方便，可以乘船、骑马直达当时的京城长安，不愧"终南捷径"的称号。《辋川集》就是王维与裴迪闲游山庄各景点所作绝句的结集。《鸟鸣涧》居首的《皇甫岳云溪杂题》五首也像是写的辋川山庄的景色。

经考察，晚唐诗人储嗣宗《过王右丞书堂二首》其二："风雅传今日，云山想昔时。"可知王维山庄当时的小地名应是"云山"，今《蓝田县志》还列在"飞云山"下。皇甫岳是世家子弟，皇甫镈（元和年间（806—821）相宪宗）的堂兄（参见《新唐书·宰相世系表》）。他"漂沦"仕途（王昌龄《至南陵答皇甫岳》："与君同病复漂沦"），迷恋道教的"烧丹、避谷"。（王维《皇甫岳写真赞》："烧丹药就，避谷将成。云溪之下，法本无生。"）我们估计他比王维要年少二三十岁。两人交往当是皇甫岳去辋川拜谒长者，"云溪"很可能就是别墅东边山脚下那条小溪。晚唐耿湋《题清源寺即王右丞故宅》："儒墨兼宗道，云泉隐旧庐。""云泉"似乎也可作为一个旁证。这里不妨作一推想，也许是天宝九年（750）后王维丁母忧期间，皇甫岳去辋川别墅拜谒王维，像裴迪一样就住在庄上（下详），既陪伴王维，又干他的"烧丹、避谷"。《云溪杂题五首》和《皇甫岳写真赞》都是王维送给晚辈的书法作品。

　　王维隐居终南山，置备辋川别业后，他上要服侍老母，下要主持家庭生产和生活，实实在在成了庄园主。从他的诗中可以看到，他雇工不但种了水田、漆树、花椒（参看《积雨辋川庄作》《漆园》《椒园》），还养了猱（猿属）和麝（香獐）（《戏题辋川别业》："藤花欲暗藏猱子，柏叶初齐养麝香"）。种了田，就要过问给雇工送饭，他在《积雨辋川庄作》中说："积雨空林烟火迟，蒸藜炊黍饷东菑。"还要过问耕种进程和年终缴税，他在《酬诸公见过》中说："屏居蓝田，薄地躬耕。岁晏输税，以奉粢盛。晨往东皋，草露未晞。"王维对农事、农时也是相当关心的，他在《新晴野望》中说："农月无闲人，倾家事南亩。"在《赠裴十迪》中说："田家来致词：'欣欣春还皋……请君理还策，敢告将农时。'"他在辋川所创作的许多山水田园诗，主要就是写终南的山水风景和田园生活的。这些诗不少表现了山河的壮丽、淡雅，田园的清澈、闲适，当然也带来了作者出世、退隐的思想，包括佛教的清静无为、色空思想。他确实写过一些类似偈颂、阐述禅理的诗篇，但是不能把王维的山水田园诗同它混为一谈。

　　蔡文最后还是搬出了胡应麟的《诗薮》，认为《鸟鸣涧》"颇能表现出诗人的一种出世的禅学追求"。这里必须指出，古今一些论者以寓有"禅意""禅理"来解释王维的山水田园诗，我是难以苟同的。先说胡应麟，他在《诗薮》中说："太白五言绝，自是天仙口语，右丞却入禅宗。如：'人闲桂花落……''木末芙蓉花……'读之身世两忘，万念皆寂，不谓声律之中，有此妙诠。"胡应麟的说法只能说是他的主观之见。在我看来，《鸟鸣涧》这首诗，恐怕他并没有读懂。其原因有二：（一）胡应麟没有弄清古今字"花""华"的发展史。宋代以后，两字分用；胡氏看到"桂花"，想不到它还可以表示月光。（二）胡应麟没有山区生活经验。他是明代兰溪人，《明史》称："万历四年举于乡，久不第，筑室山中，搆书四万馀卷。"不过兰溪地处今浙江中部金衢盆地，海拔只有五十至二百五十米左右，即使"筑室山中"也得不到身处终南山的生活感受。

　　至于今人，有的直接把《鸟鸣涧》的诗句同佛经挂钩，有的说"它似乎与人世毫不相干，花开花落，鸟鸣春涧，然而就在这对自然的片刻直观中，你却感到了那不朽者的存在。运动着的时空景象都似乎只是为了呈现那不朽者——凝冻着的永恒（按，指常住不灭的本体佛性）"。（李泽厚《禅意盎然》，《求索》1986年第4期）我已经指出"花开花落"是理解错误，至于"鸟鸣春涧"也只是诗人的田园生活感受。哪来什么"本体佛性"？对今人来说，造成失误的原因除古人所有的两点外，看来还要加一条，就是缺乏传统农村生活的体验，对"人闲桂花落"这种仲春农忙情景有隔膜的。总之，用禅意来解读王维的山水田园诗是不妥的，很难不掉进主观臆断的泥坑。而且这也是对诗人王维的误解，王维是诗人、画家、书法家，也是庄园主；他自己都说："宿世谬词客，前身应画师。"（《题辋川图》）从他的作品、处世来看，都是儒家思想为主，不是信禅坚定的和尚。

　　上个世纪六十年代王力先生主编《古代汉语》，特别强调落实字、词、句，文选注释无疑要贯彻始终。三结合以文选为纲，通论讲语法、音韵、词汇，讲古代文化常识，把常用词列入教材，都是考虑了这一原则和需要的。王先生还指出不少文学注释本，这方面太随意。我完全同意先生的意见，读古典作品，首先就要落实字、词、句，进一步就要知人论世。不落实字、词、句是某些古诗文注释、评论的通病。有的人喜欢说"文学作品不宜太坐实了"，也有人说"诗歌是文学创作而不是自然考察报告"，进而大谈意境创造。其实文学创作的艺术形象、意境，都是用语言文字表达的；如果不能落实到字、词、句，在我看来，那就只是掩盖学风轻浮、主观武断的遮羞布。

我过去对学生讲，搞古典的人，脑子里要有个历史年表和古今地图。通过这次访问辋川，我又有一点体会，就是搞古典文学似乎也有做点田野调查的必要。从陕西回来后，准备写这篇答辩，再读王维的作品，就有不少新认识。首先，我觉得王维隐居终南和隐居辋川是前后两次的流行说法，恐怕就需要研究。历来人们对终南山的范围，认识就不太一致，首先有人把终南山与秦岭混为一谈，就是不妥当的。20世纪五六十年代的《中国地图册》"陕西省图"，将太白山、首阳山、南五台、终南山从西往东列为秦岭的下属山群，可能是比较合适的。80年代以来，"陕西省图"将南五台归并到终南山，大概是商品经济发展的结果吧。我认为，在王维的心目中辋川在终南山群山之中是没有问题的。

我浏览王维的诗文和参考一些研究王维的论著后，得出一个看法，他经营辋川山庄应该是开元二十九年。《唐诗纪事》说："（裴）迪初与王维、兴宗俱居终南。"他们三人，是不是都在终南山有庄园呢？根据我的考察，王维有，就是辋川别业；他表弟崔兴宗也有山庄，但不在辋川，而是在灞河东边支流之一的同峪河峡谷之间的玉山（今属玉山镇）。杜甫《崔氏东山草堂》："爱汝玉山草堂静，高秋爽气相鲜新……何为西庄王给事，柴门空闭锁松筠。"这是杜甫访问崔兴宗的诗，提到访王维（王给事）不遇。从现在《蓝田县志》的地图来看，东庄（玉山）在西庄（辋川）东北，两地之间，估计有五六十里。至于好友裴迪，我认为他没有庄园。理由呢？就在两人唱和的《辋川集》中。王维《华子冈》："飞鸟去不穷，连山复秋色。上下华子冈，惆怅情何极？"裴迪诗："落日松风起，还家草露晞。云光侵履迹，山翠拂人衣。"裴迪到了华子冈，他就"还家"了。原来他当时还是秀才，没有官职，好友新得庄园，贺喜参谋，当然就住在好友的庄子上了。这就造成了两人一段共同游山玩水、来往唱和的机会，也因此有了流传后世的合著《辋川集》。王维后来在《山中与裴秀才迪书》中还忘不了告诉好友，他"夜登华子冈"的情怀。除了这段时间，两人长时间一起游乐的机会看来并不多。

至于《终南别业》《终南山》等诗应该是在《辋川集》以后的作品。请看《终南山》："太乙近天都，连山到海隅。白云迴望合，青霭入看无。分野中峰变，阴晴众壑殊。欲投人处宿，隔水问樵夫。"太乙是蓝田县境内终南山的最高峰，高2604米，在王维山庄南面辋峪河主源处，两地相距四五十里左右。这次寻找遗址，先到了峰顶，汽车盘山不费事，不到一小时就看完了南北两面的千崖万壑。王维徒步登山，一天回不到自己的山庄，只得找个歇宿处，落下个"隔水问樵夫"。我认为只有在辋川有了一段生活经验，才会干下这样的事情来。还有《投道一师兰若宿》诗说："一公栖太白，高顶出云烟。"可见王维没有把太白山归属终南山，而且这首诗应该是写在《终南山》之后；因为太白山在眉县，高3666米，若是到过太白后，再上终南，按理就不会说"太乙近天都"这样的话。

* * *

  这次访问王维辋川遗址，只能算一瞥，连走马观花都够不上；不过收获确实不小，同时也让我了解了我上次短文发表后的一些反应，促动我写出了这篇答辩。

参考文献：

（清）彭定求等编《全唐诗》，上海古籍出版社，1986年。

陈铁民校注《王维集校注》，中华书局，1997年。

中国科学院中国植物志编辑委员会编 《中国植物志》卷31，科学出版社，1982年。

中国科学院中国植物志编辑委员会编 《中国植物志》卷61，科学出版社，1992年。

雷明德等编著 《陕西植被》，科学出版社，1999年。

黄莹、邓荣艳编著 《中国桂花栽培与鉴赏》，金盾出版社，2008年。

（清）王开沃纂 《蓝田县志》，嘉庆元年（1796年）。

蓝田县地方志编纂委员会《蓝田县志》，陕西人民出版社，1994年。

蔡义江《新解难自圆其说》，《文史知识》2002年第7期。

郭锡良《王维〈鸟鸣涧〉的桂花》，《文史知识》2002第4期。

2013年10月1日初稿于燕园
11月10日定稿于燕园

高本汉《先秦文献假借字例·绪论》评《说文》谐声字初探

香港大学中文学院　单周尧

提要：高本汉《先秦文献假借字例·绪论》认为《说文》中有误认的谐声字，并举出 16 个例字。本文对这 16 个例字作了全面的讨论，梳理了历代各家的观点，分析字形字义渊源，并从古音的角度判别谐声字与谐声偏旁的读音远近。从而得出结论：高本汉认为许慎误认的谐声字，大部分并非误认，至少我们不能断然排除其作为谐声字的可能性。

关键词：谐声字　《先秦文献假借字例·绪论》　《说文》

1. 绪言

高本汉（Klas Bernhard Johannes Karlgren, 1889—1978）《先秦文献假借字例·绪论》说：

> 每当我们着手考订一个谐声字而把这个字音当作某一项假借在声韵上能够成立的主要证据时，我们就会面临两个难题。其一是，确定哪些字真正是谐声字；其二是，那些谐声字的上古音是什么样的。对于前一个问题，中国的古语学者（训诂学者）总会不约而同地把许慎抬出来，视许氏的《说文解字》为金科玉律。如果《说文》说：某字从某声，那就再也不容许有任何讨论的余地了。然而我们应该知道，许慎是公元第一世纪时代的人，对于他以前千余年所使用的古语，必定所知有限，并且虽然他是一位伟大的天才，而他的《说文解字》又是被人奉为圭臬的，但是他仍然犯下了许多严重的错误。由于这是一个重要的问题，所以我们绝对地有必要来建立一项观念，那就是：不可迷信许慎对于字词所作的解释。在下文我们将举出的一些例子中，可以清楚地看出，许氏所说的某字从某声，实际上都是不能成立的。
>
> 我们之所以敢于对《说文》下如此的判断，就是因为周代早期语音的系统与要点已经被我们建立了起来（请参阅拙著《中国声韵学大纲》"Compendium of Phonetics in Ancient and Archaic Chinese"）……在这篇论文里，有关拟测古音系统的理由，都作了逐条逐点的说明，每一个结论，都有它相当厚实的依据。自然在细节方面还应该再作增补，不过我相信整个的系统对于本书的研究颇有帮助。……并且拙著《增订汉文典》"Grammata Serica Recensa"，也已经把先秦文献的用字与读音都作了系统地胪列。许氏误认的谐声字有：

"祋"（*twâd）从"示"（*ḓ'i̯ər）声；

"叢"（*dz'ung）从"取"（*ts'i̯u）声；

"奈"（*nâd）从"示"（*ḓi̯ər）声；

"臬"（*ngi̯at）从"自"（*dz'i̯ər）声；

"昱"（*di̯ôk）从"立"（*li̯əp）声；

"膊"（*zi̯ôg）从"甫"（*pi̯wo）声；

"憲"（*xi̯ân）从"害"（*g'âd）声；

"怓"（*nǒg）从"奴"（*no）声；

"溢"（*di̯ĕt）从"益"（*·i̯ĕk）声；

"蠲"（*kiwan）从"益"（*·i̯ĕk）声；

"輦"（*b'i̯ĕn）从"卑"（*pi̯ĕg）声；

"委"（*·i̯wăr）从"禾"（*g'wǎ）声；

"威"（*·i̯wər）从"戌"（*si̯wĕt）声；

"闕"（*·ât）从"於"（*·i̯o）声；

"隤"（*d'wər）从"贵"（*ki̯wɐd）声；

"枽"（*di̯ap）从"世"（*śi̯ad）声；

这些例子足以表示许慎对于上古语音的认识实在还幼稚得很。如果我们再找，这样的例子还有很多。[1]

高氏说他所以敢判断许慎（约58—约147）"所说的某字从某声，实际上都是不能成立的"，是因为他已建立"周代早期语音的系统"，知道"谐声字的上古音是什么样的"。不过，目前上古音的构拟，主要是根据《诗经》《楚辞》及其它先秦典籍中的韵语、形声字的谐声偏旁、异文、假借等，结合对唐韵的离析和现今汉语各方言所保留的古音成分和域外音译的有关材料，构拟出一个假设的上古音系。由于各家使用的材料不尽相同，运用的方法也有所差异，所以各家构拟的上古音系不尽一致。例如2003年出版的郑张尚芳《上古音系》，其所构拟的上古音，即跟高本汉所构拟的上古音很不同，现将上文引述的高本汉上古音与郑张尚芳所构拟的上古音对比如下，以见一斑：

---

[1] 高本汉著，陈舜政译《先秦文献假借字例》（台北：中华丛书编审委员会，1974年）上册页11—13；另参 Bernhard Karlgren, "Loan Characters in Pre-Han Texts", *Bulletin of the Museum of Far eastern Antiquities* 35 (1963): 7-8.

谐声字	高本汉拟音	郑张尚芳拟音	谐声偏旁	高本汉拟音	郑张尚芳拟音
祋	twâd	tood toods	示	ḏ'i̯ər	gle ɢljils
叢	dz'ung	zlooŋ	取	ts'i̯uˆ	shloo? shlo?
柰	nâd	naads	示	ḏ'i̯ər	gle ɢljils
臬	ngi̯at	ŋeed	自	dz'i̯ər	filjids
昱	di̯ôk	lug	立	li̯əp	rɯb
牖	zi̯ôg	lu?	甫	pi̯wo	pa?
憲	xi̯ân	hŋan/s	害	g'âd	gaads
怓	nǒg	rnaaw	奴	no	naa
溢	di̯ĕt	lig	益	·i̯ĕk	qleg
鬩	kiwan	kʷliiŋ	益	·i̯ĕk	qleg
鼙	b'i̯ĕn	bin	卑	pi̯ĕg	pe
委	·i̯wăr	qrol (?)	禾	g'wǎ	gool
威	·i̯wər	qul	戌	si̯wĕt	smid
阏	·ât	qran qeen qaad qad	於	·i̯o	qaa qa
隤	d'wər	l'uul	贵	ki̯wɛd	kluds
枼	di̯ap	leb	世	śi̯ad	hljebs

本文将集中讨论高本汉认为不能成立的形声字,是否真的不能成立。

2. 本论

"绪言"所述高本汉认为许慎误认的谐声字,是否真的误认?现试逐一予以分析:

2.1 祋

高本汉认为许慎误认的谐声字中,首例为"祋"。案:《说文》三篇下殳部:

祋,殳也。从殳,示声。或说,城郭市里,高县羊皮,有不当入而欲入者,暂下以惊牛马,曰祋。故从示殳[1]。《诗》曰:"何戈与祋。"(丁外切)[2]

根据《说文》,"祋"字的构造有"从殳示声"及"从示殳"两说,其中"城郭市里,高县羊皮,有不当入而欲入者,暂下以惊牛马,曰祋"是"或说",段玉裁(1735—1815)《说文解字注》指出,这是"别一义",段注本《说文》并删去大徐本"故从示殳"四字[3]。因此,"从示殳"一说,似可放在较次位置考虑。不过,另一方面,高本汉认为根据音理,"祋"字不可能从"示"声,他认为《说文》"从殳示声"一说有问题。尧案:"祋"字端纽月部,"示"字船纽脂部,端、船二纽《说文》谐声凡42见[4],月、脂二部先秦合韵则只一见[5],

---

[1] 段玉裁《说文解字注》删"故从示殳"四字。王筠《说文句读》则于"故从示殳下"曰:"此说谓会意也。桂氏曰:'从示者,《司马兵法》:"有司皆执殳戈,示诸鞭扑之辱。"'"参《说文解字诂林》(台北:台湾商务印书馆,1970年13版)页1291b。

[2]《说文解字诂林》页1291a。汤可敬《说文解字今释》(长沙:岳麓书社,1997年)译文云:"祋,殳。从殳,示声。另一义说,城郭集市(门口),(用祋竿)高高悬挂羊皮,有不应当进入而想进入的,突然降下羊皮来惊吓牛马,叫祋,所以由'示'、'殳'会意。《诗经》说:'荷着戈和祋。'"(页426)。

[3]《说文解字诂林》页1291b。

[4] 参陆志韦《古音说略》(见《陆志韦语言学著作集(一)》,北京:中华书局,1985年)页254。端纽,陆书作都母;船纽,陆书作时母。

[5] 参陈新雄《古音学发微》(台北:文史哲出版社,1975年)页1080。

二字韵部相距颇远。

2.2 叢

高本汉认为许慎误认的谐声字中，次例为"叢"。案：《说文》三篇上丵部：

> 叢，聚也。从丵，取声。（徂红切）[1]

朱骏声（1788—1858）《说文通训定声》曰："疑从丵从聚省，会意。"[2] 惟孔广居（1732—1812）《说文疑疑》则曰："取、叢皆齿音，故相谐。或谓叢从聚省，非。"[3] 张舜徽（1911—1992）《说文解字约注》曰："凡从取声之字，多有聚积义。"[4] 又曰：

> 本书丵部"叢，聚也"；冂部"冣，积也"；众部"聚，会也"；土部"埾，积土也"；俱从取声而义近。至于麻蒸为菆，木薪为棷，尤得义于聚物成束，与诹训聚谋，语原一也。[5]

由此可见，张氏认为"叢"当从"取"声。高本汉则认为根据音理，"叢"字不可能从"取"声。尧案："叢"字从纽东部，"取"字清纽侯部，从、清旁纽双声，《说文》谐声凡 32 见[6]，东、侯二部则有对转关系[7]，二字声韵俱近。由此可见，"叢"从"取"声，就音理说，问题本来相对不大。朱骏声转出新解，惟省体之说，容易捕风捉影，孔广居即已表示不同意"叢"从丵从聚省之说。另一方面，张舜徽指出取声之字"多有聚积义"，"叢"训"聚"，若从取声，也很合理。因此，《说文》"叢"从"取"声之说，是可以接受的。

2.3 柰

高本汉认为许慎误认的谐声字中，第三个例子为"柰"。案：《说文》六篇上木部：

> 柰，果也。从木，示声。（奴带切）[8]

高本汉认为根据音理，"柰"字不可能从"示"声。尧案："柰"字泥纽月部，"示"字船纽脂部，泥、船二纽《说文》无谐声纪录[9]，月、脂二部先秦合韵只一见[10]，二字声、韵相距均远。"柰"训"果"，不可能从木示会意，应该是从木示声。但"柰"字和它的声符"示"声纽相距极远，韵部亦不相近，这样的谐声现象，只能归因于例外的语音演变或一些特殊情况，如训读等。陈第（1541—1617）《毛诗古音考》说："盖时有古今，地有南北，字有更革，音有转移，亦势所必至。"[11] 汉语历史悠久，中国地域广阔。《说文》所收谐声字，

---

1 《说文解字诂林》页 1117b。
2 同上。
3 同上，页 1118a。
4 张舜徽《说文解字约注》（郑州：中州书画社，1983 年）卷 5 页 71a。
5 同上，卷 5 页 21b。
6 参陆志韦《古音说略》页 256。从纽，陆书作昨母；清纽，陆书作仓母。
7 参陈新雄《古音学发微》页 1085。
8 《说文解字诂林》页 2376a。
9 参陆志韦《古音说略》页 255。泥纽，陆书作奴母；船纽，陆书作时母。
10 参陈新雄《古音学发微》页 1080。
11 陈第《毛诗古音考》（北京：中华书局，1988 年）页 7。

集上古时期谐声字之大成，其中既有从甲骨文、金文等远古文字继承下来的谐声字，也有两汉时期新创制的谐声字，其时代跨度长达十四个世纪以上。此外，上古时期的汉语存在极复杂的方言分歧，不同方言各自产生不同的谐声关系，《说文》虽以秦代小篆为本，但正如许慎《说文·序》所说，小篆是李斯等人在六国文字基础上省改规范而成，而非另起炉灶重新创制，因此，《说文》的谐声字，也就必然包含了上古汉语复杂的方言因素。有些字的声母和韵母发生较大的变化，是可以理解的[1]。在一般情况下，应该整个音类循着同一轨迹发生变化。但也有一些特殊的情况，不是整个音类一起循着同一轨迹演变的，那属于例外的演变[2]。"奈"字和它的声符"示"无论声、韵都分道扬镳，这虽属少有的例外，但也不是完全没有可能。

2.4 臬

高本汉认为许慎误认的谐声字中，第四个例子为"臬"。案：《说文》六篇上木部：

> 臬，射准的[3]也。从木，从自。（五结切）[4]

案：唐写本木部残卷[5]、小徐本[6]、《韵会》[7]均引作"从木自声"；大徐引李阳冰则曰："自非声，从劓省。"[8] 王煦（1758—?）《说文五翼》曰：

> 按臬长言之即为薜，《汉书·司马相如传》："薜殪仆。"师古曰："薜，字亦作臬。"《考工记·匠人》："置槷以县。"郑注："槷，古文臬字。"《诗·车攻》传："衺缠质以为槸。"《释文》："槸，鱼刿反，何：'鱼季反'。"臬音同薜，故以自得声。（自，古鼻字。）阳冰不识古音，因肊譔以为劓省，后人又削去本注"声"字，宜补。[9]

王煦认为宜补"声"字，惟以此字为会意而非形声者甚夥，如桂馥（1736—1805）《说文解字义证》曰：

> 从自者……自，鼻也。今谓鼻为准头，是也。[10]

王筠（1784—1854）《说文释例》曰：

> 盖此字会意非形声。臬以木为之，故从木；射者之鼻，与臬相直，则可以命中，

---

[1] 参洪波《关于〈说文〉谐声字的几个问题》，《古汉语研究》1999 年第 2 期页 2—7。
[2] 有些学者用上古汉语有丰富的形态变化来解释这些例外演变，参潘悟云《谐声现象的重新解释》，《温州师院学报》1987 年第 4 期页 57—66。
[3] 《说文解字诂林》页 2586a。汤可敬《说文解字今释》译文曰："臬，射箭的靶子。"又汤书注释云："准的：同义复合。准、的皆为靶子。"（页 807）
[4] 《说文解字诂林》页 2586a。
[5] 参《唐写本说文解字木部笺异》，载《续修四库全书》第 227 册（上海：上海古籍出版社，1995 年）页 234 下。
[6] 参《说文解字诂林》页 2586b。
[7] 参《古今韵会举要》，载《景印文渊阁四库全书》第 238 册（台北：台湾商务印书馆，1986 年）卷 27 页 19a。
[8] 《说文解字诂林》页 2586a。
[9] 同上，页 2587a-b。
[10] 同上，页 2587a。

故从自，自，鼻也。[1]

朱骏声《说文通训定声》曰：

> 梟……从木从自会意。按从自者，鼻于面居中特出之形，凡梟似之。[2]

林义光《文源》曰：

> 《说文》云："梟，射壿（准）的也。从木自声。"按自非声。古作❊（辛器剿字偏旁），自者鼻也，立木如鼻形也。[3]

温少峰、袁庭栋《殷墟卜辞研究——科学技术篇》云：

> 梟，甲文中作❊。《说文》训："射准的也。"即树立木竿以为箭靶，字从木从自（自为鼻之初文）会意。古人树八尺之木为箭靶，其高略与人之鼻等（即"以身为度"之意），其"的"（靶心）又有如人面部中心之鼻，故梟字从木从自而出"射准的"义。古代文化简朴，一器多用，故直立的木竿箭靶同时又用为测影之器，即"表"。《周礼·考工记·匠人》："置槷以县，视以景。"郑玄注："槷，古文梟，假借字。于所平之地中央，树八尺之梟，以县正之，视以其景，将以正四方也。"孙诒让《正义》在征引诸家论证之后结论称："梟，即大司徒测景之表。"《文选·陆倕〈石阙铭〉》："陈圭置梟，瞻星揆地。"此皆为"梟"即测影之"表"的力证。[4]

上述诸家均以"梟"为会意字，所言甚详，其说应可信从。高本汉亦认为根据音理，"梟"字不可能从"自"声。尧案："梟"为疑纽三等月部字，"自"为从纽质部字，疑纽三等与从纽《说文》无谐声纪录[5]，月、质二部则有旁转关系[6]，二字声纽相距甚远。

2.5 昱

高本汉认为许慎误认的谐声字中，第五个例子为"昱"。案：《说文》七篇上日部：

> 昱，明日也。从日，立声。（余六切）[7]

案：昱，《说文》训"明日"，段玉裁《说文解字注》改作"日明"，并云：

> 日明，各本作"明日"，今依《众经音义》及《玉篇》订。《大元》（尧案：即《太玄》）："日以昱乎昼，月以昱乎夜。"注云："昱，明也。"日无日不明，故自今日言下一日谓之明日，亦谓之昱日。昱之字古多叚借翌字为之，《释言》曰："翌，明也。"是也。凡经传子史翌日字，皆昱日之叚借。翌与昱同立声，故相叚借，本皆在缉韵，音转又皆入屋韵。刘昌宗读《周礼》"翌日乙丑"，音"育"，是也。俗人以翌与翼形

---

[1] 《说文解字诂林》页2587a。
[2] 同上。
[3] 同上，页2587b。
[4] 温少峰、袁庭栋《殷墟卜辞研究——科学技术篇》（成都：四川省社会科学院出版社，1983年）页9。
[5] 参陆志韦《古音说略》页255。疑纽三等，陆书作鱼母；从纽，陆书作昨母。
[6] 参陈新雄《古音学发微》页1056。
[7] 《说文解字诂林》页2928。

相似，谓翌即翼，同入职韵。[1]

桂馥《说文解字义证》亦云：

"明日"也者，当为"日明"。《玉篇》："昱，日明也。"《广韵》："昱，日光也。"《广雅》："昱，明也。"《太元》（尧案：即《太玄》）："日以昱乎昼，月以昱乎夜。"司马光云："昱，明也。"经典借翼字，《书·武成》："越翼日。"传云："翼，明也。"又借翌字，《纂要》："翌，日明也。"《书》："翌日乙丑。"[2]

惟王筠《说文句读》则曰：

《众经音义》《玉篇》皆曰："日明也。"《广韵》曰："日光也。"此《太元》"日以昱乎昼，月以昱乎夜"之义，非许君所用也。设言日明，则当与昭、旷类厕于首矣。"明日"之义，经典皆借翌。《释言》："翌，明也。" 萌下云："翌也。"皆是。[3]

朱骏声《说文通训定声》曰：

翌日者，昨夜言来日之辞也。[4]

张舜徽《说文解字约注》曰：

凡在昨夜言来日，今语恒称"天亮时"，意谓待天明亮，则为第二日矣。故明日与日明二义，亦实相因。[5]

王国维（1877—1927）《释昱》曰：

殷虚卜辞屡见𠬝𡖂𡖊诸字，又或从日作𣄰，或从立作𡘻𡙇诸体，于卜辞中不下数百见，初不知为何字，后读小盂鼎，见𣄰字，与𡖊相似，其文云："粤若𣄰乙亥"，与《书·召诰》"越若来三月"、《汉书·律历志》引逸《武成》"粤若来二月"文例正同，而《王莽传》载太保王舜奏云："公以八月载生魄庚子，奉使朝用书，越若翊辛丑，诸生、庶民大和会。"王舜此奏，全摹仿《康诰》《召诰》，则《召诰》之"若翌日乙卯"、"越翌日戊午"，今文《尚书》殆本作"越若翌乙卯"、"越若翌戊午"，故舜奏仿之。然则小盂鼎之"粤若𣄰乙亥"，当释为"粤若翌乙亥"无疑也。又其字从日从立，与《说文》训明日之昱正同，因悟卜辞中上述诸体皆昱字也。罗叔言参事尝以此说求之卜辞诸甲子中有此字者，无乎不合，惟卜辞诸昱字虽什九指斥明日，亦有指第三日、第四日者，视《说文》明日之训稍广耳。又案此字卜辞或作𦑜者，殆其最初之假借字。[6]

王氏此说，若抽关启钥，发精微之蕴，解学者之惑，其功可谓伟矣！惟王氏谓𦑜即鼠

---

[1] 《说文解字诂林》页 2928b。
[2] 同上，页 2929a。
[3] 同上。
[4] 同上。
[5] 张舜徽《说文解字约注》卷 13 页 11a。
[6] 见《观堂集林》（香港：中华书局，1973 年）页 284。

之初字[1]，则有可商，⊞殊不象毛发鬖鬖之形。王襄（1876—1965）《古文流变臆说》、叶玉森（1880—1933）《说契》《殷虚书契前编集释》、康殷（1926—1999）《古文字发微》认为⊞象翼形，唐兰（1900—1979）《殷虚文字记》、孙海波（1910—1972）《甲骨文编》、李孝定（1918—1997）《甲骨文字集释》、徐中舒（1898—1991）《甲骨文字典》则认为⊞象羽形。笔者撰有《说⊞——读〈观堂集林·释昱〉小识》一文[2]，尝试裁以管见如下：

（一）甲骨文诸⊞字诡变剧繁，综而观之，多肖翼形，而不肖羽形者则甚夥。

（二）纳西象形文字翼作 诸形，与甲骨文诸⊞字近似。

（三）若⊞本为翼字，假为同属余纽职部之昱字，固无问题；若⊞本为羽字，羽字古音匣纽鱼部，则与余纽职部之昱字，韵部远隔，声亦不近，则何以假为昱？

（四）甲骨文⊞字有异体作 者，王国维、王襄、魏建功（1901—1980）、李孝定皆以立为声符，唐兰则以为从立羽声，若此字从羽得声，音亦当与羽相近，羽、昱韵部远隔，声亦不近，则此字何以能假为昱？故当以立为声符。立古音来纽缉部，昱、立分隶余来二纽，或为上古 dl- 复声母之遗，职、缉则有旁转关系，故⊞当本为翼字，借为昱日字，后加立为声符。

高本汉认为根据音理，"昱"字不可能从"立"声。尧案："昱"为余纽职部字，"立"为来纽三等缉部字，余纽与来纽三等《说文》谐声纪录凡 11 见[3]，"昱""立"分隶余、来二纽，或为上古 dl- 复声母之遗，职、缉二部则有旁转关系[4]。且如上文所说，甲骨文⊞有异体作 ，已以立为声符，故"昱"从"立"声之说，应该没有问题。

2.6 牖

高本汉认为许慎误认的谐声字中，第六个例子为"牖"。案：《说文》七篇上片部：

> 牖，穿壁以木为交窗也。从片、户、甫。谭长以为甫上日也，非户也。牖，所以见日。（与久切）[5]

"从片、户、甫"，小徐本作"从片、户，甫声"。段玉裁《说文解字注》于"甫"声下云："盖用合韵为声也。"[6]徐灏（1810—1879）《说文解字注笺》亦曰："当以甫为声，古音鱼、侯两部多相转也。"[7]又王筠《说文句读》于"从片户甫声"下曰："不言从户，则是户、甫皆声也。竀、櫳、榰、鬲、盡皆两声。户、甫在麌部，牖在有部，二部之声多通。"[8]惟孔广居《说文疑疑》则以会意释"牖"，孔氏曰："甫者，男子尊显之称也。牖有高明之象，

---

1 《观堂集林》（香港：中华书局，1973 年）页 285。

2 载《纪念王国维先生诞辰 120 周年学术论文集》（广州：广东教育出版社，1999 年）页 43—49。

3 参陆志韦《古音说略》页 255。余纽，陆书作以母；来纽三等，陆书作力母。

4 参陈新雄《古音学发微》页 1066—1067。

5 《说文解字诂林》页 3049b。汤可敬《说文解字今释》译文云："牖，凿穿墙壁，用木板作成横直相交的窗棂。由片、户、甫会意。谭长认为：'甫'字之上是'日'字，不是'户'字；窗牖是用来照见阳光的地方。"（页 944）

6 《说文解字诂林》页 3050a。

7 同上。

8 同上。

故从甫会意。"¹林义光《文源》亦云:"按甫非声。甫,圃之古文。……片,版壁也。壁外有圃,上为户以临之谓之牖;牖,户属也。"²杨树达(1885—1956)亦以为"甫"非声,杨氏《积微居小学金石论丛·释牖》曰:"小徐甫下有声字,甫与牖声韵皆相远,亦非是。大徐以为会意字,是也。"³杨氏又云:

> 字又从户甫者,甫之为言旁也。古音甫在模部,旁在唐部,二部对转。《周礼·考工记·匠人》记夏世室之制云:"四旁,两夹窗。"郑注云:"窗助户为明,每室四户八窗。"贾疏云:"言四旁者,五室。室有四户,四户之旁皆有两夹窗,则五室二十户四十窗也。"按囱窗牕字并同。《考工记》之窗,指在墙者为言,正当云牖。窗牖对文有别,散文则通也。盖世室有五室,室每方一户,每户之旁,以两牖夹之,故云四旁两夹窗。牖在户之两旁,故字从户甫。义为旁而字从甫,犹面旁之为䤃,(九篇上面部云:"䤃,颊也。"又页部云:"颊,面旁也。"是䤃为面旁也。——杨氏原注)水频之为浦矣。(十一篇上水部云:"浦,水频也。"——杨氏原注)⁴

尧案:大徐本《说文》及孔广居、林义光、杨树达以会意释"牖",所说均觉牵强。段玉裁、王筠、徐灏认为"牖"与"甫"韵部可相通,惟高本汉则认为根据音理,"牖"字不可能从"甫"声。尧案:"牖"为余纽幽部字,"甫"为帮纽三等鱼部字,余纽与帮纽三等《说文》无谐声纪录⁵,幽、鱼二部则有旁转关系⁶,"牖""甫"二字声纽相距甚远。洪波在《关于〈说文〉谐声字的几个问题》一文中指出:"章(炳麟)、王(力)二位都认为谐声字的主谐字与被谐字之间在声母上不一定相同,甚至可以有很大的差别。"根据洪文所提供的证据及其所作分析,章、王所言,基本上符合事实。⁷

2.7 憲

高本汉认为许慎误认的谐声字中,第七个例子为"憲"。案:《说文》十篇下心部:

> 憲,敏也。从心,从目,害省声。(许建切)⁸

段玉裁《说文解字注》谓"憲"字属古韵十四部,并云:"按害在十五部,此合音也。"⁹又林义光《文源》曰:"憲(寒韵)、害(泰韵)双声对转。"¹⁰惟苗夔(1783—1857)则认为"憲"非从"害"得声,其《说文声订》曰:"案:害非声。《诗》憲字《六月》韵安、轩、闲、原,《桑柔》韵翰、难,《崧高》韵番、啴、翰,害不得为声也。且害字与憲亦无关涉,

---

1 《说文解字诂林》页 3050b。

2 同上。

3 杨树达《积微居小学金石论丛》(增订本)(北京:科学出版社,1955 年)页 34。

4 同上。

5 参陆志韦《古音说略》页 255。余纽,陆书作以母;帮纽三等,陆书作方母。

6 参陈新雄《古音学发微》页 1052。

7 参洪波《关于〈说文〉谐声字的几个问题》,《古汉语研究》1999 年第 2 期页 5—7。

8 《说文解字诂林》页 4662a。

9 同上。

10 同上,页 4662b。

当是契字。契，书契也。文武之政，布在方策，中心臧之，如或见之，曰宪章文武也。当作从心目契省，宀声。"¹又朱骏声《说文通训定声》曰："按从宀，从心目识丯会意。丯，犹简策也。宀，犹屋下也。或曰宀声。"²孔广居则以"宪"为会意字，其《说文疑疑》曰："宪，法也。从害省，从思省，会人当畏法意。"³

高本汉认为根据音理，"宪"字不可能从"害"声。尧案："宪"为晓纽三等元部字，"害"为匣纽月部字，晓纽三等与匣纽《说文》谐声凡 20 见⁴，元、月二部则有对转关系⁵，二字声韵俱近。由此可见，"宪"从"害"省声，就音理说，问题本来不大。且《说文》"宪"训"敏"，徐锴（920—974）曰："《礼》曰：'发虑宪。'目与心应为敏。"⁶段玉裁《说文解字注》曰："敏者，疾也。《谥法》：'博闻多能为宪。'"⁷又于"从心目"下曰："心目并用，敏之意也。"⁸徐锴与段玉裁于"宪"字之本义及形构，解释均甚合理。张舜徽《说文解字约注》亦云："心思之敏为宪，犹行走之疾为趲耳。宪、趲双声，语原同也。推之譓、儇并训慧也，声义亦通。"⁹张氏从语源推论，则"宪"为心思之敏，益觉可信。苗夔、朱骏声、孔广居转从宪章、宪法义立论，凡此皆为"宪"之引申义，似不足为据。因此，《说文》"宪"从"害"省声之说，似可接受。

2.8 恼

高本汉认为许慎误认的谐声字中，第八个例子为"恼"。案：《说文》十篇下心部：

恼，乱也。从心，奴声。（女交切）¹⁰

高本汉认为根据音理，"恼"字不可能从"奴"声。尧案："恼"字泥纽幽部，"奴"字泥纽鱼部，二字泥纽双声，幽、鱼旁转¹¹，声韵俱近。且"恼"训"乱"，不可能从心奴会意（事实上也从没有人这样说），最大可能是从心奴声。

2.9 溢

高本汉认为许慎误认的谐声字中，第九个例子为"溢"。案：《说文》十一篇上水部：

溢，器满也。从水，益声。（夷质切）¹²

高本汉认为根据音理，"溢"字不可能从"益"声。尧案："溢"字影纽质部，"益"字影

---

1 《说文解字诂林》页 4662b。

2 同上，页 4662a。

3 同上。

4 参陆志韦《古音说略》页 255。晓纽三等，陆书作许母；匣纽，陆书作胡母。

5 参陈新雄《古音学发微》页 1027—1028。

6 《说文解字诂林》页 4662a。

7 同上。

8 同上。

9 张舜徽《说文解字约注》卷 20 页 30a。

10 《说文解字诂林》页 4742b。

11 参陈新雄《古音学发微》页 1052。

12 《说文解字诂林》页 5083a。

纽锡部，二字影纽双声，质、锡二部则有旁转关系[1]。亦有古音学家将"溢"字归锡部[2]，则"溢""益"二字声韵俱同。案：《说文》五篇上皿部："𥁑（益），饶也。从水、皿，皿益之意也。"[3]张舜徽《说文解字约注》曰："器饶于水则满，故满溢字古止作益。后复增水旁作溢。"[4]朱骏声《说文通训定声》以"溢"为"益"之或体[5]，王筠《说文释例》则以"溢"为"益"之后起分别文[6]。"溢"从"益"声，应该没有疑问。

2.10 蠲

高本汉认为许慎误认的谐声字中，第十个例子为"蠲"。案：《说文》十三篇上虫部：

蠲，马蠲[7]也。从虫目[8]，益声，勹，象形。（古玄切）[9]

高本汉认为根据音理，"蠲"字不可能从"益"声。尧案："蠲"为见纽三等元部字，"益"为影纽三等锡部字，见纽三等与影纽三等《说文》谐声凡 9 见[10]，元、锡二部则无合韵与谐声记录，二字声纽相距颇远，韵部则相去甚远。孔广居《说文疑疑》曰："蠲古音圭，故谐益声。"[11]苗夔《说文声订》曰："《诗》'吉蠲为龙'，《仪礼注》引韩诗作'吉圭'。圭，洁也，故蠲同圭。《集韵》并收十二齐，《广韵》收一先，非也。"[12]尧案："圭"为见纽四等支部字，若蠲古音同圭，则蠲、益二字古音相距稍近，盖见纽非三等与影纽三等《说文》谐声凡 6 见[13]，支、锡二部则有对转关系[14]。"蠲"训"马蠲"，不可能从蜀益或益蜀会意，《说文》"蠲"从"益"声之说，相对于"蠲"从蜀益或从益蜀会意，还是比较可能的。

2.11 䜵

高本汉认为许慎误认的谐声字中，第十一个例子为"䜵"。案：《说文》十一篇下濒部：

---

1 参陈新雄《古音学发微》页 1059。

2 参唐作藩《上古音手册》（南京：江苏人民出版社，1982 年）页 155。

3 《说文解字诂林》页 2127b。汤可敬《说文解字今释》译文云："益，富饶有余。由'水'在'皿'上会意，表示'皿'中满溢出水来的意思。"（页 675）

4 张舜徽《说文解字约注》卷 9 页 66b。

5 《说文解字诂林》页 5083b。

6 同上，页 2128a。

7 段玉裁《说文解字注》"马蠲"下注云："多足虫也。"见《说文解字诂林》页 5962b。

8 王筠《说文解字句读》曰："当云'从蜀，益声'。因不立蜀部，故其词如此，勿深泥也。"见《说文解字诂林》页 5963b。

9 《说文解字诂林》页 5962a。尧案："勹，象形"，桂馥《说文解字义证》作"𠃑，象形"。王筠《说文句读》曰："当云'从蜀益声'，因不立蜀部，故其词如此，勿深泥也。"朱骏声《说文通训定声》亦云："按从蜀益声。蜎蜎似蜀，故从蜀。许书无蜀部，附虫部。"张舜徽《说文解字约注》亦云："蜀当别立为部首，以蠲字属之，而云从蜀益声。许无蜀部，附于虫部，故说解之辞亦迂曲。"参《说文解字诂林》页 5692b—5693a 及《说文解字约注》卷 25 页 58a。

10 参陆志韦《古音说略》页 255。见纽三等，陆书作居母；影纽三等，陆书作於母。

11 《说文解字诂林》页 5963b。

12 同上。

13 参陆志韦《古音说略》页 254。见纽非三等，陆书作古母。

14 参陈新雄《古音学发微》页 1032—1033。

高本汉《先秦文献假借字例·绪论》评《说文》谐声字初探

🦀（颦），涉水颦蹙。从频，卑声。（符真切）[1]

桂馥《说文解字义证》云:"从瀕卑声者,当为从瀕从卑,瀕亦声。"[2]苗夔《说文声订》亦云:"夔案:卑非声,当从建首字声例作从频卑,频亦声。"[3]可见桂、苗二氏皆不以"颦"为从卑得声。惟段玉裁《说文解字注》曰:

> 按从卑声,则古音在十六部。《易》:"频复",本又作嚬。王弼、虞翻、侯果皆以频蹙释之。郑作卑,陆云:"音同。"按诸家作频,省下卑;郑作卑,省上频。古字同音叚借,则郑作卑为是,诸家作频非,颦本在支韵,不在真韵也。自各书省为频,又或作嚬,又《庄子》及《通俗文》叚矉为颦,而古音不可复知,乃又改《易音义》云:"郑作颦。"幸晁氏以道《古周易》、吕氏伯恭《古易音训》所据《音义》皆作卑,晁云:"卑,古文也,今文作颦。"考古音者得此,真一字千金矣。[4]

又王筠《说文句读》曰:

> 字有分别文,今人多不知,故说此字多误。或谓当云"从频从卑,频亦声",或谓读当如卑,以《唐韵》"符真切"为误,皆非也。许君说频以水厓为本义,以颦蹙为引伸之义。其说颦也,则以颦蹙为义,可知颦为频之所孳育,但分其颦蹙之义,不能当水厓一义矣。凡分别文之在异部者,定以本字为声,使之与会意字异也。此在同部,不得不云从频,而以双声之卑为声,许君本不谓读如卑也。《易》:"频复",《释文》:"本又作嚬。嚬,眉也。郑作颦,音同。马云:忧频也。"《巽》九三:"频巽,吝",《释文》解王注之"频顣"曰:"此同郑意。"案陆氏说,则郑君解"频复""频巽",皆以颦蹙说之也。段氏曰:"《易》:'频复',王弼、虞翻、侯果皆以频蹙释之。《易·音义》曰:'郑作颦。'幸晁氏以道《古周易》、吕氏伯恭《古易音训》所据《音义》皆作卑,晁云:'卑,古文也,今文作颦。'"筠案:诸家作频,仍用古文也。郑君作卑,省形存声字也。今人误认频、颦为两字,故其说多滞。[5]

由此可见,段、王皆以"颦"为从卑得声,其说亦有所据。

高本汉则认为根据音理,"颦"字不可能从"卑"声。尧案:"颦"为并纽三等真部字,"卑"为帮纽三等支部字,并纽三等与帮纽三等《说文》谐声凡149见[6],真、支二部则谐声、读若各一例[7]。"颦""卑"二字声母密近,韵部则相距颇远。惟若如段玉裁所言,"颦"本在支韵,则"颦""卑"古韵同部。

---

[1] 《说文解字诂林》页5125a。汤可敬《说文解字今释》译文云:"颦,临到过水,皱着眉头皱着额头。从频,卑声。"(页1601)

[2] 《说文解字诂林》页5127b。

[3] 同上。

[4] 同上,页5127a。

[5] 同上,页5127b。

[6] 参陆志韦《古音说略》页255。并纽三等,陆书作符母;帮纽三等,陆书作方母。

[7] 参陈新雄《古音学发微》页1084。

2.12 委

高本汉认为许慎误认的谐声字中，第十二个例子为“委”。案：《说文》十二篇下女部：

> 委，委随也。从女，从禾。（於诡切）[1]

徐铉（916—991）曰：“委，曲也，取其禾谷垂穗委曲之皃，故从禾。”[2]惟大徐本之“从女，从禾”，小徐本作“从女，禾声”[3]。姚文田（1758—1827）、严可均（1762—1843）《说文校议》曰：“小徐作禾声，大徐语谬，议删。”[4]考田吴照《说文二徐笺异》则作居中调停之论，田氏曰：

> ，大徐本作从女从禾，小徐本作从女禾声。照按：以古音求之，委从禾声，自为不误。大徐作从禾会意，亦有说，严氏议以为缪，则太过矣。[5]

考清儒赞同“委”从禾声者甚众，如段玉裁《说文解字注》云：“十六、十七部合音最近。”[6]桂馥《说文解字义证》曰：

> 从禾者，徐锴本作禾声。顾炎武曰：“委古音於戈反，《说文》从禾乃声也。”馥案：本书“捼”奴禾切，“婐”读若委。[7]

王煦《说文五翼》曰：

> 古音委与阿通，《老子》所谓“唯之与阿，相去几何”是也。偏旁加人，则为乐浪倭人之倭。（《广韵》：“倭，乌禾切。”）委当从女禾声，铉说未是。[8]

宋保《谐声补逸》曰：

> 委，禾声。《说文》云：“委随也。”许氏以迭韵箸其声耳。经传中凡迭韵之字，如委随、委蛇、委靡、逶迤，古音皆在歌戈麻部内。委古音於戈反，《礼记·曲礼》云：“主佩倚则臣佩𠂹，主佩𠂹则臣佩委。”倚、𠂹、委为韵，皆入歌戈麻。自今音转委为於诡切，《广韵》入四纸，于是凡从委声之字，皆转入支纸，而许氏本注旧有声字者，俱被删去。徐锴[9]更曲为之说曰：“取其禾谷𠂹穗委曲之皃”，故从禾真谬说矣。检《说文》从委声之字，有萎、逶、踒、诿、矮、殇、餧、痿、倭、覣、捼、绥、錗等字，内衹萎字《诗》“习习谷风”三章与嵬韵，《礼记·檀弓》与坏、颓韵，绥字《檀弓》成人歌与衰韵，皆由歌戈转入支脂，此陆韵之所由昉也，自余古音皆无入支纸者。[10]

1《说文解字诂林》页 5579b。汤可敬《说文解字今释》译文云：“委，逶迤（……委曲自得的样子）。由女、由禾会意。”（页 1765）

2《说文解字诂林》页 5579b。

3 同上。

4 同上。

5 同上，页 5579b。

6 同上。

7 同上。

8 同上，页 5580b。

9“徐锴”，当为“徐铉”之误。

10《说文解字诂林》页 5581a。

苗夔《说文声订》曰：

> 案：张（次立）与徐（铉）觉禾声与今读委远，故云非声。不知禾部私下云："北道名禾主人曰私主人"，是古读禾与私无别也。古无歌麻韵，以许证许可也。从委得声之字——萎，《诗·小雅·谷风》与鬼韵，《檀弓》孔子歌与颓、坏韵。《唐韵正》四纸委改音於戈反，但引《曲礼下》"主佩倚则臣佩垂，主佩垂则臣佩委"一条而已，不知郵从垂声，《宾筵》四章以韵傲，不但《谷风》已也。《顾命》"一人冕执戣，立于东垂"，亦韵语也。徐葆光《中山传信录》载琉球国字母和读如哇，《说文》："哇，读若医。"[1]

徐灏《说文解字注笺》曰：

> 委盖妇女委婉逊顺之义，故从女，而用禾为声。古音委在歌部，故倭从委声。鼎臣云"取禾谷垂穗委曲之皃"，非也。[2]

许棫《读说文杂识》曰：

> 案：小徐《系传》从禾声。委、妥声义俱近，《尔雅》："棫，白桵。"《释文》："桵，本或作棱。"《韩奕》："淑旗绥章。"《释文》："绥，本亦作綏。"《诗·召南》："委蛇委蛇"，《鄘风》："委委佗佗"，皆迭韵也。《说文》："倭，顺皃。委声。"引《诗》"周道倭迟"於为切。而今"倭国"读乌禾切。"蹉，足跌也。委声。乌过切。""捼，推也。委声。一曰：两手相切摩也。奴禾切。"俗作挼。[3]

根据诸家之说，委从禾声似无问题。惟高本汉则认为根据音理，"委"字不可能从"禾"声。尧案："委"字影纽微部，"禾"字匣纽歌部，影、匣二纽《说文》谐声凡36见[4]，微、歌二部则有旁转关系[5]。

朱骏声《说文通训定声》于"委"字形构另有一说，朱氏曰：

> 委，委随也。从女，从禾。错本从禾声。按委随犹委蛇，迭韵连语。从女从禾，意亦支离傅会。即如所说，是与倭顺同字。按本训"积也。从禾，威省声"。读如阿者，声之转。《周礼·遗人》："掌邦之委积。"注："少曰委，多曰积。"疏："二十里言委，五十里言积。"《孟子》："孔子尝为委吏矣。"注："主委积仓廪之吏也。"[6]

又"委"字甲骨文作 （乙 4770）、 （乙 4869）、 （京津 2751）诸形[7]，陈邦怀曰：

> 甲骨文委字作 ，《说文解字·女部》："委，委随也。从女，禾声。"甲骨文 ，

---

[1]《说文解字诂林》页 5581a。
[2] 同上，页 5580a。
[3] 同上，页 5580b。
[4] 参陆志韦《古音说略》页 255。影纽，陆书作乌母；匣纽，陆书作胡母。
[5] 根据陈新雄《古音学发微》页 1046，微、歌二部《楚辞》合韵凡三见。
[6] 同上，页 5580a。
[7] 见《甲骨文编》（香港：中华书局，1978 年）页 476。

从女，🦴声。🦴与甲骨文禾作🦴形有别，其上端卷曲，象木杪萎而下垂形。《诗经·小雅·谷风》："无草不死，无木不萎"，《毛传》云："草木无不死叶萎枝者。"此木萎之说也。甲骨文委字所从之🦴，乃萎之初文。篆文委从禾，盖由🦴形近而讹也。[1]

2.13 威

高本汉认为许慎误认的谐声字中，第十三个例子为"威"。案：《说文》十二篇下女部：

> 威，姑也。从女，从戌。（於非切）[2]

"从女，从戌"，小徐本作"从女，戌声"[3]。徐锴曰："土盛于戌，土，阴之主也，故从戌。"[4]段注本《说文》从小徐本作"从女，戌声"，段氏曰："按小徐本作戌声，而复以会意释之。"[5]王煦则认为徐锴会意之说穿凿，谓"威"字当从女戌声，王氏《说文五翼》云：

> 戌缓读之音如岁，故步部岁字注云："从步，戌声"，此戌转如岁之证。威，依六书当从女戌声，徐锴之说凿也。[6]

孔广居《说文疑疑》则谓"威"当"从戌，从女，戌亦声"，孔氏曰：

> 威，可畏也。从戌，从女，戌亦声。戌为九月之辰，气肃而霜降，故王者顺天时以用其刑威也。女者，柔象也。刚柔相济，故威而不猛也。[7]

徐灏则以为当作戌声，徐氏《说文解字注笺》曰：

> 《系传》本作戌声，是也。楚金云："土盛于戌，上，阴之主也，故从戌"，盖不得其说而为之辞耳。灏按：岁从戌声，而蔴、噦并读如卫；威亦从戌声，而读如隈，其声转之理一也。盖戌音近郁，声转为运，又转为威，故运斗亦曰威斗，君姑亦曰威姑矣。[8]

根据徐说，"威"当可从"戌"声。惟高本汉则认为根据音理，"威"字不可能从"戌"声。尧案："威"为影纽三等微部字，"戌"为心纽三等物部字，影纽三等与心纽三等《说文》谐声凡4见[9]，微、物二部则有对转关系[10]，二字声纽相距稍远。

---

[1] 见《一得集》（济南：齐鲁书社，1989年）页10。
[2] 《说文解字诂林》页5545a。"从戌"，《诂林》所收大徐本误作"从戍"。汤可敬《说文解字今释》译文云："威，丈夫的母亲。从女、由戌会意。"（页1751）张舜徽《说文解字约注》云："威之言畏也，言最可畏惮之人也。夫家之最可畏惮者，莫如姑，故许君以姑训威。旧俗女子适人，惟姑言是听。姑之性，多失之严酷，小者责骂，大至捶挞，故为子妇者，莫不畏之也。威之本义为严姑，因引申为威仪，为凡有威可畏之称耳。"（卷24页8b）
[3] 见《说文解字诂林》页5545b。
[4] 同上。
[5] 同上。
[6] 同上，页5546a。
[7] 同上。
[8] 同上，页5545b。
[9] 参陆志韦《古音说略》页255。影纽三等，陆书作於母；心纽三等，陆书作息母。
[10] 参陈新雄《古音学发微》1030—1031。

朱骏声《说文通训定声》释"威"字形构则曰:

> 威,畏也。从戌从安省会意。戌,古文矛字,说见孚部。𢦔,古文戟字,见郭宗正《汗简》引《义云章》,与戎从戈甲同意。或说从女从咸省会意,《广雅·释诂二》:"威,健也",即此字,存参。[1]

朱说颇觉迂曲。林义光《文源》亦以"畏"训"威",林氏曰:

> 戌非声。威当与畏同字(王孙钟"威仪"作"畏义"),从戌,象戈戮人,女见之,女畏慑之象。[2]

尧案:金文"威"字或从戌作㦰(吊向簋)、𢦔(瘋簋)、威(王孙钟)、威(王子午鼎),或从戈作㦰(邾公华钟)[3],故就金文言之,林氏谓"戌非声",其说是也。戌、戈、戉皆兵器,可使人畏。惟李孝定则以为林说迂曲,李氏《金文诂林读后记》曰:

> 金文威字,或从"戌",小篆从戌,威字从"戌",于音于义,均无可说,窃疑从"戌"为声,尚觉差近。林义光氏谓戈戮人,女见之畏慑之象,亦觉迂曲。[4]

尧案:"戌"古音明纽幽部,与"威"字声、韵相距均远,李氏之说非是。唐桂馨(1881—1951)曰:

> 戌字有镇压义。女系于戌下,则女被镇压可知。故威仪、威权等字由是而生。[5]

唐说与林义光说似相因,金文"威"字所从之戌、戉、戈等兵器,可用于镇压使人畏,而镇压者之威权,亦由是显出。知"威"为会意字,非从女戌声。

2.14 阏

高本汉认为许慎误认的谐声字中,第十四个例子为"阏"。案:《说文》十二篇上门部:

> 阏,遮攤也。从门,於声。(乌割切)[6]

高本汉认为根据音理,"阏"字不可能从"於"声。尧案:"阏"字影纽月部,"於"字影纽鱼部,二字影纽双声,惟月、鱼二部谐声,此似为孤例[7],故段玉裁《说文解字注》曰:"此于双声取音。"[8] "阏"训"遮攤",不可能从门於会意,应该是从门於声。

---

1 《说文解字诂林》页5545b。
2 同上,页5546b。
3 见《金文编》(北京:中华书局,1985年)页799。
4 李孝定《金文诂林读后记》(台北:中央研究院历史语言研究所,1982年)页409。
5 唐桂馨《说文识小录》页2b,载台北文海出版社1967年影印《古学丛刊》第1期页30。
6 《说文解字诂林》页5327b。汤可敬《说文解字今释》译文云:"阏,阻塞。从门,於声。"(页1671)
7 陈新雄《古音学发微》页1080以"冣从取声"为月、鱼二部谐声之例,惟据唐作藩《上古音手册》(页109)及郑张尚芳《上古音系》(页447),则"取"为侯部字。
8 《说文解字诂林》页5327b。

2.15 隤

高本汉认为许慎误认的谐声字中，第十五个例子为"隤"。案：《说文》十四篇下𠂤部：

> 隤，下队也。从𠂤，贵声。（杜回切）[1]

高本汉认为根据音理，"隤"字不可能从"贵"声。尧案："隤"为定纽微部字，"贵"为见纽三等物部字，定纽与见纽三等《说文》谐声凡 3 见[2]，微、物二部则有对转关系[3]，二字声纽相距稍远。"隤"训"下队"，不可能从𠂤贵会意，应该是从𠂤贵声。

2.16 枼

高本汉认为许慎误认的谐声字中，第十六个例子为"枼"。案：《说文》六篇上木部：

> 枼，楄[4]也。枼，薄也。从木，世声。（与涉切）[5]

徐铉曰："当从卅，乃得声。"[6] 苗夔《说文声订》亦云：

> 世，当作卅。世以止为声，支齐部中字也；卅，三十合而为音，侵覃部中字也。今本多涸。[7]

惟段玉裁《说文解字注》曰：

> 按铉曰："当从卅，乃得声"，此非也。毛传曰："葉，世也。"葉与世音义俱相通。凡古侵覃与脂微，如立位、盇葢、走中、協荔、軜内、籥爾、沓隶等，其形声皆枝出，不得专疑此也。[8]

惟高本汉则认为根据音理，"枼"字不可能从"世"声。尧案："枼"为余纽葉部字，"世"为书纽月部字，余、书二纽《说文》谐声凡 46 见[9]，葉、月二部则有旁转关系[10]。周名辉曰：

> 窃谓金文"枼"字皆系古"世"字，证以𪒠伯敦："十世不謹"，作 枼，"木"字在旁与在下，盖无分也。[11]

金文"世"字作"枼"，可见二字音近。张日升曰：

---

1 《说文解字诂林》页 6487b。汤可敬《说文解字今释》译文云："隤，向下坠落。从𠂤，贵声。"（页 2091）
2 参陆志韦《古音说略》页 255。定纽，陆书作徒母；见纽三等，陆书作居母。
3 参陈新雄《古音学发微》页 1030—1031。
4 王筠《说文解字句读》："楄当作牖。《玉篇》：'枼，牖也。'牖即牖之误。《类篇》：'枼，簀也。'"汤可敬《说文解字今释》："楄，当从《唐写本·木部残卷》作牖，床板，故《类篇》说枼，簀也。"（页 819）
5 《说文解字诂林》页 2630a。汤可敬《说文解字今释》译文云："枼，床板。枼，又有薄木片义。从木，世声。"（页 819）
6 《说文解字诂林》页 2630a。
7 同上，页 2630b。
8 同上，页 2630a—2630b。
9 参陆志韦《古音说略》页 254。余纽，陆书作以母；书纽，陆书作式母。
10 参陈新雄《古音学发微》页 1058。
11 周名辉《新定说文古籀考》（上海：开明书店，1948 年）卷下页 9。

《金文编》卷六有"枼"字,与"万"或"永"字连言,亦即"永世""世万"[1]也。"世""枼""葉"恐本为一字,古音"世"在祭部:si̯ad;"葉"有两读,并在葉部:di̯ep 与 śi̯ep 是也。祭、葉两部元音近同,可以对转。而"葉"字其中一读与"世"字同纽,其本为一字无疑。[2]

张氏认为"世""枼"本为一字,二字自然有语音关系。从文字发展的角度看,"枼"是"世"的后起分别文。周法高(1915—1994)曰:

俞敏《论古韵合怗屑没曷五部之通转》(《燕京学报》第三十四期页二九—四八〔一九四八〕)条目如下:一入内纳;二入汭;三入柄;四立位;五卅世;六盍盖;七合会;八泣泪;九接际……所举共十八组,每组前者为合怗部(闭口韵),后者为屑没曷部。在《诗经》叶韵,二者有别;但在较古之时,可能韵尾相通,高本汉、董同龢亦主后者在较古之时具有-b 尾,至《诗经》时代变为-d。按俞氏谓"卅"与"世"有关,乃据《说文》"三十年为一世"之说,未必可信;然"枼"与"世"有关,则无可疑。李方桂先生及余拟构审纽三等之古音为 st'-,据《周氏上古音韵表》,上古音"世"为 st'jiar,今订较早时应为 st'jiab,枼为 st'jiap 及 riap。……此项拟测……可解释"世"与"枼"声韵相通之现象。[3]

"枼""葉"同音。根据周氏的拟音,"世""枼"自然声韵相通。高本汉认为"枼"字不可能从"世"声,似误。

3. 结论

在高本汉认为许慎误认的谐声字中,"役"除"从殳示声"外,尚有"从示殳"一说(参 2.1);"叢"除"从丵,取声"外,尚有"从丵从聚省"一说(参 2.2);"臬"除"从木自声"外,尚有"从木从自"一说(清代至近世认为"臬"当为会意字而非形声字者甚夥,参 2.4);"牖"除"从片、户,甫声"外,尚有"从片、户、甫"一说(参 2.6);"憲"除"从心,从目,害省声"外,尚有"从心目契省,宀声"、"从宀,从心目识丯""从害省,从思省"诸说(参 2.7);"顰"除"从频,卑声"外,尚有"从灛从卑,灛亦声""从频卑,频亦声"诸说(参 2.11);"委"除"从女禾声"外,尚有"从女从禾""从禾威省声""从女萎省声"诸说(参 2.12);"威"除"从女戌声"外,尚有"从女从戌""从戌从妥省""从女从咸省"诸说(参 2.13);"枼"除"从木,世声"外,尚有"从木,芇声"一说(参 2.16)。但"奈、昱、恢、溢、蠲、阏、隤"等字,除《说文》所言形声构造外,别无他说。《说文》有关这些字的谐声说,是否一如高本汉所言,完全不可能成立呢?如果说"奈"字不可能从"示"声,"昱"字不可能从"立"声,"恢"字不可能从"奴"声,"溢"字不可能从"益"声,"蠲"字不可能从"益"声,"阏"字不可能从"於"声,"隤"字不可能从"贵"声,那么,我们又怎样去解释这些字的形体构造呢?

综观高本汉《先秦文献假借字例·绪论》所评的《说文》谐声字,情况各有不同,现

---

1 案:"世万",疑为"万世"之误。
2 周法高主编《金文诂林》(香港:香港中文大学,1974—1975 年)第 3 册页 1223。
3 同上,页 1224—1225。

逐一分析如下：

（一）"溢"从"益"声——根据上文 2.9 的分析，"溢"为"益"之后起分别文，似无可疑。换句话说，"溢"从"益"声，应该没有疑问。

（二）"枼"从"世"声——根据上文 2.16 的分析，"枼"为"世"之后起分别文，也应无可疑，因此，"枼"从"世"声，也应该没有疑问；"枼"从"丗"声之说，似不可取。

（三）"昱"从"立"声——上文 2.5 已分析，"昱"从"立"声之说，应该没有问题。

（四）"恢"从"奴"声——正如上文 2.8 所说，"恢"训"乱"，不可能从心奴会意，最大可能是从心奴声。

（五）"阏"从"於"声——上文 2.14 已说，"阏"训"遮攤"，不可能从门於会意，应该是从门於声。

（六）"隤"从"贵"声——正如上文 2.15 所分析，"隤"训"下队"，不可能从𨸏贵会意，应该是从𨸏贵声。

（七）"柰"从"示"声——"柰"训"果"，不可能从木示会意，应该是从木示声。但"柰"字和它的声符"示"声纽相距极远，韵部亦不相近（参 2.3），这样的谐声现象，可能是由于发生了例外的语音演变或一些特殊情况。

（八）"蠲"从"益"声——"蠲""益"二字，声纽并不相近，韵部则相去甚远（参2.10）；惟"蠲"训"马蠲"，不可能从蜀益或益蜀会意，《说文》"蠲"从"益"声之说，相对于"蠲"从蜀益或从益蜀会意，还是比较可能的。

（九）"叢"从"取"声——上文 2.2 已指出，《说文》"叢"从"取"声之说，是可以接受的。

（十）"憲"从"害"省声——正如上文 2.7 所说，《说文》"憲"从"害"省声之说，似可接受。

（十一）"殳"从"示"声——正如上文 2.1 所言，根据《说文》，"殳"字的构造有"从殳示声"及"从示殳"两说，其中"城郭市里，高县羊皮，有不当入而欲入者，暂下以惊牛马，曰殳"是"或说"，因此，"从示殳"一说，似可放在较次位置考虑。"殳"从"示"声，就音理说，与"阏"从"於"声相类似，谐声字与声符之声纽或相同、或相近，而韵部则相距甚远。既然"阏"从"於"声是有可能发生的谐声关系，我们似不应断然排除"殳"从"示"声的可能性。

（十二）"顰"从"卑"声——桂馥《说文解字义证》认为"顰""当为从瀕从卑，瀕亦声"，苗夔《说文声订》认为"顰"当"从顰卑，频亦声"，"频"（"顰""瀕"的省略写法）、"顰"同音，"频"作为"顰"的声符，固然没有问题，不过，段玉裁、王筠认为"顰"乃从卑得声，也有所根据（参 2.11）。究竟"卑"是否有足够的音理条件作为"顰"的声符呢？尧案：就音理说，"顰"从"卑"声，与"阏"从"於"声相类，谐声字与声符之声纽或相同、或相近，韵部则相距甚远。既然"阏"和"於"有可能发生谐声关系，"顰"从"卑"声的可能性也就不能完全排除。

（十三）"委"从"禾"声——"委"字影纽微部，"禾"字匣纽歌部，影、匣二纽《说文》谐声凡36见，微、歌二部则有旁转关系（根据陈新雄《古音学发微》，微、歌二部《楚辞》合韵凡三见）。尧案："委"与"禾"声纽相通，韵部亦较"阏"与"於"、"殳"与"示"、"顰"与"卑"相近，故段玉裁《说文解字注》曰："十六、十七部合音最近"，桂馥《说文解字义证》、王煦《说文五翼》、宋保《谐声补逸》、苗夔《说文声订》、徐灏《说文解字注笺》、许棫《读说文杂识》亦提出了不少微、歌二部相通的例证，我们没有理由排除"委"从"禾"声的可能。

（十四）"膊"从"甫"声——大徐本《说文》及孔广居《说文疑疑》、林义光《文源》、杨树达《积微居小学金石论丛》以会意释"膊"，但所说均觉牵强。段玉裁《说文解字注》、王筠《说文句读》、徐灏《说文解字注笺》则认为"膊"与"甫"韵部可相通（详参2.6）。上文所讨论的"阕"从"於"声、"役"从"示"声、"鼜"从"卑"声，形声字与声符之间，均声纽相近而韵部远隔，我们已经指出，这些谐声关系是有可能发生的。既然声近韵远的谐声关系有可能发生，那么，韵近声远的谐声关系，如"膊"从"甫"声，也就不是没有可能发生的。

不过，"臬"和"威"却当为会意字。有关"臬"字，桂馥《说文解字义证》、王筠《说文释例》、朱骏声《说文通训定声》、林义光《文源》、温少峰、袁庭栋《殷墟卜辞研究——科学技术篇》已言之甚详，均以"臬"为会意字（详参2.4），其说应可信从。其实，以"臬"字为从木自声的是小徐本，大徐本《说文》则从木从自。此外，值得注意的是"臬"和"自"的谐声条件，与"膊"和"甫"、"隤"和"贵"相若，而胜于"奈"和"示"、"蠲"和"益"。至于"威"字，由于其金文或从戌，或从戊，或从戈，戌、戊、戈皆兵器，可使人畏，可显威权，知"威"为会意字，非从女戌声（详参2.13）。不过，与"臬"字一样，以"威"字为形声字的是小徐本，大徐本《说文》则从女从戌。而"威"和"戌"的谐声条件，也与"膊"和"甫"、"隤"和"贵"相若，而胜于"奈"和"示"、"蠲"和"益"。

看了上述的分析，相信读者都会同意，高本汉认为许慎误认的谐声字，其实大部分还是可信的，至少我们不应断然排除其作为谐声字的可能性。洪波《关于〈说文〉谐声字的几个问题》说："我们认为《说文》里复杂的谐声现象原因不止一种，但不能排除某种人为因素，应该承认《说文》复杂的谐声现象里有一部分并无音理上的联系，而是造字者不严格按照音同音近的原则去选择主谐字造成的。"[1]可能是由于此一原因，也可能是由于例外语音变化或一些其它原因（参2.3末段），部分谐声字与其谐声偏旁的语音关系变得较为疏远。

---

1 洪波《关于〈说文〉谐声字的几个问题》，《古汉语研究》1999年第2期页5。

谐声不管等之说不可信

北京语言大学　梁慧婧

提要：很多学者从经验出发，得出了"等列对于谐声没有影响"的观点。但从我们的统计结果来看，等列对于谐声的影响是很大的。

关键词：谐声　等列　契合度

一、前贤关于谐声与等列关系的看法

1.1 "等列对谐声影响不大"的看法

高本汉在《中日汉字分析字典》（*Analytical Dictionary of Chinese and Sino-Japanese*）中第一次提到谐声原则，后来赵元任将这一部分节取并翻译出来，篇名定为《高本汉的谐声说》。此文间接地提到了关于等列的谐声情况：

> 在有一大类的字，差不多占谐声字的大多数，它的主谐字跟被谐字，就说在古音中，也是有相同或相近的声母辅音、韵中的主要元音跟韵尾辅音。

> 通共说起来，谐声字当中大概有五分之四的字，它们的音的三要素（就是声母、主要元音、韵尾辅音）都是大致跟谐声部分的音相合的，像 kân: kuân: ki̯än: ki̯wän: k'an: k'ien: xan: xi̯wän 互换的例是常见的。[1]

从高本汉的表述当中，我们归纳出他的谐声原则中是不包括韵头的，其论据在于他认为异等互换的例是常见的。显然，高本汉认为等列对于谐声的影响不是很大，不过他倒是没有将这个看法说得特别绝对，而只是举例性地说明了不同韵头互谐的例子。

雅洪托夫、李方桂二位先生都认为介音对谐声没有产生任何影响。这种观点显然把"等列对谐声影响不大"的观点推到了绝对的地步，高本汉尚无如此绝对的表述：

> 大家知道，上古汉语的介音*i、*i̯，无论对押韵，还是对谐声都没有产生过任何影响。[2]

> 在中古音系中，我们把合口呼认为是介音 w 或 u，与介音 j 一样看待，介音 j 对谐声并不发生任何影响。[3]

细想一下，果真任何影响都没有吗？谐声真的与押韵材料一样不管"等"吗？这个结论显然有些武断。在"等列对于谐声没有影响"与"开合对谐声影响很大"的双重论断下，

---

[1] 赵元任《高本汉的谐声说》（译），《赵元任语言学论文集》第209页，商务印书馆，2002年。
[2] 雅洪托夫《上古汉语的唇化元音》，《汉语史论集》（唐作藩、胡双宝选编）第53页，北京大学出版社，1986年。
[3] 李方桂《上古音研究》，第16页，商务印书馆，2001年。

再进一步推论，就会得到"上古无合口介音"的观点。因为"呼"对谐声有影响，"等"无影响，二者本质不同，由此推断合口呼不表现为介音，而是声母的一种附加音彩。从我们的研究来看，虽然"呼"对谐声的影响要大于"等"，但"等"对于谐声并不是完全没有影响的，甚至影响还不小。

耿振生《20世纪汉语音韵学方法论》谈到韵头层面上的谐声原则，归纳了大多数学者对谐声与等列关系的基本看法：

> 在谐声字中人们发现了一条规律：中古音有 i 介音的字（三四等）与没有 i 介音的字（一二等）在谐声中没有什么限制，自由互谐。但是中古音开口（没有介音 u 或 w）与合口字（有介音 u 或 w），在谐声字中是分开的，基本上不互谐。从前一种现象推导出的谐声原则：介音对谐声原则不起什么影响，韵腹、韵尾相同的条件下，推论后一种现象的产生原因是上古汉语没有 u（w）这样的介音，即中古音同韵部里的开口字跟合口字在上古时代不是介音的对立，而有另外的对立条件，合口介音是后来产生的。[1]

可见，"等列对谐声影响不大"的看法是大多数学者对谐声与等列关系的基本看法，这一看法的出现是有缘由的，如果不详细统计的话，单凭经验来看，异等谐声的例是大量存在的。尤其是同开合相比，更容易得出这种结论。

1.2 "等列对谐声有一定影响"的看法

认为等列对谐声没有影响的学者多是从经验出发，并没有人做过详细的统计，统计法施于谐声字，多是声母和韵部的统计。但陆志韦《说文广韵中间声母转变的大势》、《上古声母的几个特殊问题》中独辟蹊径，将《说文》中的谐声字，以《广韵》声类作为统计项目来统计，因此看出几个"等列对谐声有影响"的规律来：

> 一等切跟三等切的通转上，只有"苦去"的关系是密切的。"古居""胡渠"的关系相当的小。上古牙音的一等跟三等大有分别。[2]
>
> "博方"等"类隔"的通转很明显，远超过"古居"等之上，意思就是上古唇音的分一等跟三等不像喉牙音的清楚。[3]
>
> 齿音三组互相通转。大概的说，本组的通转，胜过隔组"类隔"的通转。[4]

方红霞《从等呼角度看形声字的谐声关系》中用统计法说明了等列对"谐声"并不是无任何影响。其统计结果如下：一等谐一等48%，二等谐二等37%，三等谐三等57%，四等谐四等43%，洪音谐洪音61%，细音谐细音66%。据此她得出以下两个结论：第一，同等相谐在《说文》谐声中不占优势；第二，洪音谐洪音，细音谐细音的谐声方式在《说文》谐声关系中占主流。

"不占优势"并不代表毫无影响，而且她也指明"洪音谐洪音、细音谐细音"的谐声

---

[1] 耿振生《20世纪汉语音韵学方法论》，第66页，北京大学出版社，2004。
[2] 陆志韦《古音说略》，第258页，《燕京学报》专号之二十，哈佛燕京学社出版，民国三十六年。
[3] 同上，第260页。
[4] 同上，第263页。

方式在《说文》谐声关系中占主流，因此其研究仍然可说明等列对谐声是有影响的。不过百分之三四十的数据显然比较尴尬，这也可以解释诸多学者从经验中得出"等列对谐声影响不大"的结论。这种统计将所有的形声字，不分谐声系列，不分谐声层级，也不分声、不分韵，囫囵地统计，很难说明谐声与等列的真正关系。孙玉文《从古代注音材料看"等"和声调在联绵词构词中的制约作用》中已经指出"同一谐声系列的字，等相同的可以互谐，等不同的也可以互谐，有人据此推导：等对谐声不起什么作用。这种说法有一定事实依据，但是在统计'等'在同一谐声系列中的表现情况时，应该注意一些复杂的情况，联绵词即是其中之一"。可见，这个问题的研究是比较复杂的。因此本文将做更为细化的统计，以期发现谐声与等列的真正关系。

二、谐声系列的等列契合度与等列分布

2.1 谐声系列等列契合度的统计

前面我们提到，无论是从经验上，还是从囫囵的统计上，都会得出"等列对谐声影响不大"的看法。但如果我们换个角度，按照一个谐声系列中与声首等列一致的被谐字数量与被谐字总数的比值来统计的话，情形可能完全不同。为了便于称述，我们将这种比值称为"契合度"。以"止"声首为例，其声首为三等字，5个被谐字均为三等字，即所有的被谐字与声首的等列一致，那么"止"系列的等列契合度为100%。以"寺"声首为例，其声首为三等字，15个被谐字中有11个为三等字，那么"寺"系列的等列契合度为11/15，得73%。

我们认为不分谐声系列的统计，会把很多因特殊原因造成的异等谐声看成是常例。比如声首"或"，《广韵》胡国切，为一等音，但它的被谐字却基本上都是三等。其实，"或"本音"域"，《广韵》失载其三等音读，因此造成了很多异等谐声的例子。这种特殊的异等谐声的例子，如果不分谐声系列、囫囵地统计，就会使得整个同等谐声的比例大大下降。如果分谐声系列进行等列契合度的统计，"或"系列的等列契合度也许很低，但是很多其它谐声系列的等列契合度却不低，这样整体的统计结果不会受到少数谐声系列的影响，特殊的谐声系列也不会被埋没。因此我们打算分谐声系列来统计，统计方法如下：

首先统计每一个谐声系列中被谐字与声首的等列契合度。如果声首有不同等列的异读，那么只要与其中一个读音契合的，就算契合，以声首"丐"为例，它既有二等音读，也有四等音读，被谐字"翻"为二等音，与其中一个异读的等列契合，那么它与声首的等列也是契合的，"醽"为四等音，也算契合，"蒿"同时有二、四等音读，也是契合的，"丐"声首被谐字有8个，与声首等列均一致，那么契合度为100%。如果被谐字有两个不同等列的异读，其中一个与声首等列相同，另一个不同，那么是半契合。以此类推，如果被谐字有三个异读，有一个与声首相同，那么是三分之一契合。譬如"此"的被谐字中，有20个字为三等字，与声首等列完全契合，"玼""茈""眦""泚""批""訾"这六个字有异读，其中5个字有两个异读，其中一个与声首契合，这就是半契合，1个字有三个异读，其中一个与声首契合，算是三分之一契合，也就是说共有 20+5×1/2+1×1/3=22.8[1]个字契合，

---

[1] 以下文中出现的小数，皆是因被谐字有异读而造成的半契合或三分之一契合的情况。

除以被谐字的总数 29，换算成百分比，那么其契合度为 79%。

在第一项统计的基础上，再统计与声首等列契合度为 100% 的谐声系列有多少，大于等于 80%，大于等于 60% 的系列有多少，占所有系列的比例为多少。选择 100%、80%、60% 这三个比率是因为：100% 代表了谐声系列中所有的字与声首的等列完全一致；而 80% 代表了谐声系列中只有十之一二与声首等列不契合，个别的不契合或许是由什么偶然的情况导致的，这便于我们考察不契合原因时作参考；选择 60%，因为它是一个分水岭，少于 60% 的契合度，证明这个谐声系列中有将近一半的字与声首异等，那么这种不契合应当有什么必然的原因。

再统计被谐字为 15 字以上、10—15 字、5—9 字、2—4 字、1 字，100%、大于等于 80%、大于等于 60% 的契合度各为多少。字数的多少可能对于等列的契合度有影响，字数越多，音近谐声的概率就大。之所以把 1 字独立出来，因为只有一个被谐字的谐声系列非常多，如果同等相谐就是 100%，如果异等谐声就是 0%，没有什么梯度，可能会影响整体的统计结果。

那些等列契合度低于 60% 的谐声系列，不考虑声首的话，被谐字互相之间的契合度如何，这也是我们统计的一个项目。有些谐声系列虽然与声首的等列不同，但谐声系列内部被谐字互相的契合度却很高。譬如声首为一等字，但被谐字多是三等字的情况也是有的，就像我们上面所举的"或"声首，便是这种情况。这种情况多数有其特殊的原因。我们统计被谐字 5 个及 5 个以上谐声系列内部互相的契合度，以"乃"声首为例，《广韵》奴亥切，是一等字，但 7 个被谐字中 6 个为三等字，则其内部契合度[1] 为 6/7，换算成百分比，则为 86%。

通过对《说文解字》谐声字的整理，再结合古文字的研究成果，我们共得声首 1546 个，即有 1546 个谐声系列。其中契合度为 100% 的谐声系列有 857 个，占总数的 55%；契合度≥80% 的系列有 1017 个，占总数的 66%；契合度≥60% 的系列有 1216 个，占总数的 79%。按照谐声系列字数多少来看：超过 15 字的，有 109 个系列，契合度≥80% 的有 40 个，占 37%；契合度≥60% 的 73 个，占 67%。10—15 字，有 179 个系列，契合度≥80% 的 83 个，占 46%；契合度≥60% 的 133 个，占 74%。5—9 字，有 288 个系列，契合度≥80% 的 158 个，占 55%；契合度≥60% 的 219 个，占 76%。2—4 字，有 475 个系列，契合度≥80% 的 321 个，占 68%；契合度≥60% 的 376 个，占 79%。只有一个被谐字的系列有 495 个，契合度为 100% 的有 415 个，占 84%。

很显然，谐声系列中，被谐字字数越少，等列契合度越高，不过即使是超过 15 字的长系列，契合度超过 60% 的系列，也占到三分之二，可见等列对谐声是有影响的。有不少的谐声系列，其被谐字与声首的等列契合度比较高，只有小部分谐声系列，被谐字与声首的等列不是很契合，这其中有许多原因，是值得我们探索的。

另外，即使是一些契合度比较低的谐声系列中，仍然有契合的因素。以下两种情况也是值得我们注意的：

第一种情况：契合度低于 60% 的谐声系列，且被谐字数目为 5 及 5 以上的，共 157 个

---

[1] 内部契合度，指的是一个谐声系列中，在等列契合度比较低但被谐字之间彼此契合的程度比较高的情况下，相互契合的这些被谐字的数量与被谐字总数的比值。

系列。其中有 46 个系列，谐声系列内部被谐字互相之间的契合度超过了 60%。（见表一）也就是说，契合度在 60% 以下的谐声系列，有将近三分之一的谐声系列内部相当一致。这种情况实际上也是变相的契合，以"力"为例，"力"为三等字，但 6 个被谐字中有 5.5 个为一等字，以声首契合度来说，只有 17%，若论内部契合度，则达到 83%。

表一　内部契合度超过 60% 的谐声系列举例

声首	等列	构造量[1]	一等	二等	三等	四等	声首契合度	内部契合度
力	3	6	5.5	0	0.5	0	17%	83%
则	1	8	2	0	6	0	25%	75%
或	1	12	2.5	1	8.5	0	21%	71%
乃	1	7	1	0	6	0	14%	86%
厷	1	7	1	5	1	0	14%	71%
缶	3	5	3	0	2	0	40%	60%
夒	1	5	1.5	0.5	3	0	30%	60%
叟	1	8	3	0	5	0	38%	63%
奥	1	6	2	0	4	0	33%	67%
尞	3	19	3.3	0.3	3	12.3	13%	65%
敫	3	14	0	1	1	12	18%	86%
殳	3	6	5	0	1	0	17%	83%
賣	3	18	14.5	0	3.5	0	25%	81%
㱿	2	15	12	2.5	0.5	0	17%	80%
屋	1	5	0	5	0	0	0%	100%
龍	3	19	11.5	2	5.5	0	29%	61%
丰	3	5	0	3	2	0	40%	60%
尃	3	14	10	0	4	0	29%	71%
夸	2	8	6	2	0	0	25%	75%
亞	2	6	4	2	0	0	33%	67%
瓜	2	11	9	2	0	0	18%	82%
乍	2	12	9.5	2.5	0	0	21%	79%
庶	3	5	3	1	1	0	20%	60%
良	3	16	14.5	0	1.5	0	9%	91%
啻	3	12	0	2	2.5	7.5	17%	63%
青	4	16	0	1.5	12.5	1	9%	72%
粤	4	6	0	0	4.5	1.5	25%	75%
多	1	19	1.8	1.3	13.8	2	13%	73%
麻	2	8	3	0	5	0	0%	63%
化	2	6	4	2	0	0	33%	67%

---

1 构造量，是指一个谐声系列所有被谐字的总数。

续表

带	1	7	0.5	0.3	1.8	4.3	7%	61%
刼	2	6	0	0	1.5	4.5	0%	75%
夬	2	21	0	3	3	15	12%	76%
臬	4	5	0	0	3	2	30%	60%
尚	1	20	7.5	0	12.5	0	38%	60%
豙	1	9	1	0	8	0	11%	89%
删	2	5	3	1	1	0	20%	60%
巽	1	5	0.5	0	4.5	0	20%	80%
戔	1	18	1.3	3.3	12.3	1	8%	69%
夐	3	5	0	0	2	3	40%	60%
血	4	5	0	0	4	1	20%	80%
豈	3	15	12	0	3	0	20%	87%
畏	3	7	7	0	0	0	0%	100%
門	1	10	2	0	8	0	20%	80%
夾	2	21	0	5	2	14	29%	62%
監	2	14	9.5	3.5	1	0	25%	68%

第二种情况：契合度低于60%的谐声系列中，有的谐声系列虽然整体契合度不高，但有一个等占优势，而占优势的那个等恰与声首的等列是一致的。这种情况也可以算是契合（见表二）。以"合"系列为例，"合"声首为一等字，被谐字与声首的契合度为58%，低于60%，但被谐字中一等字比起二、三等字来说，数量上占有绝对优势。

表二　优势契合型谐声系列举例

声首	谐声系列	各等分布	分析
合 1[1]	祫荅迨跲詥敁裒鴿礚枱郃裌佮袷欱頜匌洽合拾姶蛤鞈弇	一 14.5 二 5 三 5.5	声首为一等字，谐声系列中一等字占58%，虽未超过60%，但是占明显的优势。
巠 4	莖牼徑羥脛到桱窒頸崢桱怪涇鯹娙經蛵勁鋞陉輕	二 3.5 三 5.5 四 12.5	声首为四等字，谐声系列中四等字占59%，虽未超过60%，但是占明显的优势。
吉 3	趌齸詰桔佶祮欯頡硈黠臭壹鮚拮姞結蛣劼	二 5 三 9.5 四 4.5	声首为三等字，谐声系列中三等字占47%，虽未超过60%，但占明显的优势。

---

[1] 声首后的阿拉伯数字，代表其所属的等列。

续表

艮 1	珢很齦跟詪䩗眼根痕𡰤頣狠恨垠艱銀	一 9.3 二 3.3 三 2.3 四 1	声首为一等字，谐声系列中一等字占 56%，虽未超过 60%，但占明显的的优势。
睘 3	環㙩譞瞏翾檈儇獧懁擐嬛蠉轘缳還	二 3 三 9.5 四 2.5	声首为三等字，谐声系列中三等字占 59%，虽未超过 60%，但占明显的的优势。
咸 2	葴鹹諴賊箴械顑鶼感减鹹揓鍼緘	一 3 二 8 三 3	声首为二等字，谐声系列中二等字占 57%，虽未超过 60%，但占明显的优势。
卓 2	趠逴踔穛罩倬焯悼淖鯡掉婥犩	一 2 二 7.5 三 2 四 1	声首为二等字，谐声系列中二等字占 58%，虽未超过 60%，但占明显的的优势。
巂 4	讉鑴觿巂瘑樆憓攜嶲纗蠵鑴	一 0.5 二 1 三 3.5 四 7	声首为四等字，谐声系列中四等字占 58%，虽未超过 60%，但占明显的的优势。
共 3	哄供烘恭㤗洪拱䢔巷栱輂	一 3 二 1.5 三 6.5	声首为三等字，谐声系列中三等字占 59%，虽未超过 60%，但占明显的的优势。
反 3	返販飯販昄版汳㽛軓阪	一 1.5 二 3 三 5.5	声首为三等字，谐声系列中三等字占 55%，虽未超过 60%，但占明显的的优势。
不 3	柎肧㕻否紑坏頒丕否	一 2.5 三 6.5	声首为三等字，谐声系列中三等字占 56%，虽未超过 60%，但占明显的的优势。
朋 1	倗棚崩淜掤弸堋輣	一 4.5 二 1.5 三 2	声首为一等字，谐声系列中一等字占 56%，虽未超过 60%，但占一定的的优势。
虖 1	嚛諕䣜郭墟㰋樜	一 4 二 2 三 1	声首为一等字，谐声系列中一等字占 57%，虽未超过 60%，但占一定的优势
廣 1	横曠穬獷廫纊壙	一 4 二 2.5 三 0.5	声首为一等字，谐声系列中三等字占 57%，虽未超过 60%，但占一定的的优势
矛 3	茅孜柔楙袤蟊	一 2 二 1 三 3	声首为三等字，谐声系列中三等字占 50%，虽未超过 60%，但占一定的优势

续表

芦 3	鴬蟀逆朔㾮笤	一 2 二 1 三 3	声首为三等字，谐声系列中三等字占 50%，虽未超过 60%，但占一定的优势。
難 1	蘿钃儺戁灘攤	一 3.5 二 1 三 1.5	声首为三等字，谐声系列中三等字占 58%，虽未超过 60%，但占一定的优势。
叔 3	叔俶踧督俶裻怒淑埱	一 2 三 4.5 四 2.5	声首为三等字，谐声系列中三等字占 50%，虽未超过 60%，但占一定的优势

归纳起来，按照被谐字与声首等列契合的情况，谐声系列可以分为以下四型：

完全契合型（857 个）：等列契合度为 100%，谐声系列中所有被谐字与声首的等列完全一致。

高度契合型（360 个）：等列契合度≥60%且≠100%，虽然大部分被谐字和声首的等列是契合的，但有小部分不契合。

中低度契合型（249 个）：等列契合度<60%且≠0%，一半以上的被谐字和声首的等列是不契合的，只有小部分契合。但这里面也有契合的因素：内部契合型，共 46 个谐声系列，其被谐字大部分和声首的等列不契合，但是它们内部却是相当的一致；还有优势契合型，共 18 个谐声系列，这些谐声系列的等列契合度虽然未超过 60%，但与声首等列一致的被谐字在数量上占明显优势。

完全不契合型（81 个）：所有被谐字的等列均与声首的等列不一致，其等列契合度为 0%。

通过以上对谐声系列等列契合度的统计，我们认为等列对谐声的影响是很大的。谐声不可能是完全同音的，声母、主要元音、韵尾、开合，尚且不是百分之百的契合，也有不少例外的谐声。只是相对来说，主要元音、声母发音部位、韵尾、开合的契合度要稍高一些，但无论如何也不能说等列对于谐声完全没有影响。

2.2 谐声层级与等列契合度

谐声字是可以分层级的，"一个谐声字的声符可以辗转谐声，形成不同的谐声层级"、"谐声的层级反映出相对的时间层级"[1]，独体字或合体会意字充当声首，形成谐声字后，谐声字还可以再充当声符，不同层级谐声字的生成有先后，因此它能够反映出语音的时间层次。

冯蒸将独体字声首称为基本声首，谐声字再充当为声首的称为派生声首[2]。我们将原始声首标为 1 级，派生声首依次为 2 级、3 级、4 级等。根据我们统计：一级声首共 909 个，等列契合度为 100%的 423 个，占总数的 47%；等列契合度≥80%的 552 个，占总数的 61%；

---

[1] 孙玉文《谐声层级与上古音》，《汉藏语学报》2011 年第 5 期，商务印书馆。
[2] 冯蒸《说文形声字基本声首音系研究》（上），《语言》第 4 卷，2003。

等列契合度≥60%的701个，占总数的77%。二级声首541个，等列契合度为100%的362个，占总数的67%；等列契合度≥80%的389个，占总数的72%；等列契合度≥60%的434个，占总数的80%。三、四级声首96个，等列契合度为100%的72个，占总数的75%；等列契合度≥80%的76个，占总数的79%；等列契合度≥60%的81个，占总数的84%。

从上面的统计情况我们可以清楚的看到谐声层级与等列的契合度关系密切。谐声层级越往后，等列的契合度越高。也就是说谐声字形成的时间越晚，契合度越高。原因大概有以下两个方面：

第一，早期声首少，并不能找到完全音同的声首，因此声首借用的情况多一些。后来又派生了很多声首，找到音同声首的几率大大提高，于是异等声首借用的情况就少了一些。譬如"弋"为一级声首，被谐字与声首的等列契合度为63%，而"代"为二级声首，被谐字与声首的等列契合度为100%。

第二，早期音近假借多，音变构词多，因此早期声首可能存在异读。但有些异读，《广韵》并无记录，甚至在语言发展中，彻底消亡了，消失的异读也会造成一个谐声系列契合度低的情况。譬如"或"，《说文》"邦也。从口从戈，以守一。一，地也。域，或又从土"，大徐本音于逼切，为三等音。后来"或"分化为域、国二字，可知它本来有一、三等音读，但《广韵》只记录胡国切，义为"不定也，疑也"，这只是它的假借音。

当然，也有少数情况，第一层的契合度比较高，第二层的契合度反而比较低：如五—吾、于—夸、方—旁、束—责、帝—啻、凸—冏、嬴—嬴、左—差、匄—曷、比—毘等。这可能有三种原因：第一，第一层的构字能力不如第二层强，比如五构字量为2，吾构字量为15，帝构字量为4，啻构字量为12，匄构字量为2，曷构字量为26。第二层的声首，作为声首更常见，别等的字可能也更愿意借用常用声首，所以它的等列契合度就低了。第二，第一层的声首和第二层的声首可能字形比较近似，容易混淆，譬如嬴和嬴字形较近，嬴为三等字，被谐字却均为一等字，这可能是嬴和嬴字形混淆所致。第三，第一层多为三等字，只有少数一等字或二等字，这少数一等字或二等字作为第二层的声首，一、二等音近，借用比较频繁，因此等列的契合度便降低了。如"于"声为三等字，被谐字也多为三等字，契合度较高，被谐字中只有"夸"为二等字，"夸"作为第二层声首后，很多一等字都借用"夸"声首，"夸"系列的等列契合度自然就低了；又如"方"声为三等字，被谐字多为三等字，只有"旁"为一等字，"旁"作为第二层声首后，被谐字却有一些二等字。

根据谐声层级等列契合度分布，我们可以将谐声系列分为以下一些类型：

（1）古—居类。"古"声为第一层，除"居"外，被谐字都是一等字，契合度为96%；"居"声为第二层，被谐字全部为三等字。这种类型的特点是，第一层的契合度比较高，只有个别字与声首等列不同，而恰恰是这异等的个别字，成为下一层的声首，并且在它的谐声系列中，被谐字与声首的等列契合度为100%。这种类型表明第一层声首和第二层声首形成的时间跨度不大，在"古"产生不久后，"居"已经产生，所以在谐声时代，二者已经并存，一等字选择"古"声，三等字选择"居"声，于是分成了一、三等不相杂厕的两个系列。举例如下：

來—犛：第一层，声首"來"为一等字，被谐字中只有"犛"为三等字，其余均为一等字；第二层，以三等字"犛"为声首，被谐字几乎都是三等字。

我—義：第一层，声首"我"为一等字，被谐字中只有"義"为三等字，其余均为一等字；第二层，以三等字"義"为声首，被谐字均为三等字。

可—奇：第一层，声首"可"为一等字，被谐字中只有"奇"为三等字，其余均为一等字；第二层，以三等字"奇"为声首，被谐字均为三等字。

（2）兼—廉类。"兼"声为第一层，它的被谐字有二、三、四等，与声首的等列契合度仅为 42%；"廉"为第二层，被谐字全部为三等字。这种类型的特点是，第一层的契合度不高，与声首不契合的被谐字占很大比例，在这些不契合的被谐字中，有一个成为下一层的声首，并且它的被谐字与声首的等列契合度为 100%。这种类型表明第一层和第二层时间跨度稍大。"鎌、嗛、磏、蠊、鎌"皆与"廉"同音，说明在造这些字的时候，"廉"还未产生，所以仍用"兼"声。举例如下：

弋—代：第一层，"弋"声为三等字，契合度为 63%，被谐字中还有一些一等字；第二层"代"声为一等字，被谐字全部为一等字。

朕—腾：第一层"朕"声为三等字，契合度为 46%，被谐字中还有不少一等字；第二层"腾"声为一等字，被谐字也是一等字。

攸—條：第一层"攸"为三等字，契合度为 63%，被谐字中还有些四等字；第二层"條"声为四等字，被谐字也是四等字。

矛—楸：第一层"矛"为三等字，契合度为 50%，被谐字中还有些一、二等字；第二层"楸"为一等字，被谐字也都是一等字。

（3）力—勒类。"力"声为第一层，它本身为三等字，但被谐字多是一等字，所以等列契合度只有 17%。"勒""防"声为第二层声首，它们为一等字，被谐字也都是一等字，等列契合度为 100%。这种情况是，两个声首虽然不同"等"，但两个谐声系列的主体却是同"等"的。这是由于，原无一等"勒"声，只好借用三等"力"声，产生"勒"声以后，一等字就以一等的"勒"为声了。举例如下：

公—松："公"声为一等字，被谐字中三等字很多，其契合度只为 29%，第二层"松"声为三等字，被谐字为三等字。

吴—虞："吴"声为一等字，被谐字中多数为三等字，其契合度只为 25%，第二层"虞"声为三等字，被谐字为三等字。

这是三种最常见的类型，还有几种类型不是太常见：

（4）或—國类。第一层"或"声为一等字，但被谐字多是三等字，契合度只有 21%，第二层"國"声首为一等字，被谐字也是一等字，契合度为 100%。这种情况与"力—勒"类相反，声首"或"、"國"看似等列相同，但它们的被谐字却分为一、三等两个系列。

（5）否—音类。第一层"否"声为三等字，契合度为 71%，被谐字中有一些一等字，第二层"音"为一等字，契合度为 76%，被谐字中仍有一些三等字。这种类型的特点是，两层虽然大致可以分为不同的等列，但彼此有交合。

（6）咎—暠类。第一层"咎"声有一、三等异读，被谐字也一、三等参半，但第二层"暠"声为三等字，被谐字也为三等。这种情况下，第二层只是继承了第一层声首不同等列异读中的一个音读。

（7）于—夸类。第一层"于"声为三等字，被谐字也以三等字为主，只有"夸"为二等字，第二层以"夸"为声首，被谐字却有不少一等字。这实际上涉及到三个等列递用的关系，第一层的二等字借用三等声首，这个二等字用作第二层的"声首"后，又被一等字借用了。

总而言之，因为谐声层级的不同，等列也会呈现出不同的情况，这种不同与谐声形成的时代有关，如果两个层级的声首产生的时代接近，那么它们分裂为不同等列的谐声系列就比较彻底，两个谐声系列的契合度都比较高且构字量也不相上下，如果两个层级的声首时代间隔比较远，那么往往第一层谐声系列比较混杂，契合度也比较低，第二层系列比较单纯，契合度比较高，但是第二层的构字能力已经很弱了。因谐声层级而发生的等列分化，也能在一定程度上说明等列对于谐声是有影响的。

2.3 声首的等列异读与被谐字等列的分布

声首的等列异读与被谐字等列分布也能在一定程度上反映出等列与谐声的关系。以下例子中表明，声首若有两个不同等列的异读，其被谐字也往往包含着这两个等列，并且这两个等列的字成势均力敌的分布。

台有一、三等异读，被谐字 22 个，11 个为一等字，11 个为三等字。

卯有二、三等异读，被谐字 11 个，3.5 个二等字，5.5 个三等字，一、四等字各 1 个。

夭有一、三等异读，被谐字 2 个，一、三等字各 1 个。

芺有一、三等异读，被谐字 5 个，2 个为一等字，3 个为三等字。

翟有二、四等异读，被谐字 12 个，3 个二等字，3 个三等字，6 个四等字。

叜有一、三等异读，被谐字 22 个，10.3 个为一等字，10.3 个为三等字。

句有一、三等异读，被谐字 32 个，12.5 个一等字，19.5 个三等字。

區有一、三等异读，被谐字 19 个，9.5 个一等字，9.5 个三等字。

角有一、二等异读，被谐字 4，2 个一等字，2 个二等字。

戏有一、三等异读，被谐字 2 个，1 个一等字，1 个三等字。

麗有三、四等异读，被谐字 15 个，1.8 个二等字，8.1 个三等字，5 个四等字。

生有二、三等异读，被谐字 12 个，4 个二等字，4 个三等字，4 个四等字。

省有二、三等异读，被谐字 4 个，1.5 个二等字，2.5 个三等字。

并有三、四等异读，被谐字 13 个，1 个二等字，3 个三等字，9 个四等字。

令有三、四等异读，被谐字 18 个，0.3 个二等字，3.8 个三等字，13.8 个四等字。

陸有一、三等异读，被谐字 4 个，1.5 个一等字，2.5 个三等字。

隋有一、三等异读，被谐字 12 个，7 个一等字，5 个三等字。

罷有二、三等异读，被谐字 3 个，1 个二等字，2 个三等字。

祭有二、三等异读，被谐字 8 个，1 个一等字，3.5 个二等字，3 个三等字，1.5 个四等字。

折有三、四等异读，被谐字 11 个，9 个三等音，2 个四等音。

獻有一、三等异读，被谐字 5 个，2.5 个一等字，1 个二等字，1.5 个三等字。

亶有一、三等异读，被谐字 17 个，6 个一等字，11 个三等字。

單有一、三等异读，被谐字 29 个，12 个一等字，14 个三等字，3 个四等字。

般有一、二等异读，被谐字 10 个，8.5 个一等字，1.5 个二等字。

曼有一、三等异读，被谐字 12 个，4.5 个一等字，4.5 个二等字，3 个三等字。

番有一、三等异读，被谐字 19 个，6.5 个一等字，12.5 个三等字。
䜌有一、三等异读，被谐字 12 个，6 个一等字，3 个二等字，6 个三等字。
氏有三、四等异读，被谐字 23 个，7 个三等字，16 个四等字。
扁有三、四等异读，被谐字 15 个，7.5 个三等字，7.5 个四等字。
末有一、三等异读，被谐字 4 个，2.5 个一等字，1.5 个三等字。
卒有一、三等异读，被谐字 20 个，9.3 个一等字， 10.3 个三等字。
盾有一、三等异读，被谐字 6 个，2.5 个一等字，3.5 个三等字。
賁有一、三等异读，被谐字 12 个，3 个一等字，9 个三等字。
弇有一、三等异读，被谐字 5 个，3.5 个一等字，1.5 个三等字。
臽有一、二等异读，被谐字 11 个，5.8 个一等字，2.3 个二等字，2.3 个三等字，0.5 个四等字。

通过上面的举例，我们得到一个结论：声首有两个等列的异读，被谐字也以这两个等列的字为主，并且它们在构字量上呈基本均衡的状况，这是因为一个谐声系列中的字，可能是按照声首不同等列的读音造出来的。这更加反映了声首与被谐字在等列上有关系，等列对于谐声有影响的事实。

三、小结

高本汉、雅洪托夫、李方桂等学者根据谐声字中有很多异等谐声的例子，得出"等列对于谐声没有影响"的结论。但是我们通过统计每个谐声系列的等列契合度，发现大多数的谐声系列等列契合度都超过了 60%。甚至超过了一半的谐声系列，其等列契合度为 100%。这说明等列不是随便混谐的，等列对于谐声有很大的影响。谐声层级、谐声系列的长短都对等列的契合度有影响，谐声层级越靠后，等列契合度越高，谐声系列越短，等列契合度越高。但是即使是比较早的层级、即使是比较长的系列，也有相当数量的谐声系列其等列契合度超过了 60%。另外，声首若有不同等列的异读，其被谐字的分布也以这两个等列的字为主，且成均衡的分布，这也在一定程度上证明了等列对于谐声有影响的事实。但是，比起声母发音部位、韵部、开合等的例外谐声来说，异等谐声的情况是多了一些，这也是很多学者得出"等列对于谐声没有影响"结论的根据。这些异等谐声的情况还需要我们具体分析其原因。

参考文献

陈彭年、丘雍等（2008）《宋本广韵》（第三版），江苏教育出版社。
段玉裁（1988）《说文解字注》，上海古籍出版社。
方红霞（2008）《从等呼角度看形声字的谐声关系》，陕西师范大学硕士论文。
冯蒸（2003）说文形声字基本声首音系研究（上），《语言》第 4 卷。
耿振生（2004）《20 世纪汉语音韵学方法论》，北京大学出版社。
郭锡良（2010）《汉字古音手册》（增订本），商务印书馆。
古文字诂林编纂委员会（1999—2004）《古文字诂林》，上海教育出版社。
汉语大字典编纂委员会（1986—1990）《汉语大字典》，湖北辞书出版社。
黄德宽等（2007）《古文字谱系疏证》，商务印书馆。

李方桂（2001）《上古音研究》，商务印书馆。

陆志韦（1947）《古音说略》，《燕京学报》专号之二十，哈佛燕京学社出版。

李国英（1996）《小篆形声字研究》，北京师范大学出版社。

孙玉文（2004）从古代注音材料看"等"和声调在联绵词构词中的制约作用，《武汉交通职业学院学报》第 6 卷第 3 期。

——（2011）谐声层级与上古音，《汉藏语学报》第 5 期，商务印书馆。

雅洪托夫（1986）《汉语史论集》（唐作藩、胡双宝选编），北京大学出版社。

赵元任（2002）《赵元任语言学论文集》，商务印书馆。

许慎（1935）《说文解字》（大徐本、丛书集成初编），商务印书馆。

——（1963）《说文解字》（陈昌治刻本影印本），中华书局。

关于"第三次古音学大辩论"的两点思考

——从冯蒸教授对这场辩论的总结说起

北京大学对外汉语教育学院　周守晋

编者按语

　　这篇文章的收稿时间是 2009 年 10 月，因当年《中国语言学》（第三辑，2009 年 12 月）已决定刊发黎新宇《读冯蒸教授〈第三次古音学大辩论讲稿〉——兼回应梅祖麟教授对"一声之转"的批评》一文，所以就没有再发表这篇文章。考虑到文章作者对辩论双方的观点、材料掌握得比较全面，文章根据事实分析、归纳冯蒸教授对"第三次古音学大辩论"的总结存在的问题，有利于读者全面了解这场辩论，遂将它推荐给另一家刊物。几年过去了，文章迟迟未见发表。本刊认为，这篇文章对辩论双方的材料、观点做了细致的梳理、分析和比较，反映了冯蒸教授的总结存在的诸多错误和片面认识，这对于准确、全面了解"第三次古音学大辩论"并对这场辩论作出正确的思考和总结是很有意义的，因此决定把它刊发出来。

　　提要：本文讨论冯蒸教授对"第三次古音学大辩论"的总结文章中出现的材料和方法问题，认为这些问题对读者全面了解这场辩论、从中获得有益的启发与思考造成一定困难。通过梳理相关问题，本文进一步探讨这场辩论的性质，总结郭锡良先生在这场辩论中的作用与贡献。
　　关键词：第三次古音学大辩论　汉语历史音韵研究　文献考证　材料史与观念史

　　冯蒸教授在《汉字文化》2008 年第 4 期上发表文章，对"第三次古音学大辩论"进行了总结。应该说，随着时间的推移，对这场辩论进行必要的总结，对于学术研究是有利的——前提是要有科学的态度和方法，准确反映辩论的面貌，揭示经验教训。从形式上看，冯文罗列各家看法，引证颇繁，似乎是很全面、客观。细审其详，发现其中存在着材料疏漏、取舍失据、点评浮泛、观点片面等诸多问题。下面对这些问题做些分析，并谈谈我们的相关认识。

1. 冯文材料存在的问题

　　冯文内容涉及三个方面：背景介绍、分歧点归纳、思考总结；其中分歧点归纳是重点。冯文把双方的分歧归纳为五个方面：（1）王力懂不懂"同声必同部"，（2）上古有无复辅音，（3）对王念孙"一声之转"的评价，（4）同源词考证——兼论对汉藏语系研究的态度，（5）主流的上古音研究与非主流的上古音研究。在每一方面，先引述双方观点或材料，然后用按语点评、提出看法。在"思考"部分，冯文对这场辩论做了总结、评判。冯文材料问题主要在引述部分。下面从三方面加以说明。

1.1 引述梅祖麟教授的问题

仔细读过梅教授的几篇文章[1]，应该知道他的说法前后不一：

梅祖麟（2002）：有中国特色的汉语历史音韵学	梅祖麟（2003）：致郭锡良先生书（《比较方法在中国》附录）； 梅祖麟（2006）：从楚简"散（美）"来看脂微两部的分野
如果我是王力，在三十年代研究脂微分部，把南北朝诗人用韵的资料用尽了，把《诗经》押韵的资料用尽了，还是功亏一篑，不能证明脂微两部一定要分，我会想，还有什么资料可以用，用了以后可以把"脂微分部"这个学术证成？如果我真正体会段玉裁"同声必同部"的力量，一定会去分析谐声字，不必等董同龢四十年代的研究，就把脂微分部的问题全部解决。王力先生显然没有如此做。为什么呢？就是因为他没有真正体会段玉裁"同声必同部"的力量。（pp.215-216）	2003：我在香港说王力先生不懂"同声必同部"，经您（指郭锡良先生，周按）驳正，我承认（甲）以前没有读过《古韵分部异同考》（1937），（乙）妄言王先生不懂"同声必同部"更是不当。（p.23） 2006：王力先生在上古音方面的贡献有二：（1）脂微分部。（2）在古韵的拟构上，主张每个韵部只有一个元音。（p.188）
王念孙的"一声之转"到了二十世纪衍生出来一个浩浩荡荡章黄学派，徒子徒孙不但有陈新雄、陆宗达等，旁支别流还包括邢公畹、王力、唐作藩、刘钧杰等。 章黄学派算不算有中国特色的语言学？当然不是——因为它根本不是语言学。（pp.228-229）	2006：我们（梅祖麟2000: 488，2002: 215）两次连带着董先生的《上古音韵表稿》来叙述王先生的功业，两次都不怎么成功。（p.188）
王力的上古音呢？第一，四项资料中他缺了两样：谐声字和汉藏比较。第二，正是因为资料中缺了两项，王先生的上古音没有复辅音，而且元音有六个 e、ə、a、u、ɔ、o，相当复杂。……拿一个没有复辅音，有六个元音的上古汉语音系去跟藏缅语作比较几乎不可能。…… 据上所述，王力的上古音不能列入主流。（p.224）	2006：王力先生在上古音方面的贡献有二：（1）脂微分部。（2）在古韵的拟构上，主张每个韵部只有一个元音。这两点加起来，促进了上古元音系统的简化，从高本汉（1953）的15个元音系统变成现在的4元音（李方桂、龚煌城）或6元音（白一平、郑张尚芳）的系统。（p.188） 在龚煌城先生（1995）的著作里看到共同汉藏语里有脂微分部的投影，看到上古汉语脂微两部 *i/*ə 元音的对立来自共同汉藏语 *i、*ə、*u 元音的对立。这都是在走王先生开辟的道路。（p.190）

可以看出，梅教授引起争论的观点（2002）在 2003、2006 的文章里发生了变化：他不但承认自己未读过王力先生《古韵分部异同考》（却断言王力先生不用谐声字材料、说王力先生对谐声字"畏如蛇蝎"）、"妄言王先生不懂'同声必同部'更是不当"，而且辩称自己（2002）是在"叙述王先生的功业"。最大的变化，是他在前文（2002）一再强调王

---

[1] 表中梅祖麟三篇文章分别发表在 *Journal of Chinese Linguistics* (JCL) 2002 年 30 卷 2 册、《语言研究》2003 年第 1 期、《语言学论丛》2006 年第 32 辑上。

力上古音对于"汉藏比较"毫无用处，后面的文章却引证"汉藏比较"几家构拟，说明王力先生有"开辟道路"的"贡献"。

当然，这种变化是经过郭锡良先生的反驳和论证，梅教授不得已而做出的调整。这里不妨以谐声字及"同声必同部"问题为例，看看郭锡良先生是怎么对梅氏进行反驳的。在《历史音韵学研究中的几个问题——驳梅祖麟在香港语言学会年会上的讲话》（2002）一文中，郭先生通过论证，有力地说明了：

（一）王力《古韵分部异同考》是从谐声材料（谐声偏旁、《诗经》入韵的谐声字）入手考察诸家分部异同的；《上古韵母系统研究》把谐声字类别作为建立上古韵母系统的重要依据。

（二）《上古韵母系统研究》明确阐述了脂微分部的理由、脂微分部的标准、脂微分部的证据、脂微分部的解释等问题。

（三）《汉语音韵学》未引段玉裁论"同谐声必同部"，因为这是古音研究的基本常识。王力对"同谐声必同部"的认识是具体而深入的。

（四）梅氏是否读过《古韵分部异同考》《上古韵母系统研究》值得怀疑。

（五）梅氏对王力先生的引证断章取义。

（六）梅氏攻击王力先生不懂段玉裁的"同声必同部"、研究古音不知道用谐声字材料完全是主观臆断。

在郭先生摆出的事实和做出的论证面前，先前做出"如果我是王力"该如何如何姿态的梅祖麟教授，不得不做出上述表态。这就从一个侧面说明了一个基本事实：这场辩论不是什么"保守"与"创新"的对立（麦耘 2003），也不是"传统"与"现代"的分歧（冯蒸 2008），而是在治学态度、方法上尊重事实与主观臆断的冲突。

梅教授观点的变化，在冯文里看不到一点归纳、介绍。冯文列出了梅氏的上述三篇文章[1]，但是在他归纳的五项"分歧点"中，梅氏的观点和材料都来自梅祖麟（2002）文，看不到任何变化的痕迹。

例如，冯文引梅氏，称王力不用谐声字材料、不懂"同声必同部"；归纳梅氏论据有三：（1）王力研究脂微分部没有成功，（2）王力《汉语音韵学》没有涉及段玉裁的"同声必同部"，（3）对中古晓母的上古音构拟说明王力在古音研究中忽视谐声材料。

从前文表格所作对照可以看出，冯文归纳的（1）、（2）项，经过郭锡良先生的反驳，梅祖麟自己已经做出了修正：

"妄言王先生不懂'同声必同部'更是不当。"（梅祖麟 2003:23）

"王力先生在上古音方面的贡献有二：（1）脂微分部。（2）在古韵的拟构上，主张每个韵部只有一个元音。"（梅祖麟 2006:188）

至于（3），梅教授自己已否定一半（王力忽视谐声材料）。另一半（中古晓母的上古音问题）实际被他自己推翻：他（2003）花许多篇幅为其构拟的 *sm->*hm->x- 辩解。正如郭锡良先生（2003）所说，他的辩解正好说明晓母的上古音构拟与谐声字无关，因为 *sm- 并不是依据谐声字构拟出来的。

---

[1] 其中《有中国特色的汉语历史音韵学》一文，麦耘(2003) 称刊于 *Journal of Chinese Linguistics* (JCL) 2002 年第 25 卷第 2 号，误。冯文谓刊于 2006 年的 JCL，亦误。实际上该文发表在 *Journal of Chinese Linguistics* (JCL) 2002 年 30 卷 2 册上。

可见，以上（1）、（2）、（3）三个方面在梅教授那里应该已经成为"过去时"。冯文既然"对论辩双方的学术观点都非常熟悉"，要"力求客观地归纳和介绍此次论辩的主要内容"（p.8），却不把如此重要的事实归纳出来、介绍给读者，这是令人费解的。自然，忽略了如此显著的事实，根本难以对这场辩论的性质做出正确概括。

1.2 引述麦耘教授的问题

冯文多次引述麦耘（2003）的观点，也不全面。下面以郭锡良（2002）文为纲，将冯文所引与我们的摘录略作比照：

郭锡良（2002） *括号里的内容为本文所作概括	冯文引述麦耘（2003）	麦文（2003）摘录
一、王力果真不懂"同声必同部"吗？ （用事实反驳梅祖麟对王力先生的攻击，说明这种攻击来自无知与虚妄。）	冯文未引。	郭文根据多项事实对此作了反驳，其结论毋庸置疑。（p.14）
二、不赞成古有复辅音就要逐出"主流音韵学"吗？ （指出了梅氏逻辑的虚假：王力不构拟复辅音是因为不懂"同声必同部"及不重视谐声字。指出董同龢、李方桂等承认谐声字"复杂"，认为复辅音是"未知数"、"假设与推论"；指出梅祖麟观点的武断与霸道。）	李方桂、董同龢在复辅音问题上与王力存在分歧；李、董断定古有复辅音非常坚定，王力坚定地认为古无复辅音，拒绝高本汉的构拟。	梅文在没弄清学术史上的许多问题之前，就主观地下结论……这是一种很不好的风气，郭文批之为"霸道"，不算过分。（p.18）
三、谐声现象真是上古汉语形态的反映吗？ （指出梅氏强调谐声反映复辅音现象、说明上古汉语有形态变化，是根据藏文做出的推断；分析了上古汉语形态研究（《汉语历史音韵学》）中割裂音义、注音随意、打破"同声必同部"原则等问题。）	要通过谐声材料观察上古声母的历时演变和方言分布，才是"有所为"。	郭文的批评真正有力之处，是指出潘书对形态变化的语义类型讨论得太少。这的的确确是潘书的一大问题。（p.16）
四、在古音研究中怎样对待汉藏比较？ （指出梅氏汉藏同源词考证的问题：（1）拿藏语一个词的一个意思与两个汉字的一个部件相配（如 skyod-pa 与"岁"、"越"，属于比附；（2）用藏语复韵尾与方言声调相配，说明汉语声调源于复韵尾，属于以今律古。以王力、李方桂、张琨等学者为例，说明汉藏比较的前提是把本族语研究好。）	（1）过分强调本族语"研究好"之后才来做比较研究对学术发展不利；（2）李方桂提出汉藏语系并指出汉藏语比较是将来发展汉语上古音系的一条大路；（3）郭锡良对汉藏语比较研究的态度没有王力积极。	以"不用汉藏语比较资料"作为王先生不是主流的一条理由，显得非常不合逻辑。汉语历史音韵学界有许多学者并不或很少作汉藏语比较研究，难道都要被排斥到主流之外吗？（p.15）

我们曾经指出，麦文（2003）事实与观点、材料与逻辑推论存在脱节[1]；但是冯文作为总结性文章，应当准确反映它的观点，而不应该为了能为"我"所用而随意取舍。

---

1 参见周守晋《汉语历史音韵研究之辨伪与求真》，《古汉语研究》2005 年第 2 期。

1.3 对郭锡良先生观点的归纳总结不全面

如关于谐声字及"同声必同部"问题，郭先生的论证涉及六个方面（见前文），冯文只引其中的（一）、（二）、（三）。这就把郭先生最重要的分析与结论隐去了（见前文之（四）、（五）、（六））。这种情形也发生在对郭先生其他论述的归纳上，如"不赞成古有复辅音就要逐出'主流音韵学'吗？"，冯文将郭先生的论证概括为两点：（1）王力得出过与梅祖麟推崇的高本汉"谐声说"类似的结论，（2）王力与李方桂、董同龢在复辅音的认识上没有绝对的对立。其实郭先生在这个问题上的论述有四个观点：

（一）梅祖麟的逻辑前提虚假：王力不重视谐声、不懂"同声必同部"→（所以）不构拟复辅音→（所以）不进行汉藏比较→（所以）不是主流的语言学。简言之，梅氏认为王力先生之所以不构拟复辅音，是因为他不重视谐声、不懂"同声必同部"。郭先生指出：梅氏的前提是虚假的。

（二）复辅音上王力与李、董的对立是梅氏的虚构：指出李方桂承认自己构拟的复辅音属假设性质，董同龢不仅认为"复声母还要算未知数"，同时也批评高本汉的复辅音构拟。

（三）谐声材料存在复杂性。

（四）梅祖麟的复辅音是依藏缅语做出的构拟。

这四点论述说明了两个问题：（A）不能以是否赞成复辅音来认定是不是主流，（B）构拟复辅音应该充分考虑所依据的材料的性质。这是郭先生论证的核心。显然，冯文的概括没有涵盖郭先生的全部论证，也没有反映郭先生论证的核心。

在《历史音韵学研究中的几个问题——驳梅祖麟在香港语言学会年会上的讲话》（2002）之后，郭锡良先生又发表了《音韵问题答梅祖麟》（2003）一文，回答了梅祖麟《致郭锡良先生书》（2003）的提问，并深化、扩展了辩论涉及的问题。主要内容包括：

（一）对梅氏《致郭锡良先生书》（《比较方法在中国》附录）两个解释的看法。

（1）关于"黑、墨"的拟音和复辅音问题——说明根据谐声得不出梅氏的复辅音：梅氏*sN-的依据不是谐声字，而是"从汉藏比较的观点"做出的构拟；梅氏既然把*sN-的时代推到"商代或者更早"，却又以此攻击王力先生根据《诗经》音系做出的构拟，是弄错了时代。

（2）以"岁"为例说明汉藏语比较的问题——"岁"是甲骨文就出现的文化词，而藏族到七世纪以后才有历法，藏文的 skyod-pa 是与天文、历法无关的生活词语，两者不具有同源关系。

（二）关于"一声之转"与同源词研究。

（1）说明王念孙"就古音以求古义，引申触类，不限形体"是认识同义词、方言词、古语词、同源词音义关系的方法；梅氏简单归结为"一声之转"，犯了无知的错误。

（2）王力早年在法国学习现代语言学，后来成为中国现代语言学的奠基人之一。王力先生的同源词研究是在一个单音词为主的语言内部考察由于词义造词、音变造词而形成的音义相近的同族词，与高本汉《汉语的词族》方法相同，而王力还坚持双声兼叠韵、训诂依据两个原则。王力先生同源词研究与梅氏的汉藏比较同源词不是一回事。梅氏以"一声之转"批判王力先生，这是妄言。

（三）历史比较法和汉藏诸语言的比较研究。

（1）梅氏贬低和指责二十世纪中国语言学的发展成就，毫无根据。

（2）梅氏做汉藏语比较，靠的是"翻翻（藏语）字典"，结论不可信。

（3）某些研究汉藏语同源的论著（如潘悟云《汉语历史音韵学》）存在音隔（古音说不通）、义隔（词义隔阂，拐弯抹角，勉强拼凑）、类隔（借词当作同源词）的毛病。

（四）古音构拟和汉藏语比较。

（1）以藏语声韵特征规定汉语的上古音构拟，再以这样的构拟反过来认定汉藏语同源，是循环论证。

（2）王力古音构拟依靠《诗经》及其他先秦韵文、汉字谐声系统、《切韵》等材料，高本汉、董同龢、陆志韦、李方桂莫不如此。潘悟云、郑张尚芳违反一个韵部一个主元音的常识，既不符合诗文押韵，也打乱了谐声系统。

（3）王力上古音系统可以作为汉藏语比较的参考。

简而言之，《答梅祖麟》讨论了：（A）上古音构拟问题：材料、时代和方法；（B）同源词研究；（C）汉藏语言比较的基本前提。这些论证推翻了梅氏对王力先生以及汉语研究传统的指责和攻击，说明梅氏及其"主流"音韵学与汉语古音研究传统扞格不入。

这篇文章的内容，主要出现在冯文的"争论四：同源词考证——兼论对汉藏语系研究的态度"里[1]。在这一部分，冯文把郭先生的观点概括为三个方面：（1）梅文批判的王力关于"黑、墨"同源词的论证与董同龢的相关论证有相通之处。（2）梅祖麟考证同源词是不慎重和主观的，而王力重视客观根据。（3）上古汉语不可能也不应该与古藏语太接近，汉藏比较在古音研究中的作用需要慎重考虑。

不难看出冯文的归纳在广度、深度上都无法反映《答梅祖麟》的内容，其引用的论述及结论是避重就轻的。

通过以上比较，我们看到冯文归纳、介绍的片面性；其取舍缺乏应有的尺度，表现出主观随意性。这样的总结无法准确反映辩论的面貌，当然也难以"使读者对这次古音学辩论有个清楚的认识"。

2. 冯文按语存在的问题

2.1 冯文按语的分类

除引述相关材料与观点外，冯文还用按语的形式，对辩论涉及的问题和相关观点做了点评。冯文按语共十六处，略可分作两类：

（一）呼应、申辩类（共十三处）。包括直接、间接呼应梅祖麟（2002）观点、为梅氏及"梅派"学者申辩等。如：

［冯按1］（关于"王力懂不懂'同声必同部'"）——王力先生对于谐声是重视的，1963年出版的《汉语音韵》都专列谐声表，问题在于他拒拟复辅音，对异部位谐声不能解释；只说音近，太笼统了不科学。又在中古声韵与谐声矛盾时宁从中古声韵不从谐声，例如批高本汉颖是喻四不应与梗荆同族，即不顾颖是顷声字。

---

[1] 其中的（二）"关于'一声之转'与同源词研究"冯文专列为"争论三：对王念孙'一声之转'的评价"，把郭先生的观点概括为三：（一）通过列举段玉裁和王力对王念孙的评价证明王念孙的贡献不容置疑。（二）指出梅祖麟将王念孙《广雅疏证》理解为"一声之转"的同源词证明模式，是没有深入研究《广雅疏证》使然。（三）王力决不是梅文所称只懂"一声之转"的"章黄学派"的"旁支别流"。冯文的概括显然也不够准确。

[冯按14]（"争论背后的思考"）——梅祖麟对北大有着深厚的感情，他的父辈曾经是北大的校长。他文章的本意，应该并非诋毁王力或者说北大，而是希望能促进学术的进步。

[冯按4]（关于"上古有无复辅音声母"）——就韵部而言，这是（周按：指潘悟云《汉语历史音韵学》）目前最精密的谐声分析，与段氏的"同声必同部"说已不可同日而语。目前了解的人并不多。

[冯按11]（关于"主流的上古音研究和非主流的上古音研究"）——此处对潘悟云书的批评言词太过，潘书固然有若干疏误，但许多创新性见解显然值得重视，应视为是古音研究的上乘之作。

个别按语看似批评梅氏，实则还是回护、为其行为寻找合理性。如[冯按7]（关于"对王念孙'一声之转'的评价"）虽则认为"梅氏的批评伤人太重，打击面太大。另外，对'章黄学派'的批评也须一分为二，章黄派学者的对音理的解释固容或未妥，但对许多事实的认定显然是正确的、科学的，不容抹杀。"这里的"伤人太重"、"打击面过大"、"容或未妥"等都是措辞含混、语有保留。

（二）批评类（共三处）。主要针对郭锡良先生，有较为含蓄的，如：

[冯按13]（"争论背后的思考"）——作为学者，即使被划为某个派系，还是应该坚持兼容并包，这才是真正的学术态度。相信梅祖麟如是，王力如是，郭锡良也如是。

也有直截了当的，如：

[冯按15]（"争论背后的思考"）——此文可谓是郭锡良关于此次大辩论的一篇总结性的文章，至于学术观点的是非，尚待进一步的讨论。但是笔者希望，学术讨论的风气应该净化，讨论的目的应该是发展推进现有的理论，更好地认识历史和探索规律，而不应成为对个人或某个派系的攻击。

不难看出，冯评主要是为梅祖麟等人辩护、对郭锡良先生提出批评和反驳。本来，学者表达自己的观点是无可厚非的。不过，学术批评要做到详于事、明于理，而不应主观、片面。因此我们考察"冯按"，就看它：（1）有没有依据？（2）是否有助于厘清是非得失、得出某些规律性认识？下面具体看其中存在的问题。

2.2 冯文按语未涉及部分事实

冯文在归纳双方观点时未涉及部分事实，这里有两个相应的结果：一是其按语对反映辩论进展的某些重要观点、材料避而不谈。如：

按语针对议题 \ 按语所起作用	（一）呼应"梅派"、为其申辩	（二）批评郭锡良先生
（1）王力懂不懂"同声必同部"	1	
（2）上古有无复辅音	5	
（3）对王念孙"一声之转"的评价	4	
（4）同源词考证：兼论对汉藏语系研究的态度	1	
（5）主流的上古音研究与非主流的上古音研究	2	
（6）争论背后的思考		3

以议题（1）为例，不重视谐声材料、不懂"同声必同部"是梅祖麟（2002）指责王力先生最主要的依据，也是他认定的王力上古音系统所有问题的来源。经过郭锡良先生的论证，梅氏依据的虚假性已毋庸置疑，其逻辑荒谬显露无遗（梅祖麟 2003、2006、麦耘 2003 的表态皆可为旁证）。这当然是这场辩论的重要进展。冯文在这里只有一个不甚相关的按语。议题（4）、（5）也是类似的情况。总的来说，对于辩论的所有重要成果，冯按都采取了回避或者一笔带过的做法。我们认为，这种做法等于放弃对辩论做出深入而理性的思考。

第二个结果，就是其评论无的放矢、偏离问题的核心。例如[冯按 1]（见上引）说王力先生的谐声分析"问题在于他拒拟复辅音，对异部位谐声不能解释；只说音近，太笼统了不科学。"这其实还是重复梅祖麟（2002）的观点，试比较：

梅氏：不构拟复辅音→ 无法进行汉藏语比较→ 不是主流的语言学

冯评：拒拟复辅音→ 不能解释异部位谐声→（只说音近）不科学

郭锡良先生对梅氏（2002）的批驳，厘清了两个基本问题：（1）是否重视谐声材料与是否构拟复辅音没有必然关系，（2）有无复辅音不足以评判上古音构拟的成败。这也是辩论的重要成果，并取得了一定的共识，如麦耘（2003:14）承认拿不构拟复辅音指责王力先生"非常牵强"、"实无法服人"，梅氏不但承认"妄言王先生不懂'同声必同部'更是不当"，更在上古元音构拟方面承认王力对于汉藏语比较构拟有开辟道路的贡献（2006:190）。如果不回避这个成果，冯评恐怕就不会轻率地下"只说音近不科学"的判断。

再如：[冯按 3]（关于"上古有无复辅音声母"）——王力先生在《汉语语音史》声称自己所以不接受复辅音拟测是因为依高本汉的拟测，声母就杂乱无章。这种结构无规律状态至严学宭先生仍然存在，以致为学者所诟病。但郑张依藏文基字前加上加后加的规则提出复声母"冠·基·垫"结构，已基本规则化了。

这个"基本规则化了"的复声母结构材料依据不牢靠、方法不科学，未能解决整个上古汉语声母构拟的系统化问题——这是郭先生批驳梅氏、郑张的焦点所在。冯评无的放矢。又王力先生批评高本汉声母的"杂乱无章"是就其声母系统而言，而"冯按"的"基本规则化"是就复声母结构而言，显然偏离了问题的核心。

2.3 冯文按语用主观判断代替事实根据

冯评的另一个问题是用主观判断代替事实根据。例如[冯按 4]称潘悟云的谐声分析是"目前最精密的谐声分析，与段氏的'同声必同部'说已不可同日而语。目前了解的人并不多。"这里"最精密""不可同日而语""了解的人并不多"等论断语涉轻率。潘氏的谐声分析是其上古音研究中问题最多、遭诟病最甚的部分之一。最大问题就是打破"同声必同部"原则与将谐声分析同形态分析混为一谈，以至于无所不谐、无不可通；这里的漏洞、错谬已经被揭示得很充分（参见郭锡良、孙玉文、耿振生、周守晋等文）。冯评如果不同意已有的批判，应当分析事实，据理反驳，而不应该主观、轻率地下结论。[1]

---

1 说冯评有反驳无根据似乎也不全对：他在全文议题之外单列一节"郑张尚芳三斟郭锡良《汉字古音手册》"，说《手册》存在体例不一、标音有误、校对粗疏等问题。这里他把特殊背景下（靠手工抄录、誊写卡片）出现的个别技术性问题与潘著的系统性理论、方法错误相提并论。郑张与冯蒸的学术判断力一样出现了问题。实际上，《手册》刊行以来，在音韵学、古文字学等论著中广为参考、引证；梅祖麟《汉藏语的'歲'、'越'、'遷（旋）'、圜'及相关问题》（《中国语文》1992-5）也全依《手册》来讨论王力上古音。冯文又该如何评论这些现象呢？

再如[冯按 14]称梅祖麟本意不是诋毁王力或者北大、[冯按 15]批评郭锡良先生没有做到就事论事、"涉及过激的关于个人的抨击"等。这些也是主观、片面的论调：梅氏对中国语言学和王力先生的无端攻击可以理解为"并非诋毁"，而实事求是的反驳与批评却必须看作是"过激的关于个人的抨击"，这是匪夷所思的，也是认真读过所有辩论文章的人无法认同的。实际上，辩论的核心之一是怎样看待中国语言学的成就和王力先生的古音研究。郭锡良先生用事实说明梅氏无端指责、攻击的虚妄，有理有据。对此，梅祖麟等人都有相应的表态（见前文所引）；潘悟云、郑张尚芳也没有说有"过激的关于个人的抨击"，冯评的指责根据何在呢？

至于说父辈是北大校长，因此对北大有深厚感情云云，就更加主观、片面，而且不免误导读者。梅教授对自己尊为太老师的王力先生不是照样不惮挖苦、攻击吗？冯评似乎要给读者某种暗示，这恐怕是参加辩论的绝大多数人不会认同的。

3. 关于这场辩论的两点思考

以上分析了冯蒸教授的总结存在的问题，读者藉此或可更加全面、深入地了解这场辩论。下面再对两个相关问题作些讨论，表明我们对这场辩论的认识。

3.1 关于辩论的性质

关于这场辩论的性质，辩论双方都曾从不同层面做过探讨。例如：

郭锡良（2007）	冯蒸（2008）	鲁国尧（2003）	麦耘（2008）
辩论的实质，是要不要继承中国语言学自己的传统和如何吸收西方（主要是美国）语言学的问题，也涉及学风和治学态度。 研究中国语言文字、汉语历史音韵，居然有人主张全面否定中国语言学自己的传统，把文献资料视如敝屣，把对文献资料的考证研究看作是保守，这种言论主张对中国历史音韵学发展有害。	争论的深刻原因：门户之见还是兼容并包？——坚持兼容并包才是真正的学术态度。 治学态度：可以提出两个标准——创新和谨慎。 有人"捧杀"（按：当为"棒杀"）——不应涉及过激的关于个人的抨击。 研究方法：传统方法执著于文献的研究，现代强调重视谐声材料、活的方言材料。	历史文献考证法与历史比较法都是传统的方法，都应该继承、发扬。研究汉语史的最佳方法是将两者结合、融会，这是新的"二重证据法"。 研究汉语史，应该扬己之长，将"历史文献法"置于首位。 语言研究中的"鬼魅犬马化"与"犬马鬼魅化"都是值得警惕的现象，实事求是是语言研究的基石。	历史比较与历史文献考证怎么结合？ 解释与被解释。 上古音构拟要与原始汉藏语/原始汉语衔接。衔接得越好可信度越高。 用历史比较研究的结论补正历史文献信息，符合历史音韵学的长远目标。 运用历史比较研究是汉语语音史的主要进步；应更多地注重历史比较研究。

说这场辩论源于"门户"之见、是"传统"与"现代"之争，显然是很肤浅的认识。我们同意郭、鲁两位先生的看法，在历史语言学研究领域，是否重视文献材料的考证、善于在文献材料中发现历史语言信息，反映的是学风、学术水准的高下优劣，怎么会是"门户之见"？在吸收历史比较法，使之与文献考证、对方言材料的运用相结合方面，主要的分别是结合得好坏，而不是"传统"与"现代"的对立。

例如，梅祖麟教授在古音构拟上依赖对藏语的观察、比较，而其藏语知识又依赖于翻检字典，这种做法19世纪末期以后在欧洲就已遭到批判（即所谓的"旧比较法"），怎么能代表"现代"呢？潘悟云教授《汉语历史音韵学》甚至把英语的语音结构也纳入比较之列，在历史比较法中，这算是哪一派呢？梅祖麟教授后来的两次表态（见上文引梅祖麟2003、2006文），对这个问题似乎有了一些认识，值得"现代派"几位教授研读一番。

麦耘、冯蒸的"创新"论，都是为《汉语历史音韵学》所立的标准。这种立论基础不牢、方法简单，只能徒增纷扰。例如，潘悟云教授就又推出所谓"字书派"与"材料派"的对立，谓前者相信字书、后者相信材料（潘悟云2005）[1]。郭锡良先生（2009：20）指出，这种说法不过就是把别人引用古文献材料、字典辞书说成是字书派，把自己引用古文献材料、字典辞书说成是"面向活的语言"的材料派。实际上，《汉语历史音韵学》的问题（如孙玉文教授《〈汉语历史音韵学·上古篇〉指误》（2002：13—24）例举的几十处错误，包括误读典籍、误注古音、误析汉字、误定汉藏语系同源词等；郭锡良先生《历史音韵学研究中的几个问题》（2002：2—9）、《音韵问题答梅祖麟》（2003：2—16）例举的同源词比较的音隔、义隔、类隔以及打破"同声必同部规律"等现象），不管以什么"派"来看，都是不能接受的。就以潘悟云拿来划分"字书派"、"材料派"、同时为自己错误辩解的关于"硬"与藏文 ɦkhraŋ 的比较、"盖、㿽"反映方言形态变化为例（潘悟云2000：320、129，2005：368；孙玉文2002：21；郭锡良2002：7）：

潘悟云（2000：320）：藏文 ɦkhraŋ 硬、坚固。上古汉语"硬"*ŋraŋs。"硬"虽不见于先秦文献，但是并不说明它在上古的口语中就不存在。	孙玉文（2002：21—4.2 误定汉藏语系同源词例）："硬"既然始见于汉代文献，凭什么断定它跟独龙语的greŋ、藏语的ɦkhraŋ同源？	潘悟云（2005）："硬""刚"很可能属于同一词族；"咬"现代汉语方言中有 ŋ-、g- 两种读音，说明其古代声母一定是 ŋg- 之类的音。纳西语永宁壩方言"咬"是 ŋɯ³³……由此推论，"硬"的上古音应是 Ngraaŋs>ŋraaŋ。藏文"硬"是 mkhraŋ，Nkhraŋ……与汉语"硬"Ngraaŋs 是何等的相似。
潘悟云（2000：129）："盖"在南方许多方言中还有见母覃韵上声读音，折合成上古音就是*kom ˀ，后人不知它就是"盖"这个词的另一种读音，就造了一个方言词"㿽"去代表它。	郭锡良（2002：7—三、谐声现象真是上古汉语形态的反映吗？）：《广韵》覃韵上声……收有这个字（㿽）。注云：《方言》云：箱类……。可以肯定，《广韵》的注释中的"方言"是指扬雄的名著《方言》，而不是指现代的方言。……它（㿽）决不是后人造的方言字，《说文》就收了这个字（㿽），注云："小杯也。"	东亚/东南亚/南岛等各种语言"盖"几乎都有 kap 和 kom 之类的音。"盖"与"㿽"的上古音是 kaaps 和 koomʔ……"盖"字上古有 kaaps 和 koomʔ 两读，后者没有记录下来。

用始见于汉代的"硬"作汉藏比较、把扬雄《方言》当作"南方方言"、不知"㿽"是早已存在的古字、说"盖"有见母覃韵上声一读、把《汉语方言词汇》（第二版）作为"盖"的同义词的"㿽"当作"盖"的另一种语音形式等等，这些本来是不妥、不对的。如果不顾这些常识就是"面向活的材料"的材料派，指出这些常识性错误就是僵死的"字书派"，我们不免要问潘教授的标准究竟为何？那么他又用了什么"活材料"证明上古口语里确有"硬"、"盖-㿽"确实反映了上古汉语形态变化呢？——前文是暗引《广韵》《方

---

[1] 潘文谓其"字书派""材料派"之别来自王力先生，郭锡良(2009:20)已经指出：这个论断是潘悟云强加给王力先生的。

言》(2000:129),后文引用王力《同源字典》《汉语方言词汇》(第二版)以及几种外族语言词典。关键例证只有一个,且交待含混("咬"的 ŋ-、g-两读);所引词语的时代、性质、意义来源和用法、对应关系的形成特征等一应俱无(2005:373—374),这能叫作"活的语言研究"吗?

3.2 论郭锡良先生的贡献

冯文开篇有一个相关人物背景介绍,除他自己外,列出了辩论双方四人;一方是"数十年来对于汉语语法史、汉语声韵学及汉语诗律学均有杰出贡献"的梅祖麟、"中国语言学家、汉语音韵学专家"潘悟云、"对吴语温州话、徽语、古越语方面研究深邃,在上古音系方面提出自成体系的拟音系统……专著《上古音系》……被认为有代表性的八家新说之一"的郑张尚芳;另一方只有郭锡良先生一人,谓其"语法史论文中多有创见。音韵方面也第一次提出殷商音系的设想,为汉语语音史填补了一项空白"。这种介绍要营造一种人数、专业素养上的不对称效果,与其正文对材料的处理是相呼应的。

的确,对郭锡良先生的作用、贡献的理解与判断,与对这场辩论的性质、意义的理解与判断是密切相关的。因此,这里的讨论对于深入理解这场辩论还是十分必要的。

郭锡良先生在这场辩论中的作用,前文已有一些涉及,这里可以进一步概括为:回应了对中国语言学传统、研究成果的歪曲、责难。郭先生的回应拉开了这场持续经年的辩论的序幕,包括两岸三地、欧美等海内外的几十位学者参加了讨论。这场讨论对上至"段王之学"、下至高本汉、王力、董同龢、李方桂直至当代汉语历史音韵研究两百年来的理论、方法展开了回顾与总结,是自上个世纪初汪荣宝《歌戈鱼虞模古读考》(1923)所引发的古音学大讨论以来规模最大的一次辩论。

在这场辩论中,郭锡良先生回答了梅祖麟教授提出的几个问题:上古汉语有无复辅音、"一声之转"能否用来研究同源词、怎样做汉藏比较、王力先生古音系统能否用来做汉藏比较。这些回答推翻了对传统音韵学、王力上古音研究的歪曲和指责,澄清了历史音韵学研究理论、方法的发展脉络以及汉藏同源假设与汉藏语言比较方法等重要问题,厘清了这些年来多少有些模糊甚至是是非标准缺乏的研究观念,分析、指出了历史音韵研究中的某些错误观念和方法。郭锡良先生的论述建立在事实材料基础上、贯穿着材料与方法、考证归纳与理论分析结合的研究观念。

通过这些论述和阐发,这场辩论的性质和意义进一步明确了,就是要不要继承、如何继承中国语言学自己的传统和如何吸收西方语言学的理论、方法。在这两个方面,郭锡良先生有破有立:破除了梅祖麟教授的"主流"论和潘悟云、郑张尚芳等学者的"创新"论,树立了汉语历史音韵研究的发展观。前一个破除,有利于我们摆脱存在于汉语历史语言研究观念上的迷信和束缚;后一个破除,可以使我们反思历史语言研究出现的问题与面临的困境。

这里的"汉语历史音韵研究的发展观"有两层含义:一是指对汉语历史音韵研究历史发展的认识,二是指对历史音韵研究未来发展方向的认识。在前者,通过这场辩论,我们看到郭锡良先生的分析、论述呈现出一种综合的学术史观,即汉语历史音韵研究的发展是观念史与材料史的统一。这种统一体现在对某种方法(如历史比较法)、某种材料(如谐声材料)、某种研究(如《汉语历史音韵学》《上古音系》)的分析上,也体现在对"段王"、高本汉、王力、董同龢、李方桂等体系、流派的分析上，还体现在对传统、现代历史音韵研究发展关系的分析上。一言以蔽之，考察历史音韵学研究的发展，必须把材料与观念结合起来，而不能只看其一，以偏概全。

在发展方向上，通过这场辩论，我们看到郭锡良先生的分析、批判显示了一种全面的发展观，即材料、方法、观念、理论体系的统一。这里不妨用援引郭锡良先生的两段话作为这种发展观的诠释：

> 中国和西方有各自的语言学传统。研究中国的语言文字，研究汉语的历史音韵，居然有人全面否定中国语言学自己的传统，把文献资料视如敝屣，把对文献资料的考证研究看作是保守，这种言论主张对中国历史音韵学发展是有利呢，还是有害？这应该是很清楚的。
>
> 在汉语历史音韵学研究中要吸收西方的历史比较法，这是"五四"以来的共识；……但是学习西方语言学，重要的是学习他们的理论方法，用于我们的汉语和其他中国语言的研究实践，而不是邯郸学步，套用他们的教条和研究成果。
>
> （郭锡良《淹博、识断、精审——由戴震的"学有三难"谈中国语言学研究应取的态度》）

全面的发展观应该是这场辩论取得的最为重要的成果，它应该可以为这场辩论的两个基本论题——如何继承中国语言学自己的传统、如何吸收西方语言学的理论、方法找到答案；或许也可以提醒我们：把材料与方法、传统与现代对立起来，难免陷入用历史比较法反对历史比较法、以高本汉反对高本汉的怪圈。

参考文献：

郭锡良（2002）历史音韵学研究中的几个问题——驳梅祖麟在香港语言学年会上的讲话，《古汉语研究》第3期。

——（2003a）音韵问题答梅祖麟，《古汉语研究》第3期。

——（2003b）简评潘悟云的《谐声分析与异读》，同上。

——（2007a）"美"字能归入"微"部吗？——与梅祖麟商榷，《语言学论丛》（第三十五辑）。

——（2007b）淹博、识断、精审——由戴震的"学有三难"谈中国语言学研究应取的态度，《湖北大学学报（社哲版）》第4期。

——（2009）从湘方言的"盖"和"韰"谈到对古代语言学文献的正确释读，《中国训诂学报》（第一辑）。

鲁国尧（2003）论"历史文献考证法"与"历史比较法"的结合——兼议汉语研究中的"犬马鬼魅法则"，《古汉语研究》第1期。

孙玉文（2002）《汉语历史音韵学·上古篇》指误，《古汉语研究》第4期。

耿振生（2003）论谐声原则——兼评潘悟云教授的"形态相关说"，《语言科学》第2—5期。

麦耘（2003）汉语历史音韵研究中若干问题之我见，《古汉语研究》第4期。

——（2008）语音史研究中历史比较研究与历史文献考证相结合的几个问题，《历史语言学研究》（第一辑）。

周守晋（2005）汉语历史音韵研究之辨伪与求真，《古汉语研究》第 2 期。
潘悟云（2005）字书派与材料派，载《音史新论——庆祝邵荣芬先生八十寿辰学术论文集》，学苑出版社。
冯蒸（2008）第三次古音学大辩论——关于梅祖麟讲话引起的古音讨论介绍，《汉字文化》第 4 期。
威廉·汤姆逊（1960）《十九世纪末以前的语言学史》，科学出版社。

先秦汉语"其"的词性演变

西南大学文学院　方有国

提要：早先撮箕义名词"其"字形借为时间副词"其"之后向语气副词及指示代词发展，进而指示代词向人称代词发展。偏正、并列、承接连词"其"由指示代词和人称代词演变来，假设、选择连词"其"由时间副词演变来，句末语气词"其"也是时间副词语法演变的结果。本文考察先秦汉语中各种虚词"其"的发展演变过程，并解释其演变的条件、机制或原因。

关键词：先秦汉语　其　词性　发展演变

先秦汉语"其"有名词、副词、代词、连词和语气词等词性和用法，其中副词包括时间副词和语气副词，代词包括指示代词和人称代词。时间副词"其"假借名词"其"的字形表示，其间没有词义和语法联系，"其"的语法化主要发生在时间副词和其他词性之间。

一、名词"其"和时间副词"其"

（一）名词"其"的本义和字形假借

"其"最早见于殷商甲骨文，字形作🫙（甲751）、🫙（乙7672）等。西周早期金文"其"与甲骨文相同，中期金文加声符丌作🫙（虢季子白盘）。《说文·竹部》："箕，簸也，从竹🫙，象形，下其丌也。"又云："🫙，古文箕省……其，籀文箕。"《说文》古文"其"的字形同甲骨文和早期金文，籀文"其"同虢季子白盘🫙。

"箕"字最早见于战国末年，字形加形符竹作🫙（《睡虎地秦简文字编》日甲二五背），也或作🫙（《先秦货币文字编》39）。籀文和虢季子白盘🫙即后来楷书的"其"，睡虎地秦简🫙即后来楷书的"箕"，其他字形则没有继续使用和流传。

从甲骨文和金文看，"其"像撮箕形，本义是撮箕，《说文》释为"簸箕"大致不错。撮箕或簸箕用竹篾编织而成，故战国末"箕"字加形符竹。《说文》列"箕"为正字，列"其"为"箕"的籀文异体。从本义角度看，这样处理不算错，但在实际运用中，"箕"和"其"功能分化，"箕"表示"其"的本义，"其"则用作副词、代词、连词、语气词等词的字形。最早的殷商甲骨文中，"其"已不见本义用例，说明用作副词、代词等借用撮箕义"其"的字形，发生很早。

表示撮箕义的"箕"词性为名词，句法上一般用作宾语。引申指箕踞坐姿或二十八宿的南箕，作谓语、状语或定语，意思是"像箕一样"。如：

(1) 抚席不以鬣，执箕膺擖。（《礼记·少仪》）
(2) 游毋倨，立毋跛，坐毋箕，寝毋伏。（《礼记·曲礼上》）
(3) 庄子妻死，惠子吊之，庄子则方箕踞鼓盆而歌。（《庄子·至乐》）

(4) 傅说得之，以相武丁，奄有天下，乘东维，骑箕尾，而比于列星。(《庄子·大宗师》)

在例（1）至（4）中，"箕"依次作宾语、谓语、状语和定语。

先秦汉语中，副词、代词、连词和语气词"其"，词性及意义与名词"其"没有内在的意义和句法上的联系，"其"表示副词、代词、连词和语气词，属于文字假借记词，不过假借中首先是借"其"表示时间副词，然后由时间副词语法化，发展出语气副词、指示代词、假设连词、选择连词和语气词，指示代词再发展为人称代词和偏正、并列及承接连词。

（二）时间副词"其"的用法

时间副词"其"义为"将"或"将要"，这种"其"在甲骨文中已大量使用，是较早出现的用法，后来的西周金文和先秦传世文献中也一直沿用。时间副词"其"都用作状语。如：

(6) 贞：来庚寅其雨？（乙4511）
(7) 辛未贞：今日告其步于父丁一牛？（合集32677）
(8) 王曰："令眔奋，乃克至，余其舍女（汝）臣十家。"（令鼎）
(9) 余其各（格）我宗子雩（与）百生（姓）。（善鼎）
(10) 其雨其雨，杲杲出日。(《诗经·卫风·伯兮》)
(11) 天其永我命于兹新邑。(《尚书·盘庚上》)

例（10）朱熹集传："其者，冀其将然之辞。"例（11）王引之《经传释词》："其，犹将也。"

时间副词"其"作状语，一般用在谓语之前，但其他句位也可以出现。殷商甲骨文中，"其"可以位于谓语前、其他状语前、前置宾语前和主语短语前。如：

(12) 贞：我其丧众人？（合集50正）
(13) 贞：不其终夕雨？（合集12998正）
(14) 癸巳卜，贞：祖甲丁，其牢用？（合集35828）
(15) 贞：其亚亡若？（合集5691）

在西周金文中，除了位于前置宾语前的"其"不见使用外，其他三种句位都有用例。如：

(16) 隹武王既克大邑商，则廷告于天，曰："余其宅兹中或（国），自制辥民。"（何尊）
(17) 余其永迈（万）年宝用。（彔伯䥽簋）
(18) 庚嬴对扬王休，用乍（作）毕文姞宝尊彝，其子子孙孙万年永宝用。（庚嬴卣）

二、语气副词"其"的功能及形成条件

（一）语气副词"其"的功能

语气副词"其"有多种语气功能，最主要的有推度、劝令、反诘等三种。推度语气屡

见于甲骨文中预言吉凶的占辞中,产生最早;劝令语气和反诘语气的"其"见于《尚书》,其后用例渐多。不同的语气副词"其",含义不尽相同。

1. 表示推度语气,"其"义为"大概""可能""会"等。如:

(19) 王占曰:其夕雨。(合集 16131 反)
(20) 公曰:"体,王其罔害。"(《尚书·金縢》)
(21) 城上有乌,齐师其遁。(《左传·襄公十八年》)
(22) 谚所谓"辅车相依,唇亡齿寒"者,其虞虢之谓也。(《左传·僖公五年》)

2. 表示劝令语气,"其"义为"应当""一定"。如:

(23) 嗣王其监于兹!(《尚书·无逸》)
(24) 汝其敬识百辟亨。(《尚书·洛诰》)
(25) 吾子其无废先君之功!(《左传·隐公三年》)
(26) 昭王之不复,君其问诸水滨!(《左传·僖公四年》)

3. 表示反诘语气,"其"义为"岂""难道"。如:

(27) 我其可不大监抚于时?(《尚书·酒诰》)
(28) 一之谓甚,其可再乎?(《左传·僖公五年》)
(29) 余虽欲于鞏伯,其敢废旧典以忝叔父?(《左传·成公二年》)
(30) 苟无礼义忠信诚悫之心以莅之,虽固结之,民其不解乎?(《礼记·檀弓下》)

(二) 语气副词"其"的形成条件

语气副词"其"形成于时间副词"其",其形成条件跟语境的改变密切相关,并随着语境的差异,语气又分化为推度、劝令、反诘等三种。具体来说,时间副词"其"可以出现在推度语境、劝令语境或反诘语境的语句中,受强势语境义的影响,"其"弱化或隐去将然时间义,转而承载起推度、劝令或反诘等语境义,成为推度、劝令或反诘语气副词。

1. 推度副词"其"的形成

推度副词"其"一般都伴随将然语境,因此表示将然义的"其"自然用于句中,并略带时间义"将",如例(19)"其夕雨"可以理解为"将在晚上下雨?"例(20)"王其罔害"意为"大王将没有危害?"不过从语境看,整个句子主要表示说话人估量或推测"其"后面的动作行为能否发生,时间义"将"不是要表达的重点。在这种语境下,"其"的将然时间义被弱化,转而承担起句子的"大概""可能"类推度义,成为推度语气副词。词义上,"将"义之"其"表示将要,是一种未定,自然可以引申,指未定的推测或估量,"大概""可能"义由此产生。

除将然语境外,"其"有时出现在已然语境中,如例(21)"城上有乌,齐师其遁"、(22)"其虞虢之谓也"等。在已然语境中,"其"的将然时间义不可能实现,这里的"其"完全将句子的推度义承担起来,成为典型的推度语气副词,我们理解"齐师其遁""其虞虢之谓也"的句意,只能解为"齐师大概逃走了""大概说的是虞虢",不再含将然义。

下面例中的"其"也是出现在已然语境中的典型的推度语气副词,有的还与推度副词"或""殆"连用,构成"其或""其殆",表示推度。如:

（31）孝弟也者，其为仁之本与！（《论语·学而》）
（32）《易》之兴也，其于中古乎！作《易》者，其有忧患乎！（《周易·系辞下》）
（33）若大盗礼焉以君之姑姊与其大邑，其次皂牧舆马，其小者衣裳剑带，是赏盗也。赏而去之，其或难焉。（《左传·襄公二十一年》）
（34）兼是数具者而尽有之，然而县之以王者之功名，则倜倜然其不及远矣。是何也？则其殆无儒邪！（《荀子·强国》）

2. 劝令、反诘副词"其"的形成

凡出现劝令或反诘副词"其"的句子都是将然句，"其"仍可以按时间义理解为"将"或"将要"，如例（23）"嗣王其监于兹"、（28）"一之谓甚，其可再乎"的句意分别理解为"嗣王将要在这些方面鉴戒啊！""一次已过分了，将可以有第二次吗？"不过在实际的表达中，将然时间义不是说话人用意所在，主宰全句的是劝令或反诘语气。换句话说，将然时间义在句中无足轻重，可以忽略，而劝令和反诘义比将然义重要得多。在这种语境中，强势的劝令或反诘义把表示时间义的"其"作为自己的载体，从而使"其"改变功能，表示劝令或反诘语气。

先秦汉语有些"其"所在的句子有相同的句式，但"其"却分属时间副词或劝令和反诘语气副词，区别之所以产生，取决于语境的不同。如：

（35）若皆以官爵行赂劝贰而可以济事，君其若之何？（《左传·庄公十四年》）
（36）五父谏曰："亲仁善邻，国之宝也。君其许郑。"（《左传·隐公六年》）
（37）亟其乘屋，其始播百谷。（《诗经·豳风·七月》）
（38）欲加之罪，其无辞乎？（《左传·僖公十年》）

例（35）"君其若之何"、（36）"君其许郑"都是"S+其+V"句，前例"其"在将然语境中，是时间副词；后例"其"在劝令语境中，是劝令副词。例（37）"其始播百谷"、（38）"其无辞乎"都是"其+V"句，前例"其"在将然语境中，是时间副词；后例"其"在反诘语境中，是反诘副词。

杨树达（1978）《词诠》："'其''岂'音近，故二字互通。"认为"其"的反诘语气词源于通假字"岂"。先秦文献中确实有不少通假字，但"其"与"岂"并不通假，马天祥、萧嘉祉（1991）《古代汉语通假字字典》，高亨（1989）《古字通假会典》收载古书通假字比较详备，其中"其"可以通"基""期""稘""箕（人名）""萁""己""亓"等，没有通"岂"的。"其"的反诘义应当源于其所在句子，是语境义。不仅如此，"其"的劝令义也源于句子的语境义，只有"其"的推度义既与语境义有关，又与"其"的"将"之引申义有关。

三、两类代词"其"及其来源

这里的两类代词即指示代词和三人称代词，"其"用作这两类代词特点不一，来源也不同。

（一）指示代词"其"及其来源

指示代词"其"相当于"彼"或"那"，属远指代词，最早用例见于西周金文，数量

较少;《尚书》《诗经》及春秋战国典籍中频繁使用。指示代词"其"一般作定语。如:

(39)白大师小子白公乍(作)簋,择之金,其金孔吉,亦玄亦黄。(白公父簋)
(40)我不知其彝伦攸叙。(《尚书·洪范》)
(41)夹其皇涧,遡其过涧,止旅乃密。(《诗经·大雅·公刘》)
(42)可者与之,其不可者拒之。(《论语·子张》)

先秦有很多"何+其+A"句(A代表形容词),指示代词"其"义为"那么"、"那样",作状语。如:

(43)既见君子,云何其忧?(《诗经·唐风·扬之水》)
(44)虽有君命,何其速也?(《左传·僖公二十四年》)
(45)南郭惠子问于子贡曰:"夫子之门何其杂也?"(《荀子·法行》)

一般认为,指示代词"其"是假借撮箕义"其"字表示的一个代词,"因为差不多所有的代词都是假借音同或音近的词儿作成的(例如'其'假箕形为之)",[1]但黄盛璋(1983)认为:"用于远指的指示词是来自时间将来的观念。利用时间上现在的观念来表示近指,利用将来的观念来表示远指。"

从先秦汉语的实际来看,黄盛璋的观点是有道理的,"其"表示现在以后的时间"将",在心理上所投射的相对距离较远,于是通过转喻引申,用"其"来指距离较远的事物,成为远指代词。先秦与"其"相对的时间词是"兹",义为现在、此时,"兹"因表示距离近的时间转喻指代近距离的人或事物,成为近指代词。

当然,指示代词"其"的形成,还有其他因素,这就是"其"用作定语或用在已然语境中。早期的指示代词"其"用作定语,修饰名词性成分,这种用法使"其"用作状语成分的时间义受到限制,"其"只能发挥指代义的作用,成为指示代词。已然语境如例(43)至(45),这类句中的"其"虽然同时间义"其"一样,也作状语,但所在"何+其+A"句都是对已经出现的人或事物的性质或状态加以评论,语境是已然的。已然语境中的"其",时间义同样受到限制,指示代词的功能发挥作用。

先秦另有"何+其+V"句,语境有将然和已然两种。在将然语境中,"其"仍是将义时间副词;在已然语境中,"其"的将然义和指代义都受到限制,成为无义虚词,最终发展为语气词,详下第五节。

(二)三人称代词"其"及其来源

三人称代词"其"产生于西周金文,数量不多,[2]春秋战国时期大量出现。句法功能一般作定语,也可以作主语或兼语。作定语的如:

(46)鲁白(伯)念用公恭,其肇乍(作)其皇母旅盨簋。(鲁伯念盨簋)
(47)献叔献姬乍(作)白(伯)媿媵簋,用享孝于其姑公。(献叔献姬簋)
(48)管叔及其群弟乃流言于国。(《尚书·金縢》)

---

[1] 周法高《中国古代语法·称代编》(上),中华书局,1990年,第7页。
[2] "庚寅卜,王:余燎于其配?"(英1864),此例"其"张玉金《甲骨文虚词词典》(中华书局,1994年)第174页定为三人称代词,在其《甲骨文语法学》(学林出版社,2001年)第29页疑是副词。

(49) 如可赎兮，人百其身。(《诗经·秦风·黄鸟》)
(50) 他日归，则有馈其兄生鹅者。(《孟子·滕文公下》)

作主语的"其"都出现在小句或分句中，未见作单句主语的"其"。兼语"其"相当于三人称代词"之"。如：

(51) 公闻其入郛也，将救之。(《左传·隐公五年》)
(52) 其视下也，亦若是则已矣。(《庄子·逍遥游》)
(53) 天地所以能长久者，以其不自生，故能长生。(《老子》第7章)
(54) 贤者少，不肖者多，使其贤，不肖者恶得不化？(《管子·侈靡》)
(55) 且人所急无如其身，不能自使其无死，安能使王长生哉？(《韩非子·外储说左上》)

后两例是兼语例，"其"都用在"使其……"句中。

先秦汉语有"使之……"句，"之"相当于"其"，也是三人称代词作兼语。下面是"使之……"句例：

(56) 令五家为比，使之相保。(《周礼·地官·大司徒》)
(57) 上贤使之为三公，次贤使之为诸侯，下贤使之为士大夫。(《荀子·君道》)

同三人称代词"之"一样，三人称代词"其"也可以通过借代修辞代替第一或第二人称，把说话人放到第三者位置上与人对话，婉曲表达说话人的微妙的思想情感。如：

(58) 勾践说于国人曰："寡人不知其力之不足也，而又与大国执仇，以暴露百姓之骨于中原，此则寡人之罪也。"(《国语·越语上》)

"其力"即他的力量，"其"指说话人勾践自己。勾践不说"我"或"吾"而说"其"即"他"，把自己放到第三者位置上，自卑自小，婉转表达自己不配为人君之情，同时也表达以前的勾践（败君）和说话的勾践（卧薪尝胆之君）的不同。[1]

"其"作三人称代词，由远指示代词"其"发展来，其发展机制与指示代词"之"发展为三人称代词"之"基本相同，也是利用空间域较远的远指代词向称代域较远的三人称代词发展，并在特定的语境中脱去其指别义和方向义。

远指代词指代较远的人或事物，其距离和人称代词中距离较远的第三人称具有一致性，由此指称域的"其"向称代域的"其"发展，是很自然的。"其"作为远指代词兼有指别义、方向义和称代功能，但有时"其"并不指代较远的人或事物，而是指代前面刚提到的人或事物，刚提到的人或事物无需特别指别，方向义也受到弱化，称代义突显出来，转为三人称代词。上文例(46)"其"指代前句刚提到的人鲁伯愈，例(52)"其"指代前面刚描述的鹏，两例的"其"都成为三人称代词。

三人称代词"其"的形成还有一个条件，那就是"其"必须用于指人和动物，如果指事物，需要赋予事物生命能动性，因为人称代词用于称代有生命的人。上面例(46)至(51)

---

[1] 三人称代词"其"的借代修辞作用，参方有国《"之""其"活用浅议》(《西南师范学院学报》1985年增刊)，收入《上古汉语语法研究》，巴蜀书社，2002年。

的"其"都指人,例(52)指动物"鹏",例(53)指赋予生命的"天地"。如果"其"所指的是缺少生命能动性的事物或现象,其功能则偏于指代,"其"仍是指示代词。试比较:

(59)天之苍苍,其正色邪?其远而无所至极邪?(《庄子·逍遥游》)
(60)且夫水之积也不厚,则其负大舟也无力。(《庄子·逍遥游》)

例(59)"苍苍"是颜色,后面的两个"其"代指这种颜色,是指示代词;例(60)"水"被视为有生命能动性的物,以人的背负动作进行描述,后面的"其"代指"水",是三人称代词。

四、连词"其"的用法及产生机制

(一)先秦连词"其"的用法

甲骨文及先秦早期文献《周易》《尚书》等未见连词"其"。[1]西周金文、《诗经》有少数用例,《左传》及其以后的典籍逐渐增多。连词"其"按其功能有偏正及并列连词、承接连词、假设连词和选择连词五类。

1. 偏正及并列连词

偏正连词"其"用在定中之间和主谓之间,相当于连词"之";[2]并列连词"其"用在并列谓语之间,相当于连词"而"或"以",或与"而""以"对举使用。如:

(61)殷王亦罔敢失帝,罔不配天其泽。(《尚书·多士》)
(62)令尹其不勤民,实自败也。(《左传·僖公二十八年》)
(63)霰雪纷其无垠兮,云霏霏而承宇。(《楚辞·涉江》)
(64)阳杲杲其未光兮,凌天地以径度。(《楚辞·远游》)

例(61)、(62)"其"相当于连词"之",连接偏正或主谓结构;例(63)、(64)相当于连词"而"或"以",连接并列谓语。

《诗经》中偏正连词"其"有时和连词"之"连用,组成双音连词结构"其之",作用与单独的"之"或"其"相同。如:

(65)扬之水,不流束薪。彼其之子,不与我戍申。(《诗经·王风·扬之水》)
(66)彼候人兮,何戈与祋。彼其之子,三百赤芾。(《诗经·曹风·候人》)

2. 承接连词

用在后分句之首,表示后分句动作行为承前分句而发生,"其"有"于是""则""那样"等意义。如:

(67)白(伯)戋肇,其乍(作)西宫宝。(伯戋簋)

---

[1] 钱宗武《今文尚书语法研究》(商务印书馆,2004年,第242页)认为《尚书·酒诰》有一例"其"作假设连词:"其尔典听朕教!尔大克羞耈惟君,尔乃饮食醉饱。"按"其尔典听朕教"原句是"庶士、有正越(和)庶伯、君子,尔其典听朕教。"意思是:庶士、有正、庶伯、君子众官员,希望你们经常听取我的教导。"其"位于主语前,是表示劝令、希冀的语气副词。句法关系,"其尔典听朕教"与下句不构成假设关系。

[2] 郭锡良主编《古代汉语》(天津教育出版社,1998年)第344页指出,连词"之""插在主谓结构中间,使这个主谓结构变为名词性的偏正结构,用来充当句子的主语、宾语或状语。"与"之"相同,插进连词"其"的主谓结构也是偏正结构。

（68）大车无輗，小车无軏，其何以行之哉？（《论语·为政》）
（69）若阙地及泉，隧而相见，其谁曰不然？（《左传·隐公元年》）

3. 假设连词"其"
用在假设句中，表示假设条件，相当于假设连词"如"或"如果"。如：

（70）谋之其臧，则具是违。谋之不臧，则具是依。（《诗经·小雅·小旻》）
（71）其济，君之灵也；不济，则以死继之。（《左传·僖公九年》）
（72）公族其有死罪，则磬于甸人。（《礼记·文王世子》）

4. 选择连词
用在两个或两个以上的选择分句中，或只在后分句用一个连词"其"，表示选择。如：

（73）我何以过人哉？且不知其在彼乎，其在我乎？（《庄子·田子方》）
（74）果有言邪？其未尝有言邪？其以为异于鷇音，亦有辩乎？其无辩乎？（《庄子·齐物论》）
（75）今我将出，子可以止乎，其未邪？（《庄子·德充符》）
（76）子以秦为将救韩乎，其不乎？（《战国策·韩二》）

（二）连词"其"的产生机制
1. 偏正、并列和承接连词"其"的产生机制
这三种连词"其"都从指示代词或三人称代词"其"产生出来，机制是代词"其"复指功能弱化。代词"其"一般作定语、主语和状语，此外还经常用于复指，包括复指定语、主语或分句等。用于复指的"其"，最初是代词，如上举连词例从代词角度看，例（61）"罔不配天其泽"，"其"复指定语"天"，相当于"它"；例（62）"令尹其不勤民"，犹言"令尹他不勤民"，"其"复指主语令尹；例（63）"霰雪纷其无垠兮"、（64）"阳杲杲其未光兮"的"其"分别复指前句中的主语"霰雪"和"阳"，并分别用作后句"无垠"和"未光"的主语，"其"也相当于"它"。其他例子，例（67）"白（伯）戏肇，其乍（作）西宫宝"，"其"复指前分句"伯戏承嗣"所表示的时间，义为"于是""那以后"，句意谓"伯戏承嗣，于是制作西宫礼器"；[1] 例（68）"大车无輗，小车无軏，其何以行之哉？""其"复指"大车无輗，小车无軏"这一情状，句意谓大车和小车没有輗和軏，那怎么行驶呢？例（69）"其"表示"若阙地及泉，隧而相见"这一情状，句意谓在那种情状下谁说不是"隧而相见"的呢？

上述复指，有的是紧邻复指，如例（61）、（62）；有的是隔位复指，如例（63）、（64）。紧邻复指大都是表示强调的语用复指，"其"属羡余成分，可要可不要，加之大量使用，复指功能弱化，逐渐向连词演变，成为连接偏正、主谓或并列成分的连词。再进一步，"其"复指的定语或主语本身是人称代词或指示代词，复指功能则完全失去作用，"其"成为典型的连词。如：

（77）朕其弟小子封。（《尚书·康诰》）

---

1 管燮初《西周金文语法研究》，商务印书馆，1981，第165页。

（78）若昔朕其逝，朕言艰日思。(《尚书·大诰》)
（79）彼其人者，生乎今之世，而志乎古之道。(《荀子·君道》)
（80）公曰："是其生也，与吾同物，命之曰同。"(《左传·桓公六年》)

前面提到《诗经》中的"彼其之子"句，其中的"其"和"之"原来也是指示代词，与《诗经》中常见的"其子""之子"句的"其""之"相同。诗人为了适应《诗经》四言句式的要求，便用指示代词"彼"与"其子"和"之子"叠加组合，形成"彼其之子"句。比较下面三例：

（81）江有汜，之子归，不我以。(《诗经·召南·江有汜》)
（82）鸤鸠在桑，其子七兮。(《诗经·曹风·鸤鸠》)
（83）彼其之子，美如英。(《诗经·魏风·汾沮洳》)

"之子""其子"中的"之"或"其"无疑都是指示代词，但在"彼其之子"中，"彼"本身也是指示代词，而且有很强的指代性，这种组合中的"其之"不能再对"彼"进行复指，成为《诗经》中特有的复音连词，"彼其之子"也成为《诗经》中很有特点的句式。

《诗经·王风·扬之水》的"彼其之子"，东汉郑玄注："之子，是子也。"又注："'其'或作'记'，或作'己'，读声相似。"郑玄"其"作"记"或"己"的解释说明"其"已无指代义，注"之"为"是"，仍视为指示代词，可商。

例（67）至（69）中的"其"也是紧邻复指，这种"其"演变为承接连词。左右这一演变的因素有两个，一是"其"所复指的是分句，该分句与"其"后面的分句构成承接关系；二是"其"复指前分句，目的是将其用作后分句动作行为的前提条件，"其"句法上作状语，语义很轻，加之是紧邻复指，必要性不大，由此复指性弱化，转为承接连词。现代汉语指示代词"那"转化为承接连词，如"你不拿走，那你不要啦？"[1]转化机制与"其"相同。

隔位复指与紧邻复指不同，中间有其他成分相隔，如例（63）"霰雪纷其无垠兮"，"其"与所指"霰雪"有"纷"字隔开，例（64）"阳杲杲其未光兮"，"其"与所指"阳"有"杲杲"二字隔开，但距离一般都不远，用不用"其"复指不是很重要，如果句子作"霰雪纷无垠兮"、"阳杲杲未光兮"，无碍句意表达；句法上，没有"其"，后面的谓语成分"无垠"和"未光"仍分别陈述前面"霰雪"和"阳"，所构成的主谓关系不受影响。在这些因素的作用下，"其"的复指功能也受到弱化，转而作为前后成分并列关系的标记，成为并列关系连词。

2. 假设连词和选择连词"其"的产生机制

这两类连词产生于将义时间副词"其"，机制是特殊的语境和句式。将义副词"其"可以使用在事实句中，也可以使用在假设句中。假设句所述虽然也是将然之事，但将然义并不重要，假设义才是决定句子的关键意义。因此处于假设语境中的"其"的将然时间义被隐去，使其承担起句子的假设义，成为假设连词。试分析例（70）"谋之其臧，则具是违"。从时间副词看，"谋之其臧"犹言"谋之将臧"（谋划它将是好事），但由于句子是假设句，句意要求理解为"谋划它如果是好事"，在这种情况下，"其"将"如果"这一假设

---

[1]《现代汉语词典》（第5版），商务印书馆，2011年，第975页。

义承载起来,即成为假设连词。其他例(71)"其济"、(72)"公族其有死罪"的"其"也是处在假设句中,演变机制相同。

将义时间词"其"还可以用在选择复句中,这种句子由两个或两个以上的分句构成,陈述的也是将然之事,同样因将然义和选择义的轻重不同,"其"承担起重要的选择义,转为选择连词。如例(73)"我何以过人哉?且不知其在彼乎,其在我乎?"从将然义看,后两句犹言"且不知将在彼乎,将在我乎?"但句子意义,选择义是左右句子的重要意义,"其"被重新分析,承担这一意义,成为选择连词。有时前分句的选择连词"其"可以省去,形成例(76)"子以秦之将救韩乎,其不乎"一类句子,这类句子的"其"的时间义"将"完全消失,选择义凸显,连词性很强。

表示将来时间义,古代汉语另有"将",在同一语法化机制的作用下,"将"也演变为选择连词,不少虚词词典,如杨树达(1978)《词诠》、何乐士(2006)《古代汉语虚词词典》等都有举例和分析,可参阅。

五、句末语气词"其"的形成过程

先秦有少量句末语气词"其",古读为 jī,[1]用在疑问代词"何"和疑问结构"如何"后面,表示疑问语气。如:

(84)彼人是哉,子曰何其?(《诗经·魏风·园有桃》)
(85)夜如何其?夜未央,庭燎之光。(《诗经·小雅·庭燎》)

语气词"其"怎样形成,一直未明了。从相关用例看,这种"其"当是源于"何+其+V"句式中的时间副词"其",因语境和功能的改变引起"其"的虚化,进而"何其"用于句末,"其"成为句末语气词。

"何+其+V"句,最早见于《周易》《尚书》和《诗经》,"何"或作"曷"。这种句子最初都用来问将然之事,"其"是将义时间副词。如:

(86)初九,复其道,何其咎?(《周易·小畜》)
(87)天亦惟休于前宁人,予曷其极卜,敢弗于从?(《尚书·大诰》)
(88)君子于役,不日不月,曷其有佸?(《诗经·王风·君子于役》)

"何其咎"谓为什么将犯咎?"予曷其极卜"谓我怎么将放下卜兆?[2]"曷其有佸"谓何时将相会团聚?佸,毛亨传:"会也。"

《周易》《尚书》和《诗经》之后,"何+其+V"句使用渐多,其功能和形式有些变化。功能上除了问将然之事外,也可以问已然之事;其形式,"何"有时换作"如之何"等疑问结构。如:

(89)哀公迎孔丘,席不端弗坐,割不正不食。子路进,曰:"何其与陈、蔡反也?"(《墨子·经上》)

---

[1] 如例(85)"夜如何其?"(《诗经·小雅·庭燎》)清·刘淇《助字辨略》注"其"音基(jī)。
[2] 王世舜《尚书译注》(四川人民出版社,1982 年)第 146 页注:"予曷其极卜敢弗于从:极,《仪礼·大射礼》:'赞设决朱极三。'注:'极,犹放也。'就是说极含有放下的意思。"

（90）曩子行，今子止；曩子坐，今子起，何其无特操与？（《庄子·齐物论》）
（91）曾子指子游而示人曰："夫夫也，为习于礼者，如之何其裼裘而吊也？"（《礼记·檀弓上》）

例（89）"何其与陈、蔡反也？"问为什么与先前在陈国和蔡国相反。例（90）"何其无特操与"问怎么没有独特不变的操守呢？例（91）曾子问子游"怎么穿着裼裘去吊唁呢？"三例都是对已经发生的动作行为发出疑问。

"何+其+V"句用于问已然之事，语境跟问将然之事相反。在这种语境中，将然义时间副词"其"失去作用，成为无义虚词，整个"何其""如何其""如之何其"分别相当于"何""如何""如之何"。先秦汉语中，"何""如何""如之何"在句中可以作状语，也可以作谓语或宾语。作谓语、宾语的，如：

（92）诞我祀如何？（《诗经·大雅·生民》）
（93）子之不淑，云如之何？（《诗经·鄘风·君子偕老》）
（94）王曰："骋而左右，何也？"（《左传·成公十六年》）
（95）父死之谓何？（《礼记·檀弓下》）

"何""如何""如之何"可以作谓语或宾语，与此功能相当的"何其""如何其""如之何其"当然也可以作谓语或宾语，这样便出现了例（84）"子曰何其"、（85）"夜如何其"等特殊句子。在这类特殊句子中，"其"位于句末，成为语气词。

前面讨论到"何其+A"的"其"在已然语境中发展为指示代词。同样是已然语境，"何其+V"的"其"没有向指示代词发展，原因是动词V不具有形容词A的性质状态语义特征，不能接受指示代词的描摹，当"何其+V"演变为"何其"后，"其"落在句末，必然向语气词发展。为了区别于其他"其"的词义和功能，古人特别注明语气词"其"读为jī。[1]

六、结语

"其"本义为撮箕。字形假借表示"将"，成为时间副词作状语。推度句多推测将然事实，"其"自然用于其中，当句子对已然事实进行推度时，将然义受到限制，"其"承担起推度义，成为推度副词；在劝令句和反诘句中，意合的劝令义和反诘义远重于将然义，时间副词"其"脱去将然义，将强势的劝令义和反诘义承载起来，成为劝令副词和反诘副词。在时间意义上，彼时与此时相对，将义副词"其"转喻指彼时，时间概念转为指称概念，"其"成为远指代词。远指代词"其"用以代指近时刚提及的人或事物时，指别义和方向义弱化，成为三人称代词。用于紧邻复指定语、主语或句子的指示代词"其"，因泛化使用或复指对象本身是人称或指示代词，复指功能弱化进而消失，"其"转为定中间、主谓间的偏正连词和分句间的承接连词；在假设复句和选择复句中，时间副词"其"的将然义被强势的意合假设义和选择义所掩夺，句法重新分析，"其"将假设义或选择义承担起来，演变为假设连词和转折连词。询问将然之事的"何其+V""如何其+V"句有时用于

---

[1] 语气词"其"先秦或写作"居"，古注音姬（jī），与"其"同，如《礼记·檀弓上》："檀弓曰：'何居？我未之前闻也。'"郑玄注："居，读为姬姓之姬，齐鲁之间语助也。"

询问已然之事，使"其"失去时间副词作用，"何其""如何其"功能分别相当于"何""如何"，并能同"何""如何"一样作谓语和宾语，"其"处句末，成为读作基（jī）的语气词。

参考文献

黄盛璋（1983）《先秦古汉语指示词研究》，《语言研究》第 2 期。

马天祥、萧嘉祉（1991）《古汉语通假字字典》，陕西人民出版社。

高　亨（1989）《古字通假会典》，齐鲁书社。

杨树达（1978）《词诠》，中华书局。

何乐士（2006）《古代汉语虚词词典》，语文出版社。

连词"无论"形成发展的历时考察*

华中师范大学语言与语言教育研究中心　匡鹏飞

提要：汉语连词"无论"的形成发展，有两条不同的演变轨迹：一是由表示禁止否定的副词"无"与动词"论"组成的否定结构先凝固为动词，义为"别说、不要说"，再进一步语法化为递进连词；二是由表示单纯否定的副词"无"与动词"论"组成的否定结构直接语法化为无条件连词。动词"无论"产生于魏晋南北朝，主要有三种不同用法，并于唐代演变成为递进连词"无论"，这两者在现代汉语中均已消失。无条件连词"无论"产生于隋唐时期，随后不断发展丰富，并一直沿用至今。

关键词：否定结构　递进连词　无条件连词　无论　语法化

"无论"是现代汉语中表示无条件让步的代表性连词（邢福义 1996：360），它在现代汉语中的意义和用法，虽在个别问题上曾有过争论，但总的来说，其基本面貌已较为清晰。近年来，关于"无论"及其句式的历时演变问题，引起了不少学者的关注。比如，雷冬平（2008）在讨论"论/问"字否定式的演变路径时论及"无论"的语法化环境问题；席嘉（2010）比较全面地研究了近代汉语连词系统的发展演变，其中有相当一部分篇幅涉及了汉语无条件构式及连词"无论"发展演变的情况；梁吉平（2009）则对包括"无论"在内的汉语无条件连词的历史演变进行了较为全面的描写和分析。此外，王云路、方一新（1992），董志翘、蔡镜浩（1994）等文献对"无论"在中古汉语的意义和用法也进行了简略的描写。但是，已有成果要么着眼于整个无条件构式或所有无条件连词，要么立足于中古汉语或近代汉语的断代平面，都是在比较宏观的背景下涉及"无论"的有关情况。由于缺乏对"无论"历时演变的个案性专门研究，关于"无论"形成发展的演变轨迹及与之相关的语言事实尚未得到全面充分的揭示。本文拟在前贤有关成果的基础上，进一步从历时的角度考察连词"无论"的形成和发展问题。

一、状中式否定结构"无论"及其意义类别

《说文解字·言部》："论，议也。"据《汉语大字典》的解释，"论"的本义为"分析，说明事理"，大致相当于现代汉语中的双音词"论说、论述"。否定词"无"与动词"论"作为相邻成分连用，在先秦汉语中极为罕见，我们仅检得以下2例。

（1）世无公国之君，则无直进之士；无论能之主，则无成功之臣。（《管子·法法》）

---

* 本文曾在"第八届全国汉语词汇学学术研讨会"（2010年11月，苏州）上宣读。承蒙孙玉文先生细致审阅初稿并提出多处修改意见，特致谢忱。文中尚存谬误，概由作者负责。本研究得到教育部人文社科重点研究基地重大项目"汉语核心词研究"（10JJD740011）和华中师范大学211工程项目"中华文化繁荣发展中的汉语学科创新"子课题（YYZX0916）资助。

（2）通国事无论，骄士慢知者，则不朝也。（《晏子春秋·内篇杂上·高纠治晏子家不得其俗乃逐之》）

仔细分析这两个例子，我们发现：例（1），"无论能之主"与上句"无公国之君"对文，正确切分应为"无｜论能之主"，"无"是动词，作为定语的"论能"与中心语"主"组成的名词结构一起充当"无"的宾语，"无"与"论"并没有直接的语义关系，两者只是偶然的表层相邻；例（2），据近人张纯一《晏子春秋校注》（该书收入"诸子集成"），"论"通"伦"，"无伦"义为"没有条理"。可见，这2例都不是由"无"与"论"连用而形成的否定结构。

当"无"用作否定副词修饰动词"论"，就形成一个状中式否定结构"无论"，这一结构始见于汉代。汉代的书面文献中，有关语料虽只有寥寥3例，但其意义却不太相同，根据"无"用法的差异，大致可以分为两种情况。

一是"无"用于单纯否定，义同"不"，"论"用其本义。这一类"无论"可以用"不论"来替换。例如：

（3）仁义之处可无论乎！（董仲舒《春秋繁露·仁义法》）

据《汉语大字典》，"论"在古代汉语中有"定罪"之引申义，当"论"以此义与"无"连用时，就表示"不定罪"。例如：

（4）上曰："游击将军死事，无论坐者。"（《汉书·韩王信列传》）

二是"无"用于禁止否定，义同"别"，"论"用其本义。这一类"无论"不能用"不论"替换。例如：

（5）愿王慕其大勇，无论匹夫之小勇。（《孟子·梁惠王下》赵岐注）

魏晋南北朝时期，否定结构"无论"的用例逐渐增多，并且上述两种类别在意义上都有进一步的发展，最终分别演变成了递进连词"无论"和无条件连词"无论"。

二、"无论"从动词向递进连词的演变

2.1 "无论"由短语凝固为动词

上述第二类否定结构"无论"，在魏晋南北朝时期获得了较大的发展。主要表现为"论"的"论述、论说"之义开始虚化，其宾语可以不再是具体言说内容而表示一种并列或比较的对象，否定短语"无论"具有现代汉语"别说"、"不要说"之类连词的意味。"无论"一般用于诗歌或骈文的对偶句之中，既可出现在上句，但更多出现在下句。例如：

（6）巍巍储后，实等生灵。克岐克嶷，凤智早成。无论岳峙，岂匹泉淳。桂宫恧誉，兰殿惭声。（陆倕《释奠应令诗》，《先秦汉魏晋南北朝诗·梁诗》卷十三）

（7）一登四弘誓，至道莫能先。不贪旷劫寿，无论延促年。（庾肩吾《北城门沙门》，《先秦汉魏晋南北朝诗·梁诗》卷二十三）

（8）徐奏《薰风》之曲，无论《鸿雁》之歌，岂不天人幸甚，鬼神咸抃？（《魏书·王椿列传》）

上述三例中，前一例，"无论"出现在上句；后二例，"无论"都出现在下句。这些例子中，与之对偶的成分都不是词而是短语，"无""论"之间在意义上也还没有完全融合，应看做"无论"由短语向词凝固的过渡阶段。在这一用法的基础上，随着"无""论"相邻使用频率的增加，两者的意义开始融合，语言使用者逐渐将"无论"作为一个整体来理解。在汉语词汇双音化的大趋势和具有递进意味并举性语境的促成下，"无论"在这一时期由一个双音节"否定副词+动词"结构凝固为一个双音节动词，义为"别说、不要说"。这一看法已是学界共识。查《汉语大词典》"无论"条，第一个义项为"不必说；且不说"，所举首条书证为晋代陶渊明用例；王云路、方一新《中古汉语词例释》也收录了"无论"，释为"不要说；不用说"，其书证都为魏晋南北朝时期的文献。

2.2 动词"无论"的用法

动词"无论"，主要用于前后项并举性语境，所在句子一般都是具有递进意味的并列句。具体来说，其用法可细分为以下三类。

2.2.1 用于具有反逼性递进意味的"A，无论B"句式

所谓反逼性递进，即"以一层意思为基点向相比之下不值一提的另一层意思反逼递进"（邢福义 2001：231）。动词"无论"在前后项并举语境中，常用于引出后项，从而形成"A，无论B"句式。这一句式中，句子往往具有反逼性递进的意味：A 表示一个参照基准，B 表示相对于 A 而言更不值一提的事物或更不太可能发生的情况，句子的意义大致相当于现代汉语的"连A也……，（更）别说B"句式。"无论"后接的成分B，多为形式较为简单的体词性短语，并与 A 中的体词性成分形成并举性结构。例如：

（9）一知此事，恐不可以不绝骨肉之爱，无论人事也。（王羲之《杂帖》，《全晋文》卷二十四）

（10）问今是何世，乃不知有汉，无论魏晋。（陶渊明《桃花源记》）

（11）此虽微物，亦不可杀，无论复巨此者也。（王琰《冥祥记》）

上述三例，"无论"都用于前后项并举的语境中，且位于后分句，句子都具有反逼性递进意味。如例（9），句子的意思是"连骨肉之爱恐怕都要断绝，更别说其他人世间事了"。

这一句法环境是促成"无论"凝固为动词的典型环境，这种用法也是动词"无论"的较早用法，它的其他用法都是在此基础上进一步发展出来的。

2.2.2 用于具有补加性递进意味的"A，无论B"句式

所谓补加性递进，即前分句提出一个理由，后分句再补加一个理由。由动词"无论"形成的"A，无论B"句式，有时还具有补加性递进意味：A 表示一个完整的陈述，B 表示对 A 的进一步补充，句子的意义与现代汉语的"A，（更）何况B"句式大致相当。这时，A 与 B 仍是一种对举关系，但侧重于表示 B 对 A 的补充。"无论"所连接的成分，多为谓词性结构。例如：

（12）白高祖曰："谢方明可谓名家驹，直置便自是台鼎人，无论复有才用。"（《宋书·谢方明列传》）

（13）凡鱼为生，类皆多冷，血腥为法，增长百疾，所以食鱼肉者，神明理当昏

浊，四体法皆沈重，无论方招后报，有三途苦。（梁武帝《断酒肉文》，《全梁文》卷七）

（14）索黄琼之寄居，造安仁之狭室。车出门其已欢，无论衔杯与促膝。（陆倕《感知己赋赠任》，《全梁文》卷五十三）

上述三例，"无论"都位于后分句，句子都具有补加性递进意味。如例（12），句子的意思是"谢方明可算是名门之后，只此就应是台鼎之才，更何况还有才能本领"。

2.2.3 用于具有顺推性递进句意味的"无论A，B"句式

所谓顺推性递进，即"以一层意思为基点向另一层意思顺递推进"（邢福义2001：220）。"无论"除了用于引出并举后项之外，也可用于引出并举前项，构成"无论A，B"句式，句子具有顺推性递进意味。在现代汉语中，顺推性递进句的典型句式是"不但A，而且B"，此外，它还有特殊的下位句式"不但A，连B也……"以及与之意义大致相当的"别说A，连B也……"（邢福义2001：220—241）。"无论A，B"句式经历了从与现代汉语特殊句式类似的用法到与典型句式类似的递进句的发展。

与特殊句式类似的用法，句子表达的意义大致相当于现代汉语"别说A，连B也……"句式的意义，即上述所说顺推性递进句的一种特殊下位句式。"无论"所连接的成分，多为谓词性结构。例如：

（15）绿草蔓如丝，杂树红英发。无论君不归，君归芳已歇。（谢朓《王孙游》）

（16）恶律仪人无论持八戒斋，但起一念善心，恶律仪即断。（梁武帝《与周舍论断肉敕》，《全梁文》卷五）

例（15）后一句的意思是"且别说你不回来，就算等到你回来，绚烂的花朵也凋谢了"；例（16）中，"恶律仪"和"八戒斋"均为佛教术语，全句的大意是"恶律仪人（若想弃恶从善）且别说是（非常虔诚地）持八戒斋，就算只要心怀一点善念，恶律仪就会断绝"。

如果不了解"无论"的这一用法，在古文今译时就可能出错。例如：

（17）绘谓人曰："无论润色未易，但得我语亦难矣。"（《南齐书·刘绘列传》）

此例"无论"的意义、用法均与上两例相同，联系上下文，引号中那句话意思是"（对于我的语言）别说润色不容易，就是只体会出我的语言韵味也是很困难的"。但是，汉语大词典出版社2004年出版的《二十四史全译·南齐书》却将此句译为："无论怎样润色都不是件容易的事，要符合我说话的语言韵味是很困难的。"（641页）这一错误，是由于把动词"无论"理解成了无条件连词"无论"而造成的。

2.3 从动词向递进连词的演变

在上述第二、第三种用法中，不但整个句子具有递进句的意味，而且"无论"之后的成分不再是名词性结构而是谓词性结构，既可看做"无论"的宾语，也可看做有独立表述功能的分句，这一句法环境导致"无论"的动词性逐渐减弱，开始出现连词化倾向。特别是在第三种用法中，"无论"位于前分句，若后分句出现"也""且""还"之类的并列连词，从而形成"无论……，也/且/还……"句式，就会强化前后分句在对比基础上的递进

含义，从而导致句子的结构由普通的并列句被重新分析为递进句。此时，"无论"的动词义就彻底丧失，完全虚化为一个递进连词，其义与"不但"、"不仅"等大致相同。这一发展过程，萌芽于南北朝，大约完成于唐代（蒋礼鸿 1997：475—477）。例如：

（18）叶舒非渐大，花发是初开。无论人讶似，蜂见也争来。（刘孝威《咏剪彩花诗二首》之一，《梁诗》卷十八）

（19）而我乐名山，对之心益闲。无论漱琼液，还得洗尘颜。（李白《望庐山瀑布二首》之一）

（20）含此隔年恨，发为中夜吟。无论君自感，闻者欲沾襟。（白居易《和元九悼往》）

蒋礼鸿先生曾指出上述例（18）是"'无论'作'不但'用的较早的例子"（蒋礼鸿 1997：475）。但由于南北朝时期这一用法很少，而且，细究诗意，此例中"无论"固然可以理解为表示典型顺递用法的"不但"，但也仍可理解为表达特殊顺递用法的"别说"。因此，我们认为把它看做正处在由前者演变为后者的过渡阶段更为妥当一些。唐代以后，"无论"作递进连词的用法已基本明确，如例（19）和（20），很多论著都一致认为其中的"无论"只能理解为"不但"。至此，"无论"完成了由动词向递进连词的演变。

三、无条件连词"无论"的形成和发展

3.1 无条件连词"无论"的形成

汉代出现的第一类否定结构"无论"，南北朝时期也出现了新的发展变化。由于"论"的本义中含有"分析（事理）"的义素，当这一义素在语言运用中被强调凸显时，"论"的意义就由表达"论述、论说"之类的言语行为转移至表达"分析、考虑、计较"等心理活动。表现在语言形式上，"无论"的宾语不再是论说的内容而变成了分析考虑的对象。这样，否定结构"无论"在上下文中常常表示"不分析、不考虑、不计较"等义。例如：

（21）今戮及兄弟，与向始末无论者复成何异。（《宋书·何尚之列传》）

（22）擅宠无论贱，入爱不嫌微。（魏收《美女篇二首》其二，《北齐诗》卷一）

（23）逝者长辞，无论荣价，文明叙物，敦厉斯在。（《魏书·徐遵明列传》）

上述三例中的"无论"，例（21）侧重表示"不分析"，例（22）侧重表示"不计较"，例（23）侧重表示"不（再）考虑"。"无论"的"不分析、不考虑、不计较"等义，与"不管""不计"等词一样，所在句子常隐含着"不管什么条件，都不妨碍某个结果"的意义，这就为"无论"演变为无条件连词奠定了语义基础。

在上述意义的基础上，当"无论"的宾语为正反相对的两个概念 A 和 B 时，"无论 AB"结构就具有了包括 A、B 正反两方面在内的周遍性意义。在句子中，它与另一个成分构成"C，无论 AB"句式，表示"不管是条件 A 还是条件 B，结果 C 都不变"的抽象意义，就会诱发"无论"语法化为无条件连词。关于这一演变完成的时间，目前有两种观点。梁吉平（2009：39）认为，南北朝时期"无论"就已固化为无条件连词；雷冬平（2008：341）则认为"无论"和"不论"都产生于隋唐时期；席嘉（2010：162）没有专门探讨"无论"的产生时间，只是指出它在唐宋时期主要通过连接意义相对或相反的成分表示任意条件，

可与范围副词"皆""都"等形成关联。根据我们目前掌握的语料，由"无论"引领的无条件句确实在南北朝时期就已出现，但数量不多，且都是"C，无论AB"句式。例如：

（24）窃惟左史记言，右史记事，君举必书，无论大小。（沈约《武帝集序》，《全梁文》卷三十）

（25）苟片善宜录，无论厚薄，一介可求，不由等级。（范缜《以国子博士让裴子野表》，《全梁文》卷四十五）

我们认为，这种用法是上述例（22）中"擅宠无论贱"之类结构出现"环境扩展"（彭睿2009）之后形成的，即"无论"的宾语由单个形容词扩展为正反相对的两个形容词。进入"C，无论AB"句式，是"无论"最终演变成一个无条件连词所迈出的关键一步，但从句子成分的关系来看，这一句式与"擅宠无论贱"并无不同。因此，尽管"无论"的动词意义已经很虚，并被新的句法环境赋予了表示无条件让步的抽象意义，但它在实质上仍是一个动词。选择性无条件句中，无条件连词的典型句法位置是前分句句首或单句句首，只有"无论"经常出现在这一位置，才能真正视作无条件连词。隋唐时期，"无论"开始大量出现在前分句或单句的句首，形成"无论AB，C"或"无论A与B，C"句式。而且，其用法还进一步扩展，出现了多种新的形式。一是A和B不再限于反义关系，还可以是并列列举的关系；二是A和B可以是肯定和否定对举的形式，从而形成"无论A与否"句式；三是"无论"前可以出现先行词以明确A和B所指的范围。至此，"无论"已完全由一个状中式否定短语语法化为一个无条件连词。例如：

（26）游人杜陵北，送客汉川东，无论去与往，俱是一漂蓬。（隋·尹式《别宋常侍》）

（27）坐见人来起，尊亲尽远迎。无论贫与富，一概总须平。（王梵志《坐见人来起》）

（28）江浦程千里，离尊泪数行。无论吴与楚，俱是客他乡。（柳彬《赠别二首》其一）

（29）昨日诏书下，求贤访陆沉。无论能与否，皆起徇名心。（白居易《送张南简入蜀》）

（30）林子兄弟挺身直入，斩预首，男女无论长幼悉屠之，以预首祭父祖墓。（《南史·沈约列传》）

（31）人君无论少长，而体尊备物，故亦即位而造为此棺也。（《礼记·檀弓上》孔颖达疏）

例（26）、（27），都是A、B为反义关系的"无论A与B，C"句式；例（28），是A、B为并列关系的"无论A与B，C"句式；例（29），是A、B为肯否关系的"无论A与否，C"句式；例（30）和（31），是"无论"前出现先行词的句式。

3.2 无条件连词"无论"的发展

由"无论"引领的无条件句，在唐代都是选择性无条件句，即上述"无论A（与）B，

C"句式,这是"无论"作为无条件连词的初期用法。在这一句式的基础上,"无论"又发展出引领任指性无条件句的新用法。席嘉(2010:162)指出,近代汉语中开始出现疑问词语任指表示任意条件的用法,不过所举例证都以"不论"为例。"无论"引领的任指性无条件句约产生于宋末,其中的疑问词语早期主要是"何",清代以后"怎样""哪里""什(甚)么""谁""如何"等才开始进入这种句式并大量使用。例如:

(32)倘蒙再造,俟国相回军后,无论何人何物,惟皇子命。(金·李天民《南征录汇》)

(33)无论何人,皆可相见。(《封神演义》第二十六回)

(34)余闻之,谏止之曰:"此无论何代,殆必异人。盍早纳其元,封闭之。"(明·沈德符《万历野获编》卷二十八)

(35)杜少卿道:"无论他是怎样,果真能做诗文,这也就难得了。"(《儒林外史》第四十一回)

(36)贾珍笑道:"你无论那里借了给他罢。"(《红楼梦》六十四回)

(37)平日无论有甚么疑难大事,到他手里没有完不了的案。(《儿女英雄传》第十一回)

(38)公子道:"无论谁梳都使得。"(《儿女英雄传》第二十八回)

(39)无论如何,明天谢恩总要去的。(《官场现形记》第三十六回)

这些新句式的出现,使"无论"无条件连词的用法日益丰富,标志着它进一步发展成熟。

3.3 "无论"各种用法的兴衰更替

在文言文系统中,单音词"无"和"论"都是常用词,因此,即使是唐代以后,"无论"已发展出两种连词的用法,"无"和"论"仍存在非词性质的连用情况,特别是在诗歌韵文中与一个双音节动词性短语相对使用。例如:

(40)师以道大为尊,无论于彼此;法以善高为胜,不计于退迤。(李师政《辨惑》,《全唐文》卷一百五十七)

(41)罗帏尽(昼)寝,嫔妃添金艳之香;御宛(苑)春游,侍从摘玉栏(兰)之蕊,无论时节,岂拣秋冬。(《敦煌变文·维摩诘经讲经文(二)》)

这类"无论"的非词性质比较容易确认,和成词后的"无论"也基本没有什么关联,只是由于具有特殊的语用价值,而在文言文中时有出现。直至白话文中"无"的否定副词意义已降格为语素而失去了词的资格时,单音词"无"和"论"相邻使用组成否定结构的情况才基本不复存在。

作为词语的"无论",从唐代起,其动词、递进连词和无条件连词三种意义的使用频率已开始出现较大差别。我们分别调查了三种语体风格完全不同的唐至五代文献《全唐诗》《全唐文》和《敦煌变文集》,下表是这三种文献中"无论"各种用法出现次数的调查结果:

	动词"无论"	递进连词"无论"	无条件连词"无论"	"无"+"论"非词结构	合计
全唐诗	1	4	8	3	16
全唐文	0	0	7	6	13
敦煌变文集	0	0	3	2	5
合　计	1	4	18	11	34

现代汉语中"无论"只有无条件连词一个义位，如《现代汉语词典（第5版）》对"无论"只列出了一个义项，将其词性标注为连词，释为"表示在任何条件下结果都不会改变"。上表的统计结果表明，在唐代，"无论"无条件连词的用法就已占据绝对优势，其递进连词和动词用法的使用频率远低于前者。可见，现代汉语中"无论"的意义只剩下无条件连词一种，是"无论"在中古、近代汉语时期其词义格局受各种因素影响不断调整的结果，其演变的趋势，在唐代即已初露端倪。

要而言之，"无论"从状中式否定结构凝固为词语，有两条不同的演变轨迹：一是由表示禁止否定的"无"与动词"论"组成的否定结构首先凝固为一个动词，义为"别说、不要说"，继而虚化为一个递进连词；二是由表示单纯否定的"无"与动词"论"组成的否定结构直接语法化为一个无条件连词。作为词语的"无论"，在汉语史上曾有三个意义，但它们在汉语史上存在的时间段各不相同。动词"无论"产生并活跃于魏晋南北朝时期，唐代以后就较少使用，基本退出了历史舞台；递进连词"无论"，萌芽于南北朝时期，至唐代正式形成并取代了作为其源形式的动词"无论"，元代以后，正如席嘉（2010：109—110）所言，它渐趋消亡，只偶尔出现于极少数白话文献中，在现代汉语中已不复使用；无条件连词"无论"，萌芽于南北朝时期，隋唐以后完成了语法化过程，此后，其用法进一步丰富，并一直沿用至现代汉语之中。

四、余论："无论"和"不论"发展演变的异同和相互影响

考察"无论"的形成和发展，还有一个与之相关的重要问题无法回避，那就是"无论"和与之词形相近、意义相似、结构相同的"不论"在历时演变中的关系如何。已有的研究或多或少已涉及这一问题，但都不太全面。这一问题的彻底解决，需要以"不论"历时演变情况详尽的个案考察为基础。据我们的初步研究，两者发展演变的轨迹既有相似之处，又存在一定差异，同时在演变中相互影响。

首先，由于在上古汉语中"不""是个最常用的副词"（李佐丰2004：196），它作为否定副词的使用频率高于"无"，因此否定结构"不论"的使用远远多于形近义似的"无论"。词组"无论"在早期的使用频率相对偏低当与受"不论"的压制有关。仅在先秦文献中，我们就检得"不论"的用例20余个，"无论"却1例也没有。使用频率的差异造成了两者语法化为无条件连词时间先后的不同。据梁吉平（2009），"不论"在南北朝时期就已固化为无条件连词，本文的研究则表明，"无论"于隋唐时期才演变为无条件连词。虽然时间有先后，两者语法化的机制却大致相同，都是以"不考虑、不计较"之义为语义基础，在引领两个相反概念从而具有周遍意义的语境中演变而成的。因此，"无论"语法化为无条件连词，应或多或少受到了"不论"的影响。

第二，在古汉语中，"不"较少用于禁止否定，"无"则常用于禁止否定，因此，"无

论"经历了从表示"别说、不要说"的动词到表示"不但"的递进连词的演变过程，而"不论"却没有发生这一演变过程。但蒋礼鸿（1997）、席嘉（2010）等都指出"不论"也曾有过"不但"之类的递进连词的用法，而且其产生、成熟与"无论"基本同步。孤立地分析"不论"自身的发展演变，很难理解它何以会产生这一用法，但若把它与"无论"联系起来考虑，就不难发现，它的这一用法应是受"无论""相因生义"（蒋绍愚1989）的结果。

　　第三，"不"从古至今都主要用作否定副词，"无"的本义则是与"有"相对的动词，这一意义也是从古至今一直作为其主要用法而高频使用的。"无"的否定副词用法是受"不"的影响而产生的，并非其主要用法，而且多用于古代的文言文系统，在现代白话文中已失去了一个词的资格而只作为语素保留在某些词语中，因而带有文言色彩。正因为如此，在现代汉语中，虽然"不论"和"无论"的意义和用法基本相同，但正如《现代汉语虚词例释》所指出的，相对而言，"不论"更常见于口语。

　　除了"不论"以外，在中古及近代汉语中，还产生了一大批表示无条件关系的连词，这些连词与"无论"之间的共存和消长关系，不少论著多有论述，本文不再赘言。

参考文献：

北京大学中文系 1955、1957 级语言班编（1982）《现代汉语虚词例释》，商务印书馆。
董志翘、蔡镜浩（1994）《中古虚词语法例释》，吉林教育出版社。
傅惠钧（2010）"无论句"的选择性与关联问题，载《汉语史学报》（第九辑），48—58 页，上海教育出版社。
蒋礼鸿（1997）《敦煌变文字义通释（增补定本）》，上海古籍出版社。
蒋绍愚（1989）《论词的"相因生义"》，载《语言文字学术论文集——庆祝王力先生学术活动五十周年》，546—560 页，知识出版社。
雷冬平（2008）《近代汉语常用双音虚词演变研究及认知思考》，中国社会科学出版社。
李佐丰（2004）《古代汉语语法学》，商务印书馆。
梁吉平（2009）《汉语任何义条件连词的历史演变》，温州大学硕士学位论文。
彭　睿（2009）《语法化"扩展"效应及相关理论问题》，《汉语学报》第 1 期。
王云路、方一新（1992）《中古汉语语词例释》，吉林教育出版社。
席　嘉（2010）《近代汉语连词》，中国社会科学出版社。
杨忠主编（2004）《二十四史全译·南齐书》，汉语大词典出版社。
邢福义（1996）《汉语语法学》，东北师范大学出版社。
邢福义（2001）《汉语复句研究》，商务印书馆。
张纯一（1935）《晏子春秋校注》，世界书局。

《辨字诀》：一部早于《马氏文通》的本土汉语文法*

北京外国语大学中国外语教育研究中心　陈国华

提要： 长期以来国内外研究者一直在寻找早于《马氏文通》的本土汉语文法。有人提出19世纪上半叶毕华珍写的"论文浅说"和"论文续说"就是这样一本文法。本文论证这两篇论文仅提出了汉语文法的框架，其内容还够不上文法书，而1694年以《助语辞补义附录》形式刊行的《辨字诀》虽然篇幅不大，却可以视为一本汉语教学文法。《辨字诀》之前的文法著作对虚词给出的划分至多区分而且命名3个类别，《辨字诀》则第一次把虚字分成7类，即起语辞、接语辞、转语辞、衬语辞、束语辞、叹语辞和歇语辞，这是汉语文法研究的一大进步。

关键词： 语法　汉语文法　教学文法　虚字　虚字的分类

一、引言

一般认为中国人写的第一部汉语文法[1]是马建忠（1898）的《马氏文通》。这部文法体系完备、论述详细、篇幅宏大，仿佛一个初出茅庐的青年，不像一个蹒跚学路的幼儿，更不像是一个呱呱坠地的婴儿。长期以来，国内外学者苦苦寻觅早于《马氏文通》的本土汉语文法，却劳而无功。之所以如此，是因为寻觅者对文法有一个先入为主的观念，以为只有像《马氏文通》那样按照西方传统文法范式编写的文法才算文法。这一范式就是，先划分名词、代名词、谓词、形容词、数词、副词、连词、介词、叹词等词类，再分析句元（clause elements）和语句构造；而中国古代研究虚词的专著，如卢以纬（1324）的《语助》和本文所介绍的《辨字诀》，虽然可以称为"语法专著"（陈望道 1962：292；王克仲 1984：93；顾汉松 1988：108；周定一 1994：31），但由于不含实词的分类，因此还算不上文法。寻觅本土汉语文法的学者所发掘出的最接近于西方传统文法范式的文法论著是19世纪上半叶毕华珍所著《衍绪草堂笔记》[2]里收录的"论文浅说"和"论文续说"（见 Harbsmeier 1998：94；何群雄 2000：85-86；内田慶市 2005）。毕华珍在这两篇文章中提出了一个兼顾实字和虚字的汉语文法框架，并对汉语的句法构造进行了一定的描写。但在笔者看来，其内容还不足以称为一部文法书，而先于毕华珍一个半世纪的王鸣昌所写的《辨字诀》（1694），篇幅虽然不长，却是一本地道的本土汉语教学文法，书中对汉语虚字的分类是汉语文法研究的一个里程碑。

本文分别介绍"论文浅说""论文续说"和《辨字诀》的主要内容，比较西方和中国传统文法的不同范式，提出衡量汉语文法的标准，从汉语本身的特点认识和评估传统

---

* 本文初稿蒙北京大学郭锡良教授审阅。对郭教授的热情鼓励和提出的修改意见，笔者深表谢意。
1 本文将文法（grammar）作为语法（grammar）的同义词对待。
2 原文的繁体字在本文中一律改为简体字。

汉语文法研究，论述中国古代语言学家的语言学思想对现代汉语研究和普通语言学理论的启示。

二、"论文浅说"和"论文续说"说了什么

最早注意到毕华珍及其论著的是 19 世纪在华的英国传教士和汉学家艾约瑟（Joseph Edkins, 1823—1905）。此人先写了一部汉语上海话文法（Edkins 1853/1868），里面对毕华珍的汉语文法知识大加赞赏，说"文法对中国人来说尽管仍然是一门未知学问，我们这位作者，如前文所示，却睿智非凡，给出了非常近似于西方的分类，精确地界定了所有主要词类。[1]"（同上：59）。三年后，他又写了一部汉语官话文法（Edkins 1857/1864），里面再次高度评价了毕华珍的论著，声称"至于词类和句法，我没有看到最近有著作把中国人有关其语言的知识向前推进一步，毕华珍的'论文浅说'是个例外。[2]"（同上：269）。艾约瑟的评价引起了欧洲另外两位汉学家的注意，他们在自己的著作里介绍了毕华珍的文法贡献（Bazin 1856: xxiv；Watters 1889: 97）。此后一个多世纪，毕华珍的名字一直被历史所埋没。

上世纪末，挪威奥斯陆大学何莫邪（Christoph Harbsmeier 1998）在其所著《中国科学技术史（第七卷第一分册）：语言与逻辑》中，把毕华珍的名字及其文法贡献重新从故纸堆里发掘了出来，但他本人并没有见到毕华珍的论著。之后不久，何群雄（2000）在日本向学界介绍了毕华珍的学术成就，不过他也没有见到《衍绪草堂笔记》的原文。五年后，日本学者内田庆市（2005）在澳大利亚国家图书馆（National Library of Australia）的"伦敦会特藏"里找到了毕华珍的一本文集[3]，毕华珍的文法论著才得以重见天日。

澳大利亚国家图书馆收藏的"论文浅说"和"论文续说"收录在一个没有印刷封面的小册子里，封面顶端写有"论文浅说"的英文转写 *Lun wen ts'ien shuoh*，其下方是 *Handbook, Grammar & Exercises* '手册、文法、练习'，再下面的阿拉伯数字1856应当是购书日期。封面上的这些手写文字可能是原收藏人所为。全书单面印刷，对折装订，印面朝外，每一印张等于现今书籍一页纸的正反两面。印册由四部分内容构成，其标题分别是"衍绪草堂笔记摘录论文浅说"（共八页）、"论文续说"（共十九页）、"余论四则"（共四页）、"四言句格"（即四字成语，共二十页）。"浅说"主要介绍字和句的分类；"续说"主要讲字义、短语的构造关系、修辞、作文以及不字的使用。"余论"和"四言句格"与文法关系不大。

毕华珍之所以被当时的西方汉学家看重，是因为他提供了划分汉语字类的一个框架，并描述了汉语的一些句法特征，其视角既与汉语研究的传统视角有所不同，又有别于印欧语言的研究范式。

毕华珍遵循本土文法分析的传统，把汉字划分成"实字"和"虚字"，但他的"实字"仅指名词和名词短语，例如文、文章、旧文章、文章辞赋、古今作家文章（"浅说"一页）。他别出心裁地把虚字分成四类，包括：

---

[1] While grammar is a science still unknown to the Chinese, it is a mark of the intelligence of our author that he has approached so near, as the preceding article shows, to a western classification, and that he has defined with precision, all the principle parts of speech.

[2] With regard to the parts of speech and syntax, I know of no recent work which has advanced the knowledge of the Chinese on the nature of their language, except that of Pih-hwa-tsun 论文浅说.

[3] 这本文集的照片版可在 http://nla.gov.au/nla.gen-vn1908951 下载。

- "呆虚字","如工、拙、高、低、多、少、大、小等"[1],例如"文工、文章工、文章工雅"(同上：二至三页);
- "活虚字","一以联缀上下,如文为主字,用他字作宾,如云文传世,文为主字,世为宾字,而传字联缀上下也；一以写出人事,如云作文、评文之类,作字、评字皆人事也",此外还有"婆娑、盘桓等双声字"(同上：三至四页)[2];
- "口气、语助虚字","口气、语助不能划清,只作一类,如焉、哉、乎、也、此、其、所、以等类,凡数十字",例如"其_助文甚_{口气}工_呆,所_助作_活之_助文最_{口气}工_呆雅_呆"(同上：四至五页);
- "空活虚字","与口气虚字略同,今欲逐层加入,故分此类,如虽、但、如、若、非、不、而、乃、何、岂等类凡数十字",例如"虽_空工_实拙,似_空拙而_空实工,未_空尝_空不_空作之甚勤"(同上：五页)。

不难看出,"呆虚字"相当于形容词和部分不及物谓词[3],"活虚字"相当于及物谓词和带补语的不及物谓词;"口气、语助虚字"和"空活虚字"都是未加界定的混杂类,前者包含句末的语气词、结构助词、代名词、介词、副词等,后者包含从属连接词、系谓词、副词、否定词、疑问词等。

除了划分字类外,毕华珍还区分了一些句法范畴,包括:

- "主字",如文传世的文(同上：三页);
- "宾字",如作文的文和文传世的世(同上);
- "单层呆句","如云胸怀阔大、性情豪爽"(同上);
- "双层呆句",即"有实字又有宾实字,宾实字或加前或加后,而以活虚字联之"。"宾字加前"的例子有"朝夕_宾作文","宾字加后"的例子有"文章传世_宾"(同上),"宾字加前加后"的例子有"朝夕_宾濡毫_宾拈管_宾作为文章"(同上：四页);
- "合呆活两种虚字成句",如"作_活文工_呆"、"勤_呆作_活文"(同上)。

毕华珍的"主字"相当于主语,"宾字"等于宾语、补语、附语的集合,"单层呆句"相当于简单的形容词谓语句,"双层呆句"和"合呆活两种虚字成句"相当于带多种句元(clause elements)或以某一语句作为句元的语句。

在"论文续说"里,毕华珍提出了"母字"和"子字"的概念,这相当于区别表示实体的字和表示属性的字,他解释说:

实字有子母,即前所论本身化出之字,如天有体,地有形势,人有性情、容貌,物有质,事有原流。天、地、人、物、事为母字,体质、形势、性情、容貌、原流为子字。("续说"一页)

他还讨论了"实字"和"活字"的修饰语问题,提出,"实字上加呆虚字,如高天、厚地、清风、明月、繁花、好鸟,上一字虽皆虚,然看去只一现成对象,须知是衬垫实字"(同上：二页);并注意到"实字上衬呆活空三类虚字"的现象,如"至_空清_呆至

---

[1] 引文标点和不同字体的区别为本文作者所加。"呆虚字"的作用后来被认定为"形容"("论文续说"：五页,七页)。
[2] "活虚字"在"续说"(八页)里被认定为"动字",即'表示动作的字'。
[3] "续说"(六至七页)里说"本身自说,虽活亦呆,说到外面,虽呆亦活。本身自说,如云天地回旋,是自回自旋,未交到物；如云花落花开,是自开自落,未交到物,乃是形容作呆虚字看也。"

空高呆之空天"和"可空欣活可空美活之空物"（同上）；认为"呆虚字加活字上，如近瞻、远眺、遥登、平临之类，只同实字"（同上：六页）。此外他还注意到"呆虚字用比喻作代"的用法，认为戴高履厚里的高和厚代表"天地"、登高临远里的高和远代表"山川"（同上：五页）。

他看到实字相加有"平列"和"侧列"这两种方法。"平列"指日、月、星、辰和鸟、兽、草、木、鱼、虫这样的并列构造；（同上：三页）；"侧列"相当于今天所说的偏正构造，即"实字相加侧重后字，或加时加地，或时地并加，如云冬宵时、竹屋地、茶烟，如云雪夜时、梁园地、词赋客，如云春秋时鲁国地圣人"，"或加数目或加颜色"，"如云一缕茶烟"（同上：四页）。

毕华珍把今天所谓"连动构造"称为"活虚字蝉联而下"，"如云举手运斤断木成器，如云出门访友结伴寻春以娱心目"（同上：八至九页）。

以上就是笔者在"论文浅说"和"论文续说"里找到的有关文法的主要论述。

三、《辨字诀》辨了什么

在汉语语言学史的学术圈里，知道或读过《辨字诀》的人似乎不多。王力（1954，1981）、林玉山（1983）、胡奇光（1987）、何九盈（1995）、赵振铎（2000）、邓文彬（2002）、孙良明（2005）都没有提及《辨字诀》。到目前为止，仅有刘长桂、郑涛（1983）对这一著作有过介绍，朱林清、王建军（1995）、张红（2011）和几篇硕博士学位论文里曾提到王鸣昌和《辨字诀》，但都是一笔带过，对王鸣昌的学术贡献，尚没有全面深入的介绍和评论。

我们今天见到的《辨字诀》原本是是私塾先生教幼童作文所使用一本教材的一部分。魏维新见到后，对其内容进行了摘订，把它作为附录收在他和陈雷所做的《助语辞补义》和《助语辞补》之后。王鸣昌的这部著作在中国语言学史上具有里程碑的意义，因为它第一次把虚字明确分成了七大类并给每一类起了名称，即起语辞、接语辞、转语辞、衬语辞、束语辞、叹语辞和歇语辞，这是汉语文法研究的一大进步。

在王鸣昌之前，传统汉语辞章学早已发展出了"起、承、转、合"这4个宏观的篇章结构概念；对于虚字，有刘勰的三分法，即"发端之首唱""劄句之旧体""送末之常科"，以及柳宗元的两分法，即"疑辞"和"决辞"。《辨字诀》里对七类虚辞的划分显然受到这些观念的影响。不难看出，"起语辞"对应刘勰的"发端之首唱"和"起、承、转、合"的"起"，"接语辞"对应"承"，"转语辞"对应"转"，"束语辞"对应"合"，这样就划分出了4类虚词。鉴于刘勰所谓"劄句之旧体"中的一些虚字不起衔接语句的作用，而是在句中起衬垫或连接句元的作用，王鸣昌把这些字称为"衬语辞"。叹字、叹辞、叹词历来就有，当然自成一类，称为"叹语辞"。最后是一些在句尾起着完句作用的虚字，即刘勰所谓"送末之常科"和柳宗元所谓"疑辞"和"决辞"，王鸣昌称之为"歇语辞"。这样《辨字诀》所收的243条助语辞就分成了7大类。有了这样一种宏观分类，《辨字诀》就具备了汉语文法的基本要素。

王鸣昌这大类语辞各自都可以分出一些次类。

1. 起语辞（9条）："起语者，前此无文，而以虚字起；亦有前文已毕，而以虚字另起者，皆起语也。"（[元]卢以纬 1324/1683/1985：104）。次类包括：

- ⊙ 夫、彼:"有所指之辞"
- ⊙ 盖:"有所原之辞"
- ⊙ 且、且夫:"宽起之辞"
- ⊙ 今、今夫:"说近事而宽起之辞""指远事而发论之辞"
- ⊙ 尝考:"有所究论之辞"
- ⊙ 闻之:"据所闻而立论之辞"

2. 接语辞（81条[1]）:"凡承接上文顺势讲下不复作转者，皆用之。"（同上：105）。
   次类包括:
   - ⊙ 此、兹、是、斯:"指上而顺断之辞"
     - ·则:"顺上文而分析之辞"
     - ·由是、由此、由兹、由斯:"跟上文引申之辞"
     - ·是其、此其:"跟上文而指点之辞"
     - ·至于:"跟上文而推引之辞"
     - ·及其、迨夫:"推引而有指之辞"
     - ·迨至、及至:"由此及彼之辞"
     - ·甚至:"极言所至之辞"
     - ·不宁惟是:"跟上文而引申之辞"
     - ·顾:"跟上文而进论之辞"
     - ·何也:"顺上文作答之辞"
     - ·所以:"顺上推原之辞"
     - ·是知:"原上而有所解悟之辞"
     - ·是为:"指而有断之辞"
     - ·如此:"直接上文，将有后说之辞"
   - ⊙ 故、盖:"推原之辞"
     - ·是故、是以:"指上文而推原之辞"
     - ·所为:"原其故而进断之辞"
     - ·所谓:"原其故而进论之辞"
     - ·盖以:"原上而顺推之辞"
     - ·盖谓:"推原其说之辞"
   - ⊙ 岂、何:"反诘之辞""反辞"
     - ·此岂:"指上文而反折之辞"
     - ·岂其:"反折而有所指之辞"
     - ·岂不:"折辩之辞"
     - ·岂得:"折抑之辞"
     - ·又何:"进一步反诘之辞"
     - ·抑何:"转一层反诘之辞"
     - ·何必、乌得:"反折（之）辞"

---

[1] 由于没有把一些"近似词"算进去，刘长桂、郑涛（1983）的统计是 75 条。

- 何其："反诘而有所指之辞"
- 何者："顺上文而有所问之辞"
- 何则："顿住上文作问，将欲答之之辞"
⊙ 将以："将然之辞"
⊙ 诚以："确然推断之辞"
⊙ 毋乃："疑而审度之辞"
⊙ 安得："有所望而未遂之辞"
⊙ 宁："愿辞"

3. 转语辞（56 条）："文字从无直行者，必用转转相生，或反转，或正转，或深一步转，皆须以一二字领之。"（同上：110）。次类包括：
⊙ 然："反前文而另发之辞"
- 然而："反上意而圆转之辞"
- 然则："承上意而直转之辞"
- 虽然："顿着前文另转下文之辞"
- 不然："反掉前文，将为论断之辞"
- 非然者："前说已是，转作一反，而申前说之辞"
⊙ 设、使、如、若、傥、倘使、假使、藉使、借令、设以、若夫："假设[1]之辞"
⊙ 有如、意者、或者："拟度之辞"
⊙ 若夫："拟有所指之辞"
⊙ 必也："拟而决断之辞"
⊙ 意必："拟而自决之辞"
⊙ 彼、彼夫："别有所指之辞"
⊙ 一然："形容想象之辞"

4. 衬语辞（41 条[2]）："盖一句中必用虚字以为衬贴，或用于句首，或用于句中，皆曰衬语，先辈所谓助语是也。"（同上：113）。次类包括：
⊙ 以："有所依据之辞"
⊙ 於、乎："自此及彼之辞"
⊙ 所："事物有因之辞"
⊙ 莫、勿、岂可："禁止之辞"
⊙ 可："应许之辞"
⊙ 当："应然之辞"
⊙ 必："决然之辞"
⊙ 既："已然、以往之辞"
⊙ 将："虚拟之辞"
⊙ 方、将："将然之辞"
⊙ 其："有所指之辞"

---

1 原文对设的释义是"假假之辞"，对如的释义是"假设之辞"。
2 刘长桂、郑涛（1983）的统计是 40 条。

5. 束语辞（4条）："凡文字收束处，股头多用之。"（同上：116）。次类包括：
   - ⊙ 总之、要之："总上文之辞"
   - ⊙ 大约、大抵："约略大概之辞"
6. 叹语辞（8条）。表达感叹自然有"叹语辞"，这一点似乎不言自明，所以王鸣昌未加解释。次类包括：
   - ⊙ 吁、噫："叹辞"
   - ⊙ 呜呼："痛切嗟叹之意"
   - ⊙ 嗟夫："叹而有指之辞"
   - ⊙ 悲夫："伤感而有指之辞"

   王鸣昌总结说："此等叹辞，今人不知忌讳，时人率多用之。予以为皆不祥之语，断宜尽数扫除，绝勿复用。"

7. 歇语辞（47条[1]）："文字之歇足处也。其虚歇、实歇、顺歇、逆歇，各有不同，须随其文势押之。"（同上：117）。次类包括：
   - ⊙ 也、焉："平落之辞"
     - 也夫："顺落而带咏叹之意"
     - 也乎："顺势虚落之辞"
     - 也矣："顺势紧煞之辞"
     - 耳："顺势轻落之辞"
     - 也哉、也欤："摇曳咏叹之辞"
     - 也欤哉："极咏叹摇曳之辞"
     - 焉耳："平提而顺落之辞"
     - 焉尔乎："轻提虚问之辞"
     - 焉而已："一转一提一煞之辞"
     - 焉否耶："是与不是两问之辞"
   - ⊙ 已："凡文意已尽者，用此押之"
     - 已矣："意足而紧煞之辞"
     - 已耳："文毕而顺落之辞"
     - 已哉："岂止于止之意"
     - 已耶："故作疑问之意"
   - ⊙ 矣："截然紧煞之辞"
     - 矣乎："语煞而意不尽者用之"
     - 矣夫："紧煞而带咏叹之意"
     - 矣哉："煞语而带咏叹之辞"
   - ⊙ 夫："有所指之辞"
   - ⊙ 者："即物而衬垫之辞"
     - 者也："有所指而顺落之辞"
     - 者矣："有所指而收煞之辞"

---

[1] 刘长桂、郑涛（1983）的统计是49条。

- 者焉:"有所指而轻住之辞"
- 者耳:"有所指而顺落之辞"
- 者乎、者耶:"有所指而疑问之辞"
- 者哉:"有所指而咏叹之辞"
- 者欤:"有所指而虚歇之辞"
○ 乎、欤、耶:"疑而未定之辞"

我们不知道《辨字诀》在魏维新摘订前是什么样子,共收录了多少条目。尽管如此,现存的条目已经相当充实。

四、什么著作算语法或文法

刘长桂、郑涛(1983:121)认为,《语助辞补义附录》"应当说另开了文言虚字的研究径蹊。而就现在的文言虚词研究专著来说,像这样有系统的研究方法还是少见的。应当指出,这里的研究范围已经不限于文言虚词,好多方面已经是对文言语法的研究了。"这种说法给人一种印象,好像虚词研究不算语法,超出虚词范围的研究才算。郭锡良(2003:93)指出,"虚词是语法成分,每个虚词都是处在语言的语法系统之中,有其特定的位置和特定的语法意义和语法作用。"从语法化的角度看,在语法的诸多要素中,除了语序外,源自实词的虚词(英语译成 function words "功能词"或 particles "小词",又称 grammatical words "语法词")是其第一要素(Hopper & Traugott 1993: 6-7),实词演化成虚词的过程就是一种语言语法化的过程。今天人们的共识是,虚词研究就是语法研究,研究虚词的专著就是语法专著。但是似乎还没有人把《辨字诀》称为语法或文法。

判断一部著作是不是语法或文法,首先得界定语法或文法是什么。据《牛津英语词典》(*Oxford English Dictionary*),grammar 的源头是希腊语 γραμματική,前面的 γραμμα 转写成拉丁文是 gramma "字母;文字",后面的 τική 转写成拉丁文是 tika "技艺;技法",跟英语 technology '技术'、technique '技法'里的 tech 是一回事,两个部分合在一起,意思就是"字母术/文法"。由于汉语的书写系统不是字母而是文字,按照 grammar 的字面意思,与之对应的应该是文法。赵元任把自己写的 *A Grammar of Spoken Chinese* 译成《中国话的文法》(Chao 1968),显然考虑到了 grammar 的本义。如今台湾地区仍有许多人将 grammar 称为文法。在国外语言学思想的影响下,大陆语言学家认识到那些没有文字的语言也有其组词造句之法,于是弃文法而转用语法。

当然,一个词的词源与其后来的词义并不完全符合。西方传统文法并不是描述字母读音、写法或词语拼写的书,而是由形态学和句法这两部分组成。不过最初的文法并不是形态学和句法俱全。现存最早的文法是古印度学者波你尼(Panini)于约公元前 4 世纪写的梵语文法《八章》(*Aṣṭādhyāyī*,见孙良明 2005:162)[1],内容全是构词法和词的形态,其附录里谈到字母的发音和一些词的词源,但整部书不含句法。现存最早的希腊语文法是希腊学者狄奥尼修·色雷斯(Dionysius Thrax,前 170—前 90)于约公元前 100 年写的《文

---

[1] 玄奘(600-664)《大唐西域记》卷 2(健驮逻国)里称波你尼为"仙人",说他"制《声明论》",又说《声明论》是一部"字书"。据孙良明(2005:160 注),"声明"是梵语 śabda-vídyā 的意译,指文字、音韵、语法之学。孙良明(同上:161 注)又依据王邦维《南海寄归内法传校注》第 189 页的说法说明记论、声明记论是唐僧对梵语 vyākaraṇa 的意译,文字、语音、语法书之总称。

法技艺》（Téchnē grammatiké），里面也主要介绍希腊文的发音、拼写、构词法、词类、词的形态变化，不含句法。这些最初的文法之所以不含句法，原因很简单——没有什么必要，因为这些语言的谓词做谓语时有不同的语气形式[1]，有时态、人称和数的变化，单独一个词就可以构成一个意义完整的语句，例如凯撒的那句名言 Veni, vidi, vici '我来了，我看见了，我征服了'。同时名词有人称、数、性、格的形态变化，形容词也有数、性等形态变化，一个词不论在句子中处于什么位置，其语义角色和与其他成分的关系都标注得清楚无误，语序的作用大大减弱，句法显得不太重要而且不容易说清楚，所以干脆不说。

关于形态学、句法和语法之间的关系，德国语言学家兼汉学家甲柏连孜（Hans Georg von der Gabelentz，1840-1893）发表过很精辟的见解：

> 一种没有构词——形态学，只包括语音学和句法学的语法，不仅是可能的，而且对于孤立语言来说甚至是必要的……严格地说，一种没有句法的语法纯属无稽之谈，充其量也只是半部语法。（Gabelentz 1891:84，转引自姚小平 1999:5）

既然印欧语言早期那些仅包含形态学的"半部语法"都算语法，仅包含虚词和句法的文法也应当算语法。甲柏连孜把自己写的《汉文经纬》（1891）称为汉语句法。法国人儒莲（S. Julien）写的《汉文指南》（Syntax nouvelle de la langue Chinoise, 1866），其书名直译过来是《汉语新句法》（见姚小平：同上）。这两本书都是公认的汉语语法，从未有人质疑这一点。

据孙良明（2005），语法一词最早出现在晋朝。鸠摩罗什（344—413/350—409）所译《大智度（经）论》里记载："天竺语法，众字和合成语，众语和合成句。"（转引自孙良明 2005：151）。这里所谓"天竺语法"，指印度的语法，确切地说，是梵语的构词法和形态学。隋唐时期，语法开始在中土文献中出现。孔颖达（574—648）在《春秋左传正义》中说："语法，两人交互乃得称'相'。"（转引自孙良明 2005：179）这里的语法显然指"话语之法"。

据《汉语大词典》，文法最初的意思是"法制；法规"；后来指"文章的作法"，如"公为文斩截峻刻，得左氏文法"（元刘壎《隐居通议·文章四》）；最后才有了"语法"的意思，如"中国人本来不大讲文法，古文的文法，就是《马氏文通》一部。"（蔡元培《在国语传习所的演说》）。实际上，王鸣昌在总结也、矣、焉、耳等字的用法时早就说过这些字"是顺落文法，不是反落文法，慎勿误填，致谬乱之弊"。（引自卢以纬著，王克仲集注 1324/1694/1988：169）。王鸣昌所说的"文法"，指的显然并不是文章的作法，而是虚字的用法，即今天意义上的"文法"或"语法"。据孙良明（2005：384—385），阮元（1764—1849）认为且志曰与且谚曰"文法正同"；俞樾（1821—1907）认为之二者和之二虫、告女训女和承女俾女也是"文法正同"。这表明，"产生于汉代，表示'法制、法令条文'的文法，经过表示'作文方法'义，到了清代有了'句法'义，指句子的结构方式或语词的配置法则。"（同上：386）。也就是说，汉语的语法、文法、句法此时都是一个意思。

---

[1] 希腊语有 the indicative "断定式"、the imperative "祈使式"、the subjunctive "从属式"、the optative "祈愿式"；拉丁语仅有前三种语式。subjunctive 这个词源自希腊语 hypotaktikē，意思是"从属（subordinate）"（见 Palmer 1986: 22）。

就汉语这样以虚词和语序为主要语法或文法内容的语言而言,如果一部论著比较全面、系统、充分地呈现了其语句的结构方式或语词的配置法则,即使它不包含对实字的分类,也有资格称为语法或文法。

五、谁的著作算得上汉语文法

以对汉语组词造句的规则进行全面、系统、充分的描述作为标准来衡量毕华珍和王鸣昌的研究,我们只能说"论文浅说"和"论文续说"算不上文法,《辨字诀》算得上。

毕华珍的语法贡献主要是对汉语实字(包含他所谓"呆虚字"和"活虚字")的划分和对短语和语句构造的分析。在这些方面,他确实"给出了非常近似西方的分类"(Edkins 1853/1868:59)。然而汉语文言语法的核心是虚字,即他所谓"口气、语助虚字"和"空活虚字",亦即西方语言学家所谓 function words 或 grammatical words,这些字词今天算起来总共是 654 个(段德森 1990),"论文浅说"和"论文续说"里提到的这类字词仅约 30 个,距离全面、系统、充分相差甚远。这两篇文章尽管勾勒出了汉语语法分析的一个框架,却"构不成这一语言的语法"(Edkins 1853/1868: 59)。换句话说,汉语学习者仅根据这两篇文章所阐述的文法规则,造不出能基本达意的而符合文法的汉语句子。

相比之下,经魏维新摘订的《辨字诀》共收虚字和虚词 243 个,是"论文浅说"和"论文续说"所收条目总和的 8 倍,也大大超过《语助》(卢以纬 1324)所收录的 144 个,是其 1.8 倍。即便经过了魏维新的摘订,这些虚字和虚词对于汉语学习者造出基本达意而符合文法的语句,可以说基本够用。更重要的是,王鸣昌对这些字词的分类做到了囊括无遗而条理分明。与之相比,《马氏文通》里对虚字的分类,即"介字""提起连字""承接连字""转捩连字""推拓连字""传信助字"和"传疑助字",也基本没有超出《辨字诀》虚字分类的范围。《辨字诀》确实还不十分完备,其现存条目仅为现知虚词总数的 37%,篇幅仅有不到 20 页。可是世界上又有哪一种语言的早期独创性语法是完备的呢?色雷斯的《文法技艺》毕竟也只有短短的 15 页。

作者王鸣昌在书前有一篇简短的引言,题为"辨字诀引":

> 作文不难于用实字,而难于用虚字。初学[1]文字梗塞,多由于虚字之未明耳。其用实字处不可胜纪,惟于读文时随读随纪,胸中久久自富,予可无赘也。至虚字,乃文章关楗,入门之要诀,先须一一详辨,下笔时乃可操纵自如。(引自卢以纬等著,王克仲集注 1324/1988:162)

其实,西方传统文法之所以按照先词类后句法的范式编写,是因为印欧语言的实词有各种形态变化,而语序相对灵活,不对实词进行形态和句法功能上的分类和描述,就无法说明怎样才能造出合乎文法的句子。中国的传统文法之所以从一开始就专注虚字[2],是因为汉语的实字没有形态变化,句元之间的语法关系主要靠虚字和语序来表示,即使根据语义区分出名字、动字、静字,对于造出合格的语句也没有什么实际帮助。更重要的是,由于没有形态变化,每个动字和静字都可以像名字那样使用,名字也常可以像动字和静字那样

---

[1] 卢以纬等著,刘长桂、郑涛点校(1324/1985)本为"初作"。
[2] 历史上又称语辞、语助、助字、助词、助语辞、虚词等。

做语句的谓语，这给实字的词类划分造成极大困难。直到今天，我们也难以把现代汉语的动作谓词和名词严格区别开来，导致对"这本书的出版"里"出版"二字的语法属性众说纷纭，以至于有人提出，汉语的动词是名词的一个次类（沈家煊 2007，2009）。

从语法学的角度来看，一本只讲句法（即虚词的分类、意义、功能和用法）而不讲实词的书，只要自成体系，完全有资格称为**文法或语法**。

如果我们尊重历史，就得接受《辨字诀》作者本人的观点，把这本书称为"文法"。至于清朝人说的"文法"和今天我们说的"语法"有什么区别，那是另一回事，译成英语，都是 grammar。

六、《辨字诀》的成就及其对句法理论的贡献

卢以纬的成就是第一次以专著的形式对汉语文言的语助（即虚词）进行了系统的论述。《语助》的缺点主要有两个，一是文法体系不显豁，所收语助在编排上虽然可以隐约看出是遵循了一定的分类，却没有给每一类别命名；二是条目收录还有相当多的遗漏。在第一方面，王鸣昌比卢以纬前进了一大步，他不仅讲句法，而且是在按照一个清晰的框架或系统讲句法；在第二方面，《辨字诀》所收条目是《语助》的 1.81 倍，这也是一个了不起的进步。

与西方文法体系相比，在中国本土发展起来的《辨字诀》有其鲜明特点。远在《辨字诀》之前，西方已经发展起了完整的文法体系，即以希腊语文法为基础的传统文法。据若宾斯（Robins 1979）介绍，普利西安（Priscianus Caesariensis）于公元 6 世纪编的拉丁文法《文法基础》（*Institutiones grammaticae*）共 18 章，长达 1000 多页，它集之前希腊和拉丁文法研究之大成，介绍拉丁字母的读音、词类划分、形态变化和句法，成为传统文法的直系祖先。从印欧语言的角度看，语言的各种文法范畴似乎都已经被《文法基础》覆盖了，一种完整的文法体系已经建立起来了。面对西方古代语言学家的辉煌成就，中国古代语言学家王鸣昌对语言学有什么值得我们骄傲的贡献？

笔者认为《辨字诀》值得我们骄傲，因为它不是像拉丁文法或现代语言的任何一部早期文法那样，靠模仿其他语言的文法体系编出来的，而是和《语助》一样，是在中国土生土长出来的。它谈的几乎全是句法，包括语句内部成分之间的连接、语句之间的衔接和语气的表达，建立了一个崭新而明确的文法体系。这个体系不同于以古代梵语和希腊语文法为代表的印欧语传统文法体系，代表了与印欧文法体系并列的另一大文法体系，与之形成一种互补关系，完全可以与古代印度和希腊文法著作里的文法体系媲美。

我们不妨拿《文法基础》与《辨字诀》做一个简单对比。《文法基础》区分名词、谓词、分词、副词、代名词、连词、前置词、叹词。前 4 类属于实词[1]，暂且不管。后 4 类属于虚词，其中叹词对应《辨字诀》里的"叹语辞"，这也不管。这样只剩下代名词、连词、前置词这三类。"代名词"对应《辨字诀》里"接语辞"中的一些词，如此、兹、是、斯；"连词"对应"转语辞"里的一些词，如然、苟、或、傥、设、使、但、虽、且、乃、如、若、抑、虽然；"前置词"对应"衬语辞"里的一些词，如之、以、於、所、乎、诸、犹、

---

[1] 英语里的副词分两种，其中绝大多数是实词，包括表示方式、频率、时间、处所的副词，如 fast、slowly、frequently、daily、annually、everywhere；少数表示主观态度的副词是虚词，例如用于句首的 fortunately、frankly、hopefully、用于句中的 almost、already、hardly、not、yet、还有位置十分灵活的 only。

由。但这三类辞里还有许多别的词,其中许多就是表达主观语气的副词,例如"接语辞"中的盖、盖以、甚至、何则、将以、诚以,"转语辞"中的独、惟、奈、必也、况乎、更有,"衬语辞"中的不、未、莫、勿、亦、必、殆、姑、凡、皆、俱、即、就。文法学家一致认为,英语的副词是一个垃圾桶或大杂烩,里面塞满了无法塞进其他词类的语言成分。《辨字诀》里根据起承转合做出的虚词分类可以为英语和其他语言副词的重新分类提供借鉴。

此外,《辨字诀》里用于句首的"起语辞",如夫、盖、且、今等,用于总结的"束语辞",如总之、要之等,用于句末的"歇语辞",如也、矣、焉、耳、已等,在《文法基础》里都找不到对应的词类。这说明,《文法基础》代表的传统文法所区分的 8 大词类,或 9 大词类(加上形容词)、或 10 大词类(加上冠词)、或 11 大词类(加上数词),用来分析汉语,显然不够用;用来分析印欧语言,也不是完美无缺。

《辨字诀》继承了中国古代文法研究的传统,一方面特别关注句与句之间的衔接和文章的连贯,另一方面特别关注语气(王鸣昌所谓"文意")的表达。这两方面都是西方语言学的弱项。在前一方面,西方语言学里的句法研究长期以来一直把研究对象局限在句子的范畴,直到篇章语言学(text linguistics)和话语分析(discourse analysis)的兴起,才改变了这一局面,但是句法研究和篇章话语研究始终是两张皮,未能很好地结合在一起。相比之下,中国语言学家从一开始就把句法和文法结合在一起,让句法为文法服务,取得了很好的效果,《辨字诀》就是这方面的一个范例。

在语气研究方面,中国古代语言学家所说的"文意"远远大于西方语言学术语 *mood* '语气'的所指,既包含陈述、疑问、祈使、感叹等不同句子类型所表达的意思,又包含可、能、愿、须、必、应、或、许、勿等情态助谓词或副词表达的意思以及时态所表达的意思,还包含也、矣、焉、设、如、若、使等语气助词和连接词所表达的意思。所有这些,在《语助》和《辨字诀》里都有明确的阐述。

魏维新曾为卢以纬的《语助》做了补充,题为《助语辞补义》。在《助语辞补义·序》里,魏维新对助语(即虚词)的重要性和文法功能做了十分精彩的比喻和说明:

> 万物之灵,惟人为最。五官四体,骨肉皮毛,无不毕备,谓曰人形则具矣;苟无筋脉气血以联络运行其中,不过蠢然块然,肉不走而尸不行也,奚可谓之曰人?道学事功,兴亡治乱,凭意见以成辞章,亦可谓之文矣;苟无之乎者也诸语辞,以起承转合其中,将见断断续续,意不宣而语不贯,又乌可谓之文哉!是以上自经史,下迄稗俚,于助语辞均不能阙;今人之欲为文者,抑复谁能置之?([元]卢以纬等著,刘长桂、郑涛点校 1324/1683/1985:49)

在魏维新看来,辞章就像一个人,实词就像人的身体器官或外形;虚词中,有些(如之和者)就像人的筋脉,没有这些词,话语无法连贯,实现不了起承转合;有些(如乎和也)就像人的气血,没有这些词,言者的意见或态度得不到宣示。

根据这样一种语言观,任何一种语言都包含三大类元素:第一类是表示思维对象的各种实词,包括名词、形容词、动作谓词和副词,我们不妨称之为称名元素;第二类是起各种连接作用的成分,包括介词、连词、代词(proforms)、语序、词的性、数、格等形态变化,我们不妨称之为衔接元素;第三类是表达言者语言主观性(linguistic subjectivity)

的各种元素，包括句式、语式、时、态（aspect）[1]、情态谓词、表示某些断言的谓词和情态副词等，我们不妨称之为宣意元素。运用对语言元素的三分法来观察西方当代一些极有影响的语言学理论的核心观点，透过其所使用的不同术语，我们可以领会其理论基础。

七、结论

与西方在形态学基础之上建立起来的早期印欧文法体系相比，中国的早期文法从一开始就关注章句之间的关系和语气的传达。《辨字诀》继承了之前文法研究，特别是《语助》的研究思路和传统并将之发扬光大，对语句之间的衔接、句元的连接和语气的表达展开了全方位的综合研究，构建了适应汉语特点而且具有语言普遍性的基本文法框架。以刘勰、卢以纬、王鸣昌、魏维新为代表的中国古代语言学家的语言学思想和语句分析框架对于今天语言学理论的建设具有重要启迪。

卢以纬、王鸣昌和魏维新时代所说的"文意"，就是魏维新在《助语辞补义》序里所形象表述的语言的"气血"，也就是后来中国语言学家所说的"语气"。"气血"或"语气"的概念大致相当于菲尔默（Fillmore 1968）所说的在句中与命题（proposition）形成对立关系的"情态（modality）"，或乔姆斯基（Chomsky 1982, 1986, 1995/2008）所说的"屈折变化（Inflection，简写 I）"和"标句语（Complementizer，简写 C）"，或韩礼德（Halliday 1985/1994/2004/2008）所说的在句中与"剩余成分（Residue）"形成对立关系的"大语气（MOOD）"。这些截然不同的术语反映出语言学家的一种懵懂的认识，即每一句话都表达"言者对句子内容的某种思想态度"（certain attitudes of mind of the speaker towards the contents of the sentence，见 Jespersen 1924:313）或言者的"观点或态度"（opinion or attitude，见 Lyons 1977: 452）。语言的这种主观性（subjectivity）由于在印欧语言里是通过四五种文法范畴实现的，因此虽然至少从叶斯珀森（Jespersen 1924）时起就已经引起研究者关注，却一直未能在语言学界形成共识。帕默（Palmer）在关于这一问题的专著《语气与情态》（*Mood and Modality*）里也没有把问题说清楚。或许中国古代语言学家的著作和语言学思想可以为我们提供有益的启示。

参考文献：

毕华珍（?1856）《衍绪草堂笔记》。（http://nla.gov.au/nla.gen-vn1908951）

陈望道（1932/1962/1997）《修辞学发凡》，上海教育出版社。

邓文彬（2002）《中国古代语言学史》，巴蜀书社。

段德森（1990）《使用古汉语虚词》，山西教育出版社。

顾汉松（1988）《助语辞》和我国语法学，《上海师范大学学报》（哲社版）（3）。

郭锡良（2003）古汉语虚词研究评议，《语言科学》2（1）。

何九盈（1995）《中国古代语言学史》，广东教育出版社。

何群雄（2000）《中国语文法学事始——<马氏文通>に至るまでの在华宣教师の著书を中心に》，东京三元社。

---

[1] 国内语法学界通常把 aspect 译成体。无论从词源或所指的角度看，aspect 都没有'体'的意思。本文出于两个方面的考虑把 aspect 译成态。首先，aspect 指的是谓词所表示动作或事件的'状态'，是已然还是非已然，惯常还是进行中，完成还是持续等等；其次时态已经是一个已经被普遍接受的术语，既然时对应的是 tense，态对应 aspect 是一件顺理成章的事。

胡奇光（1987）《中国小学史》，上海人民出版社。

甲柏连孜（1881/1953）《汉文经纬》，立即州，位玖书铺（Georg vonder Gabelentz. *Chinesische Grammatik. Mit Ausschluss des niederen Stiles und der heutigen Umgangssprache.* Berlin: utscher Verlag der Wissenschaften 1953 重印。）

林玉山（1983）《汉语语法学史》，湖南教育出版社。

刘长桂、郑涛（1983）一组汉语史上的重要著作——《助语辞》、《助语辞补义》、《助语辞补》和《助语辞补义附录》简介，《淮北煤师院学报》（社科版）（1）。

刘长桂、郑涛（1985）后记。载卢以纬等著，刘长桂、郑涛点校（1324/1683/1985）。

卢以纬著，王克仲集注（1324/1694/1988）《助语辞集注》，中华书局。

卢以纬等著，刘长桂、郑涛点校（1324/1683/1985）《助语辞》，黄山书社。

马建忠（1898/1904/1983）《马氏文通》，商务印书馆。

内田慶市（2005）《馬氏文通》以前中国人的語法研究——畢華珍著《衍緒草堂筆記》的詞的分類方法，载李向玉、张西平、赵永新主编《世界汉语教育史研究：第一届世界汉语教育史国际学术研讨会论文集》，澳门理工学院。

濮之珍（2001）《中国语言学史》，上海古籍出版社。

沈家煊（2007）汉语里的名词和动词，《汉藏语学报》第 1 期，商务印书馆。

沈家煊（2009）我看汉语的词类，《语言科学》8（1）。

孙良明（2005）《中国古代语法学探究》（增订本），商务印书馆。

王克仲（1984）我国第一部虚词汇释专著——为卢以纬《助语辞》问世 660 周年而作，《辽宁大学学报》（5）。

王力（1954）《中国语法理论》（上册），中华书局。

王力（1981）《中国语言学史》，山西人民出版社。

王鸣昌（1694）助语辞补义附录。载卢以纬等著，刘长桂、郑涛点校（1324/1683/1985）。

王水照编（2008）《历代文话》（第一册），复旦大学出版社。

姚小平（1999）《汉文经纬》与《马氏文通》，《当代语言学》1（2）。

张红（2011）《马氏文通》以前的汉语语法研究，《现代语文（语言研究）》（7）。

赵振铎（2000）《中国语言学史》，河北教育出版社。

周定一（1994）关于卢以纬和他的《助语辞》的一点说明，《古汉语研究》（2）。

朱林清、王建军（1995）汉语词类研究述评，《南京师大学报（社会科学版）》（1）。

Bazin, Antoine Pierre Louis (1856) *Grammaire mandarine ou principes généraux de la langue chinoise parlée.* Paris: L'Imprimerie Impériale.

Chao, Yuen-Ren (1968) *A Grammar of Spoken Chinese.* Berkeley: University of California Press.

Chomsky, Noam (1982) *Some Concepts and Consequences of the Theory of Government and Binding.* Cambridge, Mass.: The M.I.T. Press.

Chomsky, Noam (1986) *Barriers.* Massachusetts: The M.I.T. Press.

Chomsky, Noam (1995/2008) *The Minimalist Program.* Beijing: Foreign Language Teaching and Research Press.

Edkins, Joseph (1853/1868) *A Grammar of Colloquial Chinese as Exhibited in the Shanghai Dialect.* Shanghai: Presbyterian Mission Press.

Edkins, Joseph (1857/1864) *A Grammar of the Chinese Colloquial Language Commonly Called the Mandarin Dialect*. Second Edition. Shanghai: Presbyterian Mission Press.

Fillmore, Charles J. (1968) The Case for Case. In Emmon Bach & Robert T. Harms (eds.). *Universals in Linguistic Theory*. New York: Holt.

Halliday, M.A.K. (1985/1994/2004/2008) *An Introduction to Functional Grammar* (Third Edition) revised by Christian Matthiessen. Beijing: Foreign Language Teaching and Research Press.

Harbsmeier, Christoph (1998) *Science and Civilisation in China, Vol. 7, Part I: Language and Logic*. Cambridge: Cambridge University Press.

Hopper, Paul J. & Elizabeth Close Traugott (1993) *Grammaticalization*. Cambridge: Cambridge University Press.

Jespersen, Otto (1924) *The Philosophy of Grammar*. London: Allen and Unwin.

Lyons, John (1977) *Semantics*. Cambridge: Cambridge University Press.

Palmer, F.R. (1986) *Mood and Modality*. Cambridge: Cambridge University Press.

Robins, R.H. (1979) *A Short History of Linguistics* (Second Edition). Harlow, Essex: Longman.

Watters, T. (1889) *Essays on the Chinese Language*. Shanghai: Presbyterian Mission Press.

颜师古《汉书注》音切数据与术语考析

武汉大学 万献初

提要：本文是颜师古《汉书注》音切研究系列论文中的一篇。颜师古共为3531个字头注音切13593次，对这些音切数据的分布、术语的作用进行综合分析，能揭示其中深含的一些文献学、语言学的规律与问题。颜注大量征引前人音切，显示所注音义信而有征，通过比较鉴别就可定夺被注字词在当句语境中的音义，且保存了大量前人有价值的音切材料。分析颜注音切数据的分布，能见出其随文施注、因需而注的特点，还能见出颜注重字词音义而扬长避短的审慎态度。分析颜注"音"、"读"、反切等术语及其数据分布的涵义与功用，能看出音义书不同于韵书的基本性质，又能看出颜师古是一个语言学素养高且系统意识很强的学者，他的音注具有很强的目的性、条理性和系统性。因各音注术语及其音切另有专文讨论，本文只对73条"合韵"作细致的穷尽性个案研究，以论证师古"雅正"的注音概念及与《切韵》大体相合的音读系统。

关键词：颜师古 汉书注 音切 数据 合韵

为了认清颜师古《汉书注》所注音切的性质，确定哪些可以收入《古音汇纂》中，我们以中华书局点校本为底本，将所有颜注音切资料录入电脑做成专用的音切数据库，借以作穷尽性的系统研究，通过定量来定性。

数据库显示，颜注共为3531个字头（同一字重复出注只计一个字头）注了13593次音切：注反切6440次；注音读（音、读、合韵）5787次；注异文1366次。"异文"包括"古某字、（字）与某同、字或（亦）作某、某书（本）作某、俗作某"等，说字形实际上兼说字音，故计入音切数据中，其中"古作某"更是多借字形来辨义求古音，值得重视。

一、颜注征引前人且标明音主的音切

颜注13593次音切中，标明所引前人音切的930次：服虔95次、应劭95次、伏俨1次、刘德2次、郑氏41次、李斐2次、李奇30次、苏林144次、张晏15次、如淳141次、孟康133次、韦昭14（《史记》三家注、《文选注》及王先谦《汉书补注》转引韦昭音较多，而今存颜师古《汉书注》引韦昭音较少）、晋灼100次、臣瓒6次、邓展12次、文颖16次、张楫2次、项昭1次、郭璞74次、蔡谟1次、崔浩1次。以上是《汉书叙例》所称引"二十三家"音义中的21家，还有荀悦、刘宝2家各见引注1条而未见引其音。此外，引李登音1次、吕忱音2次（1次与李登合引）、齐恭（或谓即南朝齐恭王萧昭文480-494）音1次、旧读1次。其余多标"师古曰、师古音"或不标音主名者，一般认为是颜师古自己的音读，计12663次。

师古所引各家音切的音读内容，笔者撰有《二十三家〈汉书〉"音义"通考》逐家作详细的考辨，此处不具言。师古征引前人音切的方式、作用是多种多样的，在此略举例说明：

（1）《汉书·天文志》"魁下六星两两而比者，曰三能"，颜注"苏林曰：能音台。"
（2）《天文志》"捎云精白者，其将悍"，颜注"晋灼曰：捎音霄。韦昭曰：音臀。"
（3）《地理志》"㹮，侯国"，颜注："应劭曰：音筱。苏林曰：音父，今东朝阳有㹮亭。蔡谟音由，音（鹗）[鹗]。师古曰：蔡音是，音于虬反。"
（4）《外戚传》"赫蹏书"，颜注："孟康曰：蹏犹地也，染纸素令赤而书之，若今黄纸也。邓展曰：赫音兄弟阋墙之阋。应劭曰：赫蹏，薄小纸也。晋灼曰：今谓薄小物为阋蹏，邓音、应说是也。"
（5）《五行志》"地出奔陈，公弗止。辰为之请，不听。辰曰：是我迋吾兄也"，颜师古注："应劭曰：迋音君狂；臣瓒曰：迋音九放反；师古曰：二说皆非也。迋，欺也，音求往反。"
（6）《李广苏建传》"中贵人者将数十骑从"，颜注："张晏曰：放纵游猎也。师古曰：张读作纵，此说非也，直言将数十骑自随，在大军前行而忽遇敌也，从音才用反。"
（7）《地理志》"著"，颜注："音竹庶反，又音直庶反。而韦昭误以为著龟之著字，乃音纪咨反，失之远矣。"
（8）《高帝纪》"又战曲遇东"，颜注："文颖曰：地名也。苏林曰：曲音龋，遇音颙。师古曰：龋音丘羽反。"
（9）《高帝纪》"又发兵距之阳夏"，颜注："郑氏曰：音假借之假。师古曰：即今亳州阳夏县。"

例（1）是径引前人音为注，因赞同而不需说明。例（2）并引前人多家音，认为皆可从，都列出而不作取舍。例（3）引前人多家音，定一家为是。例（4）引前人多家音（孟康、邓展、应劭），又引前人的判定（晋灼）。例（5）引前人音而断其非，自己再作出正确的音注。例（6）引前人误读，分析句中语义，再给出语境中的正确读音。例（7）先注出正确的音读，再引前人讹失音读而评其非。例（8）引前人音读，为其注音字补作反切，以利准确读音。例（9）引前人音读，补出该读音的释义，以明语境中的音义关系。

从这些引前人音读的基本类型可以看出：颜注征引前人音切主要是为了明确被注字词在当句语境中的读音和意义。并引众家音切，一是显示所注音义信而有征，二是用于比较鉴别而定夺是非。客观上，为汉语语音史研究保存了大量前人的音切材料，很有价值。

二、颜注音切在各卷中的数据分布

颜注 13593 次音切，分布于《汉书》一百卷中，每卷多少不等：《汉书·高帝纪》355、《惠帝纪》14、《高后纪》26、《文帝纪》107、《景帝纪》51、《武帝纪》193、《昭帝纪》46、《宣帝纪》122、《元帝纪》71、《成帝纪》76、《哀帝纪》26、《平帝纪》44、《异姓诸侯王表》24、《诸侯王表》48、《王子侯表》28、《高惠高后文功臣表》100、《景武昭宣元成功臣表》68、《外戚恩泽侯表》24、《百官公卿表》63、《古今人表》232、《律历志》116、《礼乐志》255、《刑法志》119、《食货志》254、《郊祀志》254、《天文志》27、《五行志》534、《地理志》991、《沟洫志》124、《艺文志》138、《陈胜项籍传》172、《张耳陈馀传》43、《魏豹田儋韩王信传》46、《韩彭英卢吴传》107、《荆燕吴传》47、《楚元王传》171、

《季布栾布田叔传》28、《高五王传》33、《萧何曹参传》67、《张陈王周传》138、《樊郦滕灌傅靳周传》57、《张周赵任申屠传》28、《郦陆朱刘叔孙传》91、《淮南衡山济北王传》59、《蒯伍江息夫传》118、《万石卫直周张传》30、《文三王传》32、《贾谊传》235、《爰盎晁错传》123、《张冯汲郑传》68、《贾邹枚路传》162、《窦田灌韩传》113、《景十三王传》110、《李广苏建传》116、《卫青霍去病传》95、《董仲舒传》110、《司马相如传》846、《公孙弘卜式儿宽传》70、《张汤传》46、《杜周传》64、《张骞李广利传》60、《司马迁传》125、《武五子传》99、《严朱吾丘主父徐严终王贾传》229、《东方朔传》156、《公孙刘田王杨蔡陈郑传》90、《杨胡朱梅云传》50、《霍光金日磾传》82、《赵充国辛庆忌传》108、《傅常郑甘陈段传》96、《隽疏于薛平彭传》61、《王贡两龚鲍传》152、《韦贤传》98、《魏相丙吉传》50、《眭两夏侯京翼李传》103、《赵尹韩张两王传》152、《盖诸葛刘郑孙毋将何传》92、《萧望之传》58、《冯奉世传》55、《宣元六王传》46、《匡张孔马传》94、《王商史丹傅喜传》39、《薛宣朱博传》100、《翟方进传》80、《谷永杜邺传》126、《何武王嘉师丹传》79、《扬雄传》695、《儒林传》68、《循吏传》69、《酷吏传》105、《货殖传》98、《游侠传》95、《佞幸传》72、《匈奴传》365、《西南夷两粤朝鲜传》108、《西域传》188、《外戚传》273、《元后传》56、《王莽传》531、《叙传》334。

《汉书》100 卷，颜注音切 13592 次（条），平均每卷约 136 条。而 300 条以上的有：《地理志》991、《司马相如传》846、《扬雄传》695、《五行志》534、《王莽传》531、《匈奴传》365、《高帝纪》355、《叙传》334。此 8 卷有 4651 条，8%的卷次占总量的 34%。《地理志》《五行志》《匈奴传》是由于地名、物候名、外族名等专有名称用字偏而读音难，故多注音切。《司马相如传》《扬雄传》《叙传》注音多，是由于所引辞赋或赞词多为韵文，且古雅奇瑰、艰涩难读，须多注音切以辨韵识字解义。《高帝纪》《王莽传》所记史事繁重错杂，文章最长，所用难僻字词多，故多注音切以明音义。反之，注音切最少的卷次往往文短事简、语句通俗，《惠帝纪》14、《高后纪》26、《哀帝纪》26、《异姓诸侯王表》24、《王子侯表》28、《外戚恩泽侯表》24，都短小而平易，表谱尤须文字简明晓畅，故所注音切极少。《季布栾布田叔传》28、《万石卫直周张传》30、《文三王传》32、《高五王传》33，也都是文短而事不繁的传记，须注音辨义处不多。

《天文志》仅 27 条音注，其中只有"乡读曰响""鬐音舜"2 条是师古所注，"右四星曰天棓，苏林曰：音棓打之棓。师古曰：棓音白讲反"1 条是师古补充苏林音，其余全都引前人音读：引苏林 6 条、晋灼 5、如淳 4、韦昭 3、李奇 2、孟康 2、郑氏 2。不仅如此，该卷百余条无音读的注释也多是引前人而师古不下己语。可见师古作注善于扬长避短，他对天文知识所知无多，于所不知盖付阙如，慎引前说而不言己见。故清人沈钦韩《汉书疏证》卷一"颜师古注"条下谓："今师古亦标专注。而天文地理，非孟康、臣瓒无以发明；典章风俗，非应劭、如淳不能宣究。"所言合乎颜注音切数据分布的实际情况。

由卷次所注音切的数据分布，既能看出颜注音切随文施注、因需而注的特点，还能看出颜师古施注时重在字词音义而扬长避短的审慎态度。

三、颜注音切术语的数据分布及其涵义

颜注 13593 次音切中，有反切 6440 次，占总数的 47.4%；音读（音、读、合韵等）5787 次，占 42.6%；异文 1366 次，占 10%。《汉书注》用"音"、"读"、反切等术语所注音

切的语音系统及其特点，有待撰专文分别研究，这里主要讨论其施注形式及其数据分布的涵义与功用。

在唐代，反切早已成为通用的注音方法，用反切编成的韵书（如成书于隋仁寿元年601的《切韵》等）早已广泛使用，而颜师古给《汉书》注音却只用了不足总数一半的反切，说明随文施注的音义书与韵书的性质不同。音义书注音辨音是为了释义定义，被注释的词是由汉字来书写的，注音释义往往与字形有多种多样的关系，反切是用两个汉字来标示被注字的语音要素（声韵调）而与字形无直接关系，异文有字形之间形音义的对应关系自不待言，音（直音）、读（读曰、读为等）与被注字也常有形音义上的种种关系，故颜氏《汉书注》中半数以上用音读、异文来注音辨音是字词文意解释的需要，是音义书的性质所决定的。

《汉书注》成于颜师古一人之手，颜氏又是语言学素养高且系统意识很强的学者，故其音注术语的使用总体上呈规律性分布。除标明引用前人930次音切多保留各家特点外，颜注的音切术语分布前后一贯，整体性、统一性和系统性都相当明显。

1. 全用反切的

有为难僻字注音的，如"曹、酇"同注"莫风反"，"蒙、濛"同注"莫孔反"，"蘘、瀼、攘"同注"人羊反"，"卨、偰、絏、緤、褻"同注"先列反"，"悖"全13次注"布内反"，"诋"全17次注"丁礼反"，"窋"全4次注"竹（张）出（律）反"，"肸"除引苏林1次"音墅涂之墅"外其余4次全注"许乙反"。

全注反切更多更集中的，是标示音变构词的别义异读。如"行"除1次引苏林"音行酒之行"外120次全注反切，下（胡）郎反17、下刚反4、下（胡）更反90、下孟反2、下浪反7，中古"行"有4读表示4义：《广韵》胡郎切匣母唐韵平声为"道路、行列"义，即师古下（胡）郎（刚）反；《广韵》户庚切匣母庚韵平声为"行走、运行"义，即师古下（胡）更反；《广韵》下更切匣母映韵去声为"事务、行迹"义，即师古下孟反，很少用；《集韵》下浪切匣母宕韵去声为"刚强貌"，即师古下浪反，也少见。"属"除1次引李奇"音鹜"和1次"读如本字"外，123次全注"之欲反"，《广韵》市欲切禅母烛韵入声浊声母为"类别、归属"义，即颜注本字读；《广韵》之欲切章母烛韵入声清声母是破读"连接、嘱咐"义。"下"除1次引苏林"音下书之下"外33次全注"胡嫁（亚）反"，《广韵》"下"有胡雅切匣母马韵上声表方位名词，变调胡驾切匣母祃韵去声表动词，师古本义上声均不出注，变调破读去声的都注胡嫁（亚）反以别义。"喜"全注34次许吏（既）反去声表动词区别于上声形容词。"张"全注12次竹亮反去声表"涨大"义区别于平声"张开"义。"倚"全注28次于绮反上声表通用的"依仗"义区别于去声具体的"凭靠"义。"雨"全注21次于具反去声表动词义区别于上声名词义。

这样的系统性可用于音切的校勘，如"远"注21次"于万反"，去声动词义区别于上声形容词义，却还有一次注"於万反"（《郊祀志》），"远、于"为云母、"於"为影母，这一次应该是后人传刻时的讹误。

2. 全用音读的

"音某"首先是给难僻字注直音以便直观地认读，如地名"鄐"全11次注"音吾、（又）音鱼"，"歙"除1次"即翕字"1次"音摄"外12次全注"音翕"，"俞"除2次地名注"音输"外12次都注"音踰"，既作地名又作动词的"浚"全8次注"音峻"。

全注直音也有辨析音变构词破读的，如"走"注 1 次"读如本字"其余 26 次全注"音奏"，《广韵》子苟切精母厚韵上声为本读"疾趋曰走"的具体动作义，《广韵》则候切精母候韵去声即"音奏"为破读"奔赴、逃跑、背离、流失"等泛动作义，属"上-去"变调构词的典型例证，可见当时音义有分，后来才逐渐界线不明的。

"读"多是说明字形间的音义关系的，颜注在 334 个字头下标注"读"2303 次："读与某同"279 次、"读曰"1930、"读如"6、"读为"14、"读作"3、"读"2、"读为（曰）某某之某"9、"读如字"3、"读如本字"49、"依本字读"5、"旧读"1、"流俗读之"1、"呼之"1，其音读内容已撰专文细致考辨，此处只列其形式上的基本类型。"颂"注异文"古者颂与容同"1 次说明颂是"容貌"义的本字，故字形从页（人头），再注"读曰容"5 次、"读与容同"1 次，未见直音与反切，此类"读"偏重集中说明字形关系。"卒"有 2 次版本异文，注 2 次"千忽反"示"猝"音，余 33 次全注"读曰猝"，表示名词"士卒"的本读不出注，所注皆为副词"猝然"义，"卒-猝"在此义上形成古今字，此类偏重于说明派生词的形音义在历时发展中的联系。"召"全 33 次注"读曰邵"，含 1 次"读邵"（《王莽传》）疑脱"曰"字，《广韵》直照切澄母笑韵去声即动词"召唤、招致"，又寔照切禅母笑韵去声为古邑名、封号而字同"邵"，此类偏重于说明专名用字的历时渊源关系。"亡"全 7 次注"读曰无"，只注作否定副词的音，此类偏重说明派生音变构词在字形借用上的关系。其它如"虚"全 11 次注"读曰墟"（虚-墟）、"竟"全 19 次注"读曰境"（竟-境）、"风"全 51 次注"读曰讽"（风-讽）等，都含有派生音变构词所形成的古今字关系。

3. 全是异文的

"蚤"注 1 次"音早"，1 次说明"古以为早晚字也"，余 20 次皆注"古早字"，是明同音假借的异文。"颛"注 1 次"上专切"是人名，注 4 次"读与专同"示音，余 38 次皆注"与专同"，也是指出古人常借颛代专门之专。"驱"注 2 次"音驱（区）"，1 次说明"读与驱同"，余 26 次全注"与驱同"，是指明从支从马之义符不同的异体字。"厃"全 12 次注"古侧字"，《说文·厂部》"厃，侧倾也"，在"侧身倾斜"义上"厃-侧"为古今字。这些看起来只注异文，实际上形音义一起辨析了。颜注异文 1366 次所含的音义内容也有专文讨论。

4. 多种注音方式配合使用又各有分工

"女"注"读曰汝"8 次、"尼据反"3 次，是"读"与反切配用。《广韵》尼吕切娘母语韵上声是名词"女人"义，尼据切娘母御韵去声是动词"以女嫁人"义，《集韵》忍与切日母语韵上声是第二人称代词义。师古本读不出注，注反切专表动词破读义，注"读"专表代词义且示字形（女-汝）之关系。

"令"共注 23 次：古县名"令居"引孟康"音连"1 次、注"音零"10 次"音铃"3 次、反切"力成反"5 次"力征反"1 次"郎定反"2 次、地名"丁令"注"与零同"1 次。《广韵》"令"力政切来母劲韵去声为"发令、命令、时令"义师古不出注，郎丁切来母青韵平声多表名词"教令、使令、脊令鸟"等义师古注"力成反、力征反"（青、清两韵通用），如"臣非为长君无使令于前"（《贾邹枚路传》）；而表地名的"居令、丁令"则注"音零、音铃"（来母青韵平声）、"令支"注"郎定反"（来母径韵去声，劲、径两韵通用）以专指，还有 1 例地名"丁令"注异文"与零同"是说也可写作"丁零"。可见师古很用心地用不同的注音方式来明确区分复杂多样的音变构词和专名音变内容。

"横"注"音光"3次、"胡孟反"23次，是直音与反切配用，《广韵》户盲切匣母庚韵平声是本读"门栏、横向"义，户孟切匣母映韵去声即师古"胡孟反"是派生的"横暴、意外、枉曲"义，古黄切见母唐韵平声即师古"音光"是长安城门专名，师古未给本读注音，注"胡孟反"是区别"平-去"变调构词，注直音"音光"是含"清（见）-浊（匣）"变声和"庚-唐"变韵的专名音变。"衡"1次注"音横"、1次异文"即横耳"，标明"横、衡"本通用。

"辑"注"音集"1次，异文"与集同"33次，"读与楫同"1次、"字本从木，其音同耳"1次（即字当作楫）、"辑、楫与集三字并同"1次；"楫"注"音集"4次、"又音接"1次、"当作辑"1次。《广韵》"辑、楫、集"均秦入切从母缉韵入声，"楫又音接"为即叶切精母叶韵入声。"辑"本是车舆而字形从车，"楫"本是木舟而字形从木，但《汉书》"辑、楫"多用为"集"而有"集中、和安"义，如"统楫群元"（《公孙弘卜式儿宽传》）、"辑江淮物"（《武帝纪》）、"和辑士卒"（《爰盎鼂错传》）等。由于三字音同，师古主要用标示异文的方式来明音义，只用少数直音以明同音关系，完全不用反切。有"楫又音接"1次，可能曾尝试过"清（精）-浊（从）"变声和"缉韵入声"的"楫-叶"变韵构词，但后来未通行。

"閒"注"音闲"1次、"即闲字也"1次、"读曰闲"21次，"間"注"居（工）苋切"30次、"作简"1次。《广韵》"閒"古苋切见母裥韵去声为"空隙、间隔"义而师古未作注，居闲切见母山韵平声有"中间、近来"义亦未作注，而《集韵》何间切匣母山韵平声为"阔大、空闲、清闲"义师古全作注21次，如"职閒无事"（《杜周传》）、"雍容閒雅"（《司马相如传》）等。"間"《类编》居闲切见母山韵平声"中间、近来"义与"閒"的第二读同而师古未作注，《广韵》居苋切见母裥韵去声"空隙、间隔"义注30次，如"使为反間"（《薛宣朱博传》）、"間以河山"（《西域传》）等，又《类编》贾限切见母产韵上声为地名或作"简"。而"闲"字师古无注，《广韵》本读户间切匣母山韵平声为"牛马栏、限制"义，后通閒而表"空闲、清闲"义，此用上古少见而唐代多见，如王勃《滕王阁》诗"闲云潭影日悠悠"即是。师古注"閒"为"音闲、读曰闲、即闲字"以字形明"清（见）-浊（匣）"变声和"平-去"变调的音变构词，而注"閒"为"居苋切"则是以反切来标示与"閒"的去声一义相同，汉人"閒、間"混用，师古用异文来表示"用閒为閒"，而用反切来表示"用間为閒"。

这类术语的配合使用而有各有分工，能清楚地看出师古在使用注音术语时用心良苦，很好地兼顾了术语的表达力与区别力，有很强的系统性，思路清楚，条理明晰。

四、颜注"合韵"的音切及其特性与作用

颜氏《汉书注》在60个字头下注"合韵"73条：信6条，震3条，患、茂、享、饗、意各2条，豺、躇、触、创、对、废、顾、国、翰、阆、济、矫、境、静、旧、居、举、亢、來、览、靡、敏、茂、谟、墓、甯、娸、庆、丧、杀、挺、嬗、伤、逝、狩、司、嗣、望、闻、西、喜、序、学、易、蝇、酱、虞、渔、围、欲、葬、正、追、缁各1条。其中"合韵"71条，"协韵"2条，师古可能是避其曾祖父名协（字子和）之讳，改六朝以来流行的"协韵"为"合韵"。"协韵"2条为"顾读如古，协韵"、"览，视也，协韵音

滥",都出《韦贤传》,当是后人刻写之误,师古不会独于此篇用"协韵"而不避讳。

从分布上看,这73条"合韵"只出在11篇中出现:《叙传》30条,《礼乐志》11,《扬雄传》10、《贾谊传》6、《司马相如传》4、《韦贤传》4、《外戚传》3、《赵充国辛庆忌传》2、《五行志》《酷吏传》《武五子传》各1。《叙传》多韵文,且《叙传下》是对高祖以下各纪、表、志、传所作的四言韵语赞辞,自然求韵读谐和而多言合韵。《礼乐志》的礼、乐多用诗句、韵文来表现,故言合韵者必多,如"嘉荐芳矣,告灵飨矣;告灵既飨,德音孔臧。师古曰:飨字合韵皆音乡","芳、飨、臧"都应押平声韵,故飨(上声)合韵音乡(平声)。扬雄、贾谊、司马相如传中引录各自大赋的全文,赋重视押韵,言合韵处也就多。其余的只是偶有引用韵文之处,言合韵处也就不多。

颜师古的祖父颜之推在《颜氏家训·音辞篇》中谓"吾家儿女,虽在孩稚,便渐督正之,一言讹替,以为己罪也",师古就是直接受过这种严格"督正"训练的人之一。颜之推《音辞篇》"古语与今语殊别"、"虽依古读,不可行于今也"等语对师古影响很大,故他总是以维护读书音的"雅正"为己任,所撰《匡谬正俗》主要就是匡音读之俗误而求其雅正,《汉书注》也如此,如《地理志》"县十四:长子,周史辛甲所封",师古曰:"长读曰长短之长,今俗为长幼之长,非也",就是典型的匡俗音为雅正之读的例子。师古是有"古音"意识的,如《汉书·武帝纪》"初作便门桥",师古曰:"便门,长安城北面西头门,即平门也,古者平、便皆同音",明谓"平、便"古音同而今音有别。《尚书·尧典》"平章百姓"《史记·五帝纪》作"便章百姓",可证师古之说不误。也有师古直言"古音"的例子:

(10)《高帝纪》"问其次,曰:王陵可,然少戆",师古曰:"戆,愚也,古音下绀反,今则竹巷反。"

(11)《张耳陈馀传》"斩馀泜水上",师古曰:"苏(林)音祇敬之祇,音执夷反,古音如是。"

师古认识到读音有古今变化,在"韵文押韵必严"的前提下用"合韵"术语来推定、沟通古今音读的不同,张文轩(1987)称之为"以韵求音"法。不过,师古的"合韵"主要针对《汉书》中汉代人所写的韵文而言,与徐邈、沈重等人"取韵、协句、协韵"多言先秦《诗》等韵文不同,即他的"古音"主要是指汉代人的读音,"今音"则是指唐代的读书音,是时音中的雅正音读而不是"今俗"之呼(读)。师古认定《汉书》中的韵文押韵是严密而规范的,用他当时雅正的读书音读来不谐和者,便用"合韵"作解释或说明:

(12)《礼乐志》"象载瑜,白集西;食甘露,饮荣泉",师古曰:"象载,象舆也。山出象舆,瑞应车也。瑜,美貌也。言此瑞车瑜然色白而出西方也。西,合韵音先。"

(13)《叙传》"宣之四子,淮阳聪敏;舅氏蘧蒢,几陷大理",师古曰:"敏,疾也,合韵音美。"

(14)《叙传》"孝武六子,昭齐亡嗣。燕刺谋逆,广陵祝诅。师古曰:"嗣,合韵音祚。"

(15)《五行志》"记曰:不当华而华,易大夫。不当实而实,易相室",师古曰:"相室犹言相国,谓宰相也。合韵故言相室。相室者,相王室。"

例（12）"西"《广韵》先稽切平声齐韵，要与后面平声仙韵的"泉"押韵，师古谓"西，合韵音先"，唐代平声"先仙"二韵同用。例（13）"敏"《广韵》眉殒切上声轸韵，要与后面上声止韵的"泉理"押韵，师古谓"敏，合韵音美"，"美"为上声旨韵，唐代上声旨、止二韵同用。例（14）"嗣"《广韵》祥吏切去声志韵，要与后面去声御韵的"诅"押韵，师古谓"嗣，合韵音祚"，"祚"为去声暮韵，唐代去声遇、暮二韵同用而与御韵为邻近韵通用。例（15）相国之"国"《广韵》古或切入声德韵，要与前面入声质韵的"实"联内押韵，师古谓"相国，合韵故言相室"，"室"《广韵》式质切入声质韵。

通观师古 73 条合韵，当分为两大类：一类是"同声调合韵"，是同一声调内邻近韵的变读，上引 4 条正好是这种同声调合韵的平、上、去、入各一例；二是"异声调合韵"，是同一韵部内不同声调的变读，余下 69 条都是异声调合韵：

（16）《叙传》"叔孙奉常，与时抑扬，税介免胄，礼义是创"，师古曰："创，合韵音初良反。"

（17）《礼乐志》"璆磬金鼓，灵其有喜；百官济济，各敬厥事"，师古曰："喜，合韵音许吏反。"

（18）《叙传》"开国承家，有法有制；家不臧甲，国不专杀"，师古曰："杀，合韵音所例反。"

（19）《叙传》"贾生矫矫，弱冠登朝"，师古曰："矫矫，高举之貌也，合韵音骄。"

（20）《礼乐志》"专精厉意逝九阂，纷云六幕浮大海"，师古曰："阂，合韵音改，又音亥。"

例（16）"创"《广韵》初亮切去声漾韵，与前面平声阳韵的"扬"押韵，故合韵读"初良反"平声阳韵。"平-去"合韵的还有 36 条：《叙传》"营音咏，合韵音荣"（庚-映）、"谟，谋也，合韵音慕"（模-暮）、"墓，合韵音谟"（模-暮）、"庆合韵音卿"（庚-映）、"济合韵音子齐反"（齐-霁）、"正，合韵音征"（清-劲）、"信合韵音新"5条（真-震）、"震合韵音之人反"2条（真-震）、"娸音欺，合韵音丘吏反"（之-志）、"司合韵音先寺反"（之-志），《礼乐志》"宁合韵音宁"（青-径）、"望，合韵音亡"（阳-漾），《扬雄传》"虞与娱同，合韵音牛具反"（庚-映）、"翰合韵音韩"（寒-瀚）、"患合韵音胡关反"（删-谏）、"渔合韵音牛助反"（鱼-御），《司马相如传》"来合韵音郎代反"（咍-代）、"豻合韵音五安反"（翰-寒）、"埏，本音延，合韵音弋战反"（仙-线）、"嬗合韵故音婵"（仙-线）、"追合韵音竹遂反"（脂-至），《贾谊传》"患合韵音环"（删-谏）、"丧合韵音先郎反"（唐-宕），《外戚传》"伤合韵音式向反"（阳-漾）、"躇合韵音丈预反"（鱼-御）、"信合韵音新"（真-震），《赵充国辛庆忌传》"亢合韵音康"（唐-宕）、"震合韵音真"（真-震），《酷吏传》"葬字合韵音子郎反"（唐-宕），《韦贤传》"闻合韵音问"（文-问）、"居合韵音基庶反"（鱼-御）。

例（17）"喜"《广韵》虚里切上声止韵，与后面去声志韵的"事"押韵，故合韵读"许吏反"去声志韵。"上-去"合韵的还有 13 条：《叙传》"境合韵音竟"（梗-映）、"茂合韵音莫口反"2条（厚-候）、"旧合韵音臼"（有-宥）、"狩合韵音守"（有-宥）、

"序合韵音似豫反"（语-御）、"圉合韵音御"（语-御），《礼乐志》"靡合韵音武义反"（纸-寘），《扬雄传》"静合韵音才性反"（静-劲）、"举合韵音居御反"（语-御）、"靡合韵音武义反"（纸-寘），《韦贤传》"览，协韵音滥"（敢-阚）、"顾读如古，协韵"（姥-暮）。

例（18）"杀"《广韵》所八切入声黠韵，与前面去声祭韵的"制"押韵，故合韵读"所例反"去声祭韵。"入-去"合韵的还有 9 条：《叙传》"对合韵音丁忽反"（没-对）、"学合韵音下教反"（觉-效），《礼乐志》"废合韵音发"（月-废），《扬雄传》"触合韵音昌树反"（烛-遇）、"易合韵音弋赤反"（昔-寘）、"欲合韵音弋树反"（烛-遇），《贾谊传》"意字合韵宜音亿"（职-志）、"意合韵音于力反"（职-志），《武五子传》"逝合韵音上列反"（薛-祭）。

例（19）"矫"《广韵》居夭切上声小韵，与后面平声宵韵"朝"押韵，故合韵读"骄"平声宵韵。"平-上"合韵的还有 6 条：《礼乐志》"享合韵音乡"（阳-养）、"享字合韵宜音乡"（阳-养）、"飨字合韵皆音乡"（阳-养）、"飨合韵音乡"（阳-养）、《叙传》"缁合韵音侧仕反"（之-止），《贾谊传》"蝇字与蚓同音引，今合韵当音弋人反"（真-轸）。

例（20）"阂"《集韵》纥则切入声德韵，与后面上声海韵的"海"押韵，故合韵读"改"上声海韵（入-上，德-海）。

师古《汉书注》73 条"合韵"，同声调合韵只有 4 条，异声调合韵 69 条："平-去" 37、"上-去" 14、"入-去" 10、"平-上" 7、"入-上" 1。异声调合韵的占总量 95%，其中平、上、入三声与去声合韵的 61 条占异声调合韵总量的 88.4%。《经典释文》去声变换占音变构词总量的 65.4%、变调构词总量的 92.7%，《群经音辨》去声变换占变调构词总量的 88%（参见万献初 2004a，338；2004b，123）。

师古"合韵"中，有一些字在唐以前已有两读。有的是已存于韵书的别义破读或同义破读，以破读去声为多：如"喜"《广韵》已有上声止韵虚里切表动词"喜乐"义、去声志韵许记切表形容词"好"义（后作憙）两读；"来"《广韵》已有平声哈韵落哀切表"至、及"义、去声代韵洛代切表"劝勉"义（后作徕）两读；"闻"《广韵》已有平声文韵无分切表"知声"义、去声问韵亡运切表"叩问"义（亦作问）两读；"易"《广韵》已有入声昔韵羊益切表"变易"义、去声寘韵以豉切表"难易"义两读；"望"《广韵》已有平声阳韵武方切、去声漾韵巫放切两读；"翰"《广韵》已有平声寒韵胡安切、去声翰韵侯旰切两读；"豻"《广韵》已有平声寒韵俄寒切、去声翰韵五旰切两读等。有的是见于《经典释文》等音义书的又（一）音或破读：如"废"《诗·小雅·四月》"废为残贼"释文"废，如字，状也，一音发"；"创"《礼记·曲礼》"头有创则沐"释文"创，初良反，又初亮反"；"正"《周礼·夏官·司勋》"唯力田无国正"释文"正，音正，注同，本亦作征"；"竟"《诗·小雅·车攻》"复文武之竟土"释文"竟，音正境"；"守"《诗·周颂·时迈》序郑玄笺"周则十二岁一巡守"释文"守，手又反，或本作狩"；"举"《礼记·儒行》"其任举有如此者"释文"举，如字，徐（邈）音据"；"学"《礼记·学记》"学学半"释文"学学，上胡教反，下如字"；"丧"《礼记·檀弓上》"子夏丧其子而丧其明"释文"丧，息浪反"又"子上之母死而不丧"释文"丧，如字"；"渔"《淮南子·原道》"期年而渔者争处湍濑"高诱注"渔音告语"（《广韵》"语"读去声牛倨切）等。仅有 2 条见于《经典释文》所载前人的"协韵"：《诗·邶风·日月》"宁不我顾"释文"我顾，本又作顾，如字，徐音古，此亦协韵也"；《诗·周南·何彼襛矣》"王姬之车"释文"之车，协韵尺奢反，又音居。或云：古读华为敷，与居为韵"。

73 条合韵中，反切 36 条，"音" 37 条。用"音"标合韵有显示字形间多种联系的作用，如其中就有 16 条是谐声关系："意字合韵宜音億"为"意-億"、鄉-響 2、發-廢、矯-驕、竟-境、臼-舊、墓-謨、謨-慕、甯-寧、營-榮、守-狩、亡-望、問-聞、正-征、覽-濫。至少也是段玉裁"古同谐声必同韵部"在唐代已有朦胧意识的体现。"正-征、守-狩、竟-境、發-廢"等，一望可知是词义派生分化推动音变（音变构词，主要是变调构词）再形成古今字的，只是比上面的"喜-憙、来-徠、闻-问"更常见常用些而已。

通过对颜注 73 条"合韵"作多角度的分析与观察，我们对与之相关的一些语言问题有更为深入的认识，可以补正前人研究上的不足乃至误区：

1）师古有"古音"观念，有古今音变的意识，其"合韵"多用已然并存于当时读书音系统中的声调破读，以六朝以来的变调构词为音读依据，有些还是变调形成的同谐声偏旁的古今字，虽承用了徐邈的个别协韵音读，但绝大多数是汉代的韵文读音，与徐邈、沈重等人为《毛诗》等周秦韵文"改字为读"的"取韵、协句"有所不同，也与宋以后朱熹等以今律古"随意改叶"的"叶韵"性质完全不同，所以马重奇（1989）批评师古的合韵是"用自己的音来读古音"的"随意改读"，是有误解的。

2）师古具有很强的"雅正"语言观念，他注合韵，一是严格韵读，显示了汉人异调押韵多而唐人必须严格按同调押韵的现象；二是"以韵求音"，确定多音字在《汉书》韵文中的语境音读。浩浩《汉书》中古韵文今读不合韵者甚多，师古并不一一改读使合今韵，而只为 60 个字头注"合韵"73 次，选择的都是已然有异读的多音字，少部分源于前人的韵书、音义书，只用了极个别的前人协韵之读，大多数都是唐代当时的读书音，所以师古的"合韵"与其说是"正韵"不如说是"正读"，实际上是在做规范读书音的正音工作。

3）去声变读合韵占异声调合韵总量的 88.4%，与《经典释文》略相当，证明去声后出，段玉裁"去声备于魏晋"之说又有了新佐证。反之，师古为数不多的"合韵"中绝大部分是辨别去声韵读的，这也给"古有四声"说者以启发，如坚持上古四声完备的江有诰在其音学十书之《唐韵四声正·石臞先生复书》中证明"古有四声"的 15 个例证中就有师古《汉书注》合韵的 9 个：信、震、患、享、響、狩、静、居、喜。

4）从合韵字的语音地位分析、比较可以看出，师古分韵、分声调与《切韵》《广韵》大体相合，用韵与唐初许敬宗等所标《切韵》韵目的"同用、独用"基本相合，这说明《切韵》音系与初唐读书音在应用层面上是基本相合的。

参考文献：

（唐）颜师古：《汉书注》，《汉书》中华书局点校本 1997。
（唐）陆德明：《经典释文》，中华书局据通志堂本影印 1983。
马重奇（1989）《颜师古〈汉书注〉中的"合韵音"浅论》，《福建师范大学学报》第 1 期。
万献初（2004a）《经典释文音切类目研究》，商务印书馆。
——（2004b）《汉语构词论》，湖北人民出版社。
张金霞（2003）《颜师古的古音学》，《古汉语研究》第 2 期。
张文轩（1987）《颜师古的"合韵"和他的古音学》，《兰州大学学报》第 4 期。

论音义结合之相对有理性[*]

——传统语言起源观补正

扬州大学　张其昀

提要：语言起源于声音模拟。不仅是在西方，在我国远古时期对拟声造词即有了初步认识。古代学者许慎、戴侗，近代学者章太炎、刘师培、黄侃等人对此都有所阐释。音义结合，并非出于偶然。词之得名，是在拟声基础上约定俗成的结果，是相对有理性的。就传统语言起源观加以补正，并参酌西方学说，我们就能从理论上正确解决语言起源问题。

关键词：语言起源　声音模拟　传统语言起源观　约定俗成

一

　　语言是怎样起源的？在西方，古希腊哲学家为了解决这个问题而提出了"拟声说"和"感叹说"。拟声说是由芝诺（Zeno，前333—前261）所创建的哲学派别之一的斯多葛学派（The Stoics）提出的，它认为语言起源于人类对自然界各种声音的模拟。感叹说是由伊壁鸠鲁（Epicuros，前341—前270）建立的，它认为语言起源于人类抒发感情而发出的声音。二说皆在一定程度上揭示出语言起源的真谛。

　　语言的本质因素在于音、义及其关系，或者说，在于承载了意义的声音。语言起源问题实质是词的发生问题。那么，词是如何发生的？或者说，何以用某音表示某义而造成一个词？其音义结合是不是有理性的？词发生于声音模拟，因而可以说：语言即起源于拟声，声音为意义之本源。拟声造词，这是语言起源首要和基础的内容。

　　拟声造词，这首先非常显著地表现于动物之命名——即动物名词之产生。《圣经·旧约全书·创世纪》第二章说：对于一切牲畜、野地各种走兽、空中各种飞鸟，人是根据其叫声来给它们命名的[1]。不仅在西方，我国也早具此知识。这方面最早而又最充分的文字记载出于《山海经》。例如其中关于精卫鸟的记载：

　　　　又北二百里，曰发鸠之山，其上多柘木；有鸟焉……其鸣自詨。（卷三《北山经》）

"其鸣自詨"，是说它的叫声就是呼叫自己，实质表示人们是模拟该鸟的叫声来给它命名的。再如：有鸟曰鹈、曰瞿如，"其鸣自号"（卷一《南山经》）。有鸟曰凫徯、曰毕方，"其鸣自叫"（卷二《西山经》）。有兽曰孟极、曰幽鴳，"其鸣自呼"；有兽曰天马，"其鸣自訆"；有兽曰领胡，"其鸣自詨"（卷三《北山经》）。有兽曰虫虫，"其鸣自詨"；有兽曰䍐䍐、曰朱獳，有鱼曰鮯鮯，"其鸣自叫"（卷四《东山经》）。有鸟曰青耕，"其鸣自叫"（卷五《中

---

[*] 本文初稿曾以同名在中国人民大学等高校作过讲座，今作了局部修正。

[1] 中国基督教协会等译，金陵刻印社，未标年月，第2页下栏。大意。

山经》)。前所举精卫鸟，据该文，乃"炎帝之少女"所化。若透过其神话外衣，只注意到在炎帝时期该鸟即有此"自詨"式名称，则在距今约五千年前的远古炎黄时期，先民们即已知晓动物是以鸣声命名的。当然，炎黄时期之事迹难以稽考，此说法或未可信。但是，《山海经》所于成书之时期至晚是战国，因而我们可以毋庸置疑地说，至晚战国时期，我国先民对动物名词之如何产生已具理性认识，我国的拟声说即由此而发其端。

模拟其鸣叫之声以给动物命名，这在其他传世典籍记载中也续有反映。比如：《尔雅·释鸟》之以"鳦"为燕名，"燕""鳦"音近，均象燕音。汉人许慎《说文·乙部》："乙，玄鸟也。齐鲁谓之乙，取其鸣自呼。鳦，乙或从鸟。"汉末曹植《恶鸟论》云："伯劳以五月鸣……其声鵙鵙，故以其音名之。"（唐孔颖达《诗经·豳风·七月》"七月鸣鵙"正义引）晋郭璞注《尔雅》，于这个命名之道也有明确揭示，比如《释鸟》篇"鶌鸠，鶻鶋"注曰："小黑鸟，鸣自呼。"再比如，鹧鸪何以得名？《古今注》谓"其鸣自呼"，《南越志》谓"其鸣自号"。（均见唐段公路《北户录》卷一）《诗经·小雅·常棣》"脊令在原"，"脊令"者，孔颖达正义仅谓为水鸟之名；后来宋人陆佃《埤雅》指出："其鸣自呼。"（卷九）明李时珍《本草纲目·伤寒热病·瘟疫》载有"果然肉"（卷三上），作为兽名的"果然"在宋人罗愿《尔雅翼》中释为："蝯（猿）类也……其鸣自呼。"（二字皆写作从犬。卷二十）

象声词（又称"拟声词"）之内涵即是模拟声音，训诂家通常以"某声"的训诂形式揭其源。《诗经》首篇《周南·关雎》首句"关关雎鸠"，"关关"即是象声词；毛传曰："关关，和声也。"意谓其为雎鸠和鸣之声。《小雅·伐木》"伐木丁丁"，"丁丁"也是象声词；毛传曰："丁丁，伐木声也。"感叹词，在"感叹说"那里，就是感叹的声音。其实，更妥帖的说法是：感叹词是由模拟感叹的声音形成的。从这个意义上说，感叹词也是象声词，"感叹说"属于"拟声说"。《小尔雅·广言》："嗟，发声也。""发声"即指发感叹之声，意谓"嗟"就是感叹所发声音的模拟。《尚书·费誓》："公曰：'嗟！人无哗，听命！'"伪孔传："伯禽为方伯，监七百里内之诸侯，帅之以征，叹而敕之，使无喧哗，欲其静听誓命。"

对声音的模拟可用以指发出其声音之行为，若所模拟的是感叹声音则可用以指感叹之行为，这就是动词。行为，就是"事"。战国早期的子思（孔子之孙）有语曰："事自名也，声自呼也。"汉末人徐幹论君子修德当求己而不求诸人，即引此语（见《中论》卷上）。徐氏意谓，君子立其德名之关键在于自身，恰如万事万物得名之因于自身。子思所谓"声自呼"显然是说的动物"其鸣自詨"之类，而"事自名"则是说的行为命名——亦即动词——之根源在于其行为所发出的声音。"声自呼"类命名渊源久远，"事自名"类命名同样起自远古。人所熟知，殷商时代大行其事的占卜，远在新石器时代即已发明；那个动词"卜"字，乃模拟卜事时灼龟爆裂之声而命名（其字形也即象龟甲裂纹之形）。

以行为声音的模拟来指其行为，对此最早通过实例予以揭示的，也是《说文》。比如：

呹：欢声也。《诗》曰："载号载呹。"（《口部》）
嗾：使犬声也。《春秋传》曰："公嗾夫獒。"（同上）

前例，"呹"是"欢声"之模拟，引文中即指"欢"之行为；后例，"嗾"是"使犬声"之模拟，引文中即指"使犬"之行为。这是拟声而造动词，我国先贤的揭示，远在西人之前。

许慎之后，古代学者中，对于词的音义关系有着比较系统而理智的认识者，可以宋末元初戴侗为代表。他在《六书故》中说：

> 哕：气平虚呕也。哇、呕、哕、喀、咯，各象其声。（卷十一）

这里以"象其声"明确地指出五个动词即发生于对五种不同声音的模拟。

古希腊哲学家苏格拉底（Socratēs，前469—前399）曾认为：

> 希腊语某些音有颤感（shaking 或 quivering），某些音有穿透性（penetrating），还有某些音令人感觉到一种动态（articulational movement）[1]。

就是说语音自身能象征性地表示意念，而这正是拟声造词的本质反映。某种客观声音可能给人以某种主观感觉，模拟客观声音的语音可以触发人的那种感觉，这就是语音的象征性。

关于语音的象征性，戴侗也作了比较充分的揭示。《六书故》指出："声与文虽出于人，亦各其自然之征也。"（《六书通释》）其所谓"文"之"自然之征"是说的象自然之形以造字（象形字），而"声"之"自然之征"就是说的语音的象征性。比如：

> 昆：又为昆仑。浑厚之象也，义取其声。西方之山。隤然浑敦，故谓之昆仑。（卷二）

这是说，"昆仑"之语音，可使人感觉到浑厚的气象，故以之命名西方那座气象浑厚的大山。

《六书故》中更把一些语音接近而有微别的同义词（包括名词、动词等）之间的意义差别与其语音上的差别对应起来——以"如其声"一语表示之，即认为语音差别可象征性地表示意义差别。其语音上的差别主要包括"轻重"，大致是指韵母的洪细（以洪为重，细为轻）以及声母发音力度的大小（以大为重，小为轻）等方面的差别。比如：

> 欿：歉之甚也。歉、欿二字之轻重如其声。（卷八）
> 杪：标之眇（昀按：通作"渺"）也。梢、标、杪之差如其声。（卷二十一）
> 刷：刷近乎刮。（刷、刮二字之）轻重如其声。（卷二十九）

这里，前例是说"欿""歉"都是"不足"的意思，但其"不足"轻重程度有别："欿"重于"歉"；与之相应，其韵母洪细有别（欿为开口一等，歉为开口四等，欿洪歉细）。后例是说"刷""刮"动作近似，但动作之轻重有别："刮"重于"刷"；与之相应，其声母发音力度有别（刮为爆破音见母，刷为擦音山母，发音力度刮大而刷小）。中例是说"杪""标""梢"都有"渺小"的内涵，但有程度之别："标"略大于"杪"，而"梢"又略大于"标"；这既与其韵母洪细有别（梢为开口二等，标、杪皆为开口三等，梢洪而标、杪细）相应，又与其声母发音力度有别（标为爆破音帮母，杪为鼻音明母，发音力度标大而杪小）相应。再比如，"敲""敂""攻"亦为同义词，《六书故》谓之"声义相通"，亦以"轻重如其声"指出其意义有别（卷十五）。至后来明方以智《通雅》列出这三个词，谓之"声义相因"，亦并谓之"轻重如其声"（卷一）。"攻""敂"为开口一等，而"敲"为开口二等，与之相

---

[1] 转引自朱文俊《人类语言学论题研究》，北京语言文化大学出版社，2000年，第32页。"sound symbolism"译作"声音的象征主义"或"声音的象征意念"。

应,"攷""敂"动作重于"敲";而"攷"韵腹之开口度又大于"敂",与之相应,"攷"动作又重于"敂"。

清代学者具拟声造词之意识,主张拟声是造词理据的亦有其人。程瑶田《果臝转语记》称:"余以为形貌中皆有声寓之。"[1]大意谓摹状("形貌"即谓"状")之词亦源自拟声(详下)。张行孚《说文发疑》有一篇专论拟声造词(作者如通例,谓"词"为"字"),名其篇曰《字音每象物声》,篇中列举"牛、羊、豕、鸟、乌"等字音皆象其鸣叫之声[2]。

值得注意的是,前面提到"洪细""等呼"都是音韵学描写语音的术语。音韵学所赖以建立的是文献语言。文献——包括所谓"上古期"文献——之产生不过只有两三千年的历史,离开数以十计的多少万年以前的语言起源期已非常遥远。人们运用已经取得的上古声韵的研究成果,可对上古字音进行声韵描写,甚至可进行音值的构拟,但是以之描写语言起源期的语音则未必可以。文献语言是无声语言,依之建立的音韵学不可能完全真实地还原语言起源期的语音。对"其鸣自詨"、"象物声"的动物名称进行音韵学描写,人们觉得有的描写得象,描写得贴切,有的描写得不象,描写得不贴切,其原因就在于此。文中涉及语言起源期的语音,或进行音韵学描写,描写得象和贴切的自不必说,描写得不象和不贴切的自有理性的分析和推测支持之。

二

如果说,在古代那漫长的历史时期,我们的先人对音义关系和拟声造词虽能发凡举例,然而毕竟视阈不宽;即便理论上有所阐述,也是比较模糊而不够深刻的话,那么,至近代,好些学者则都把眼光放宽,且进行了比较深刻而多面性的理论探讨。特别是著名学者章太炎(1869—1936)、刘师培(1884—1919)和黄侃(1886—1935),他们都作出了比较大的贡献。章为前辈,黄受业于章。黄与刘同辈而小两岁;刘凤慧早成,黄曾问学于刘。章、黄学术相通,世有"章黄"之称。刘之学术与章、黄亦颇接近,这在他们的语言起源观上尤有着鲜明印记。章氏对古人的观念有所继承和更张;而刘、黄后出转精,比章氏有所前进。特别是刘师培,思路开阔,睿识独到,把我国传统语言起源观朝着科学方向推进了一大步。

章太炎的语言起源观主要表现于下列一段话中:

> 语言者,不冯(凭)虚起。呼马而马,呼牛而牛,此必非恣意妄称也,诸言语皆有根……何以言雀?谓其音即足也;何以言鹊?谓其音错错也;何以言鸦?谓其音亚亚也;何以言雁?谓其音岸岸也;何以言驾鹅?谓其音加我也;何以言鹘鸼?谓其音磔格钩辀也:此皆以音为表者也。何以言马?马者,武也(原间注:古音马、武同在鱼部);何以言牛?牛者,事也(原间注:古音牛、事同在之部)……此皆以德为表者也。要之,以音为表,惟鸟为众;以德为表者,万物大抵皆是……以印度胜论之说仪之,实、德、业三,各不相离……一实之名,必与其德(相)若,与其业相丽。故物名必有由起。[3]

---

[1] 载《续修四库全书》,第191册,上海古籍出版社,未标年月,第520页下栏右片。
[2] 载《续修四库全书》,第227册,第639页下栏右片。大意。
[3] 见《语言缘起说》,载《国故论衡》,上海古籍出版社,2006年,第22页。

这里,"语言""言语"皆谓词;"根"即语根,谓词的声音根据,是原始的含有意义的声音。"语言者,不冯虚起","诸言语皆有根",大意是指:词的命名是有根据的,即语言的音与义的结合是有其理性的。这是章太炎语言起源观的核心。"以音为表"即谓拟声造词,是指雀、鹊、鸦、雁、鴐鹅、鹘鸼等鸟类根据其鸣叫声而命名,至确。"以德为表"是指马、牛等根据其品德(马,武也,谓有武象;牛,事也,段玉裁《说文注》谓:"能事其事也")而命名,这则是所举非其例:马、牛等与鸟类一样,命名本也是"以音为表"("马"象马鸣声;"牛"象牛鸣声,上举张行孚文已提及。"武""事"殆分别是"马""牛"的同源词)。命名真正属"以德为表"的,当是"日,实也"、"月,阙也"之类——"德"本亦源自"音",章氏见未及此(详下)。章氏借用古印度哲学胜论派(梵 Vaiśeṣika)之说,以"实""德""业"三者来指称概念类别;三者大致分别与名词、形容词、动词相对应。谓之"各不相离"、相"若"(指"适应")和相"丽"(指"依附"),是说三者是互相依存的关系。

刘师培的语言起源观主要表现在下列两段话中:

> 盖人声精者为言。既为斯意,即象斯意制斯音,而人意所宣之音即为字音之所本。例如:喜怒哀乐为人之情,惟乐无正字,喜怒哀三字之音即象喜怒哀所发之音(原间注:古怒字之音近武)。爱恶亦然。人当未睹未闻之物猝显于前,口所发音,多系侈声,夥颐诸音本之;人当事物不能偿欲,口所发音,多系敛声,鲜细诸音本之。推之食字之音,象啜羹之声(原间注:当音试);吐字之音,象吐哺之声。咳字之音验以喉,呕字之音验以口,呿字之音验以鼻。斥驱之音,象挥物使退之声;止至之音,象招物使止之声。奚字之音,象意有所否之声;思字之音,象敛齿度物之声,均其证也。又如:毋为禁止词,毋即禁止时所发之音;莫勿曼靡没诸音,均其声转。乃为称彼之词,乃即指示时所发之音;戎汝尔若诸音,皆其声转。是则文字之音即象言语所发之音,而言语之音又象唇舌口气所宣之音。[1]

> 字音象物音。例如:火字之音为呼果切,即象风火相搏之声;水字之音为式轨切,即象急湍相激之声(原间注:盖水音为渐渐,水字之音象之,今江南水读若矢)。雹从包声,瀑从暴声,霰从散声,亦犹是也。其有象物类自呼之音者……物音不克自宣,斯以击物之音相拟。如:钟从童声,柝从斥声,板从反声,是也。若滴字之音,征以檐溜下注之音;湫字之音,征以水流之音,亦字音曲象物音者也。[2]

刘氏之说大意有四点。第一,凡人声(包括:"人意所宣之音",如喜、怒之音;其他行为之音,如食、吐、斥、止之音)、物音(包括:物"自宣",即"自呼"之音,如火、水之音;"击物之音",如钟、柝之音),皆可拟之而造词。章太炎所谓"以音为表"之"音"即为"物音",然而限于鸟类鸣叫之声。刘师培所举可拟之而造词之"物音"则扩展到其他可发声之自然物——这是语言起源认识上的一个重要发现。在西方,先是法国启蒙思想家孔狄亚克(E.B.de Condillac 1714—1780)作出此类表述:

> 那些最早的动物的名称大多是模拟其叫声而来的,这一点同样适用于给予风的、

---

[1] 见《原字音篇上》,载《刘申叔遗书·左庵集》,江苏古籍出版社,1997年,第 1240 页下栏左片~1241 页上栏右片。
[2] 见《原字音篇下》,载《刘申叔遗书·左庵集》,第 1241 页上栏左片~下栏右片。

江河以及发出某种声响（le bruit）的一切事物的名称。[1]

接着，德国文艺理论家和哲学家赫尔德（J.G.Herder，1744—1803）的说法也是这个意思，只是带有点生动化色彩：

> 听到羊儿咩咩地叫，斑鸠咕咕地叫，狗汪汪地叫，这样就形成了三个词。听到树叶沙沙作响，溪水淙淙流过，西风轻轻吹过，于是树就叫做"沙沙"，风叫做"嗖嗖"，泉水叫做"淙淙"。[2]

刘氏更谓："物音不克自宣，斯以击物之音相拟。"在刘氏之前，张行孚《字音每象物声》在指出"牛、羊、豕、鸟、乌"等皆拟其鸣叫之声之外，也举出拟其击物之音之个例，比如："石之音即与击石相似。"[3]所可拟之而造词者或为击物之音，这个卓越识见，大幅度扩展了拟声造词说对于名词之发生的解释效率，在语言起源认识史上尤具重要意义。第二，可拟声而造的，包括动词（如"喜、怒、食、斥"）、名词（如"火、水"）、感叹词（如"夥颐、兮"）、代词（如"奚、乃"）、副词（如"毋、莫"）等。这便将拟声造词的范围大为扩展。观刘氏所举之例，惟缺形容词一类。但是他在另一文中讲拟声造词亦以"丽""丂"（原间注：古文"巧"）等为例[4]，可知他是把形容词也纳入拟声造词范围的。如此，一切词类之发生根源，便都可用刘氏之拟声说解释之。第三，侈声表示惊愕，敛声表示憾恨。侈敛是指发音时口形的大小。这里实质是说的语音象征性问题，是对一种象征性的概括。侈敛之象征性在上述戴侗《六书故》中即有所揭示——其"如其声"之说或指韵母之洪细，而洪细即决定于口形大小。第四，可据一词之声转以造新词。声转，在清代学者那里多称"一声之转"，用以说明两字之间声母相同相近而韵母转换的关系。清儒训诂因声求义，十分重视发明声转，王念孙《广雅疏证》则堪称其典型[5]。声转造词，属于现代语言学上所谓语音造词。很多情况下，可以由原词运用声转或其他语音转换手段造出一批与原词意义相同相近或相关联的词。程瑶田《果蠃转语记》即依据语音转换（主要是声转），由作为植物果实之"果蠃"推而言之，旁及于物、事与人，左右逢源，系统记入一大批意义相通之词[6]。章太炎说"数字之意，成于递衍"[7]，大致也是这个意思。他举出"戎"、"夷"等字，谓皆由"人"字声转得名[8]。刘氏谈"声转"，虽亦仅是发凡举例而未涉及理论，然而要在延续清儒因声求义之传统，示人以声音在语源探求上的重要性。

总起来看，在语言起源的认识上，刘师培之拟声说不仅较之古人及章太炎之说都更为准确，而且比任何一家西方学说全面而深刻。

黄侃的语言起源观主要表现在下列三段话中：

---

[1] 见孔狄亚克《人类知识起源论》，洪洁求、洪丕柱译，商务印书馆，1991年，第143页。
[2] 见赫尔德《论语言的起源》，姚小平译，商务印书馆，1998年，第39页。大意。
[3] 载《续修四库全书》，第227册，第639页下栏右片。
[4] 见《字义起于字音说上》，载《刘申叔遗书·左庵集》，第1239页下栏右片。
[5] 参见拙著《〈广雅疏证〉导读》，中国社会科学出版社，2009年，第124页~147页。
[6] 载《续修四库全书》，第191册，第517页上栏右片~524页下栏右片。
[7] 见《语言缘起说》，载《国故论衡》，第26页。
[8] 见《语言缘起说》，载《国故论衡》，第23页。

> 凡有语义，必有语根。言不空生，论不虚作，所谓名自正也。[1]

> 文字根于言语，言语发乎声音，则声音者，文字之铃键，文字之贯串……太古人类本无语言，最初不过以呼号感叹之声表其喜怒哀乐之情，由是而达于物。于是见水之流也，则以沓沓、泄泄之声表之；见树之动也，则以萧萧、索索之音表之。然则感叹之间固为语言真正根源，而亦即文字远溯之祖，故名词由是生焉，动词由是生焉。[2]

> 盖万物得名各有其故，虽由约定俗成，要非适然偶会。推求其故，即求语根之谓也。[3]

第一段话，可视为对章太炎"语言者，不冯（凭）虚起"之说的诠释。第二段话，"文字"实指词形，即词的书写形式；"言语"实指词义。论语言起源而称声音为"铃键"，为"贯串"，可见其重要性。黄氏之所谓"呼号感叹之声"，包括人表达情感所发出的声音和摹拟外物之声所发出的声音。黄氏称其呼号感叹之声"固为语言真正根源"，意谓人最初以"呼号感叹之声"表达自己的情感；后来又以"呼号感叹之声"来表达对于外界事物的感受——实质是凭自己的感觉来模拟外界事物的声音，从而形成名词、动词等。黄氏与刘师培一样，其所举可拟其所发之音而造词之"物"亦不限于鸟类。他以"水""树"起例，这竟与赫尔德之说暗合。现代著名学者郭绍虞先生指出：

> 语音之起，本于拟声与感声，拟声是摹写外界客观的声音，感声是表达内情主观的声音[4]。

这一句话，可视为对黄氏之说的概述。第三段话，"各有其故"之"故"即谓音义结合之理性。其音其义"非适然偶会"，是说的其结合之有理性；而其结合得经由"约定俗成"，是说的其音其义本非必然对应，因而其结合之有理性又是相对的。"虽由约定俗成，要非适然偶会"，这两小句话非常精到，堪称正确的语言起源观之中心纲领。

我们将古人和前人，主要是许慎、戴侗和章太炎、刘师培、黄侃有关语言起源的观点综合起来，可称为"泛拟声说"。它包含了西方的拟声说和感叹说，且内容较之丰富得多。依此学说，众事庶物的名称，即各个词类，皆可拟声而造。

三

语言的起源，首先是人们模拟所听到的客观声音以造词。赫尔德说：

> 人从自然这位教师那里接受语言完全是经由听觉，没有听觉，他就不可能发明语言[5]。

那么，面对无声之物，人们在听不到声音，听觉无所施而只能运用视觉、触觉、味觉等感官的情况下，是如何造出词来的？赫尔德提出，视觉、触觉、味觉等感官的感觉都与听觉

---

[1] 见《略论推寻语根之法》，载黄侃述，黄焯编《文字声韵训诂笔记》，上海古籍出版社，1985年，第57页。
[2] 见《以声韵求训诂之根源》，载黄侃述，黄焯编《文字声韵训诂笔记》，第193页~195页。
[3] 见《求训诂之次序》，载黄侃述，黄焯编《文字声韵训诂笔记》，第197页。
[4] 见郭绍虞《语法修辞新探》下册，商务印书馆，1979年，第441页。
[5] 见赫尔德《论语言的起源》，姚小平译，第50页。

相通，这就仍将造词依据最终归于依赖听觉的拟声[1]。诚然，不同感官的感觉可以相通，所谓"通感"是存在的，但那只限于个别场合，以之解释非限于个别场合的听觉无所施而拟声造词的情况，那是非常困难的。事实上，赫尔德的论述即大体流于空洞，并未说出多少道理来。其所举出的例子，如："有的人可能是出于儿提时代的某个印象，会突然把某个音与某种颜色联系起来。"[2]他是意欲证明视觉可与听觉相联系，但其措辞是"有的""可能"这样的不定之辞（"突然"在这里实际是"偶然"，也是不定之辞），可以说基本上没有什么说服力。我们以为，对于无声之物，造词依据固然最终仍是应归于拟声，但主要却不是因为视觉、触觉、味觉等感官的感觉与听觉相通。刘师培"击物之音"之说即在很大程度上解决了拟声造词说遭遇无声之物的困难。以源于远古文明初启时期的五行之词来说，除"水""火"皆是依据其"自宣之音"而造词之外，无声的"金""木""土"如何造词？不可以设想，人们能通过视觉、触觉、味觉等感官的感觉而把这三种物质与"金""木""土"这样的声音联系起来！事实上，其造词依据只能归于叩击此三物而分别发出的清脆的"金"声、朴厚的"木"声、粗钝的"土"声。刘师培即正确地指出："竹字、木字之音象击竹、击木之声。"[3]不过，刘师培将"物音"分为"自宣之音"与"击物之音"，这种分法，未为尽善。我们以为，应该这样来认识"物音"，它无非包括：（1）其物在自然状态下发出之声音，（2）其物在非自然状态下发出之声音（自然状态下不能发声之物若处于非自然状态下则一般总能发出声音）。在自然状态下发出之声音，除上述属生物之"马""牛"之类所据以命名的其鸣叫之声而外，还有"蚊""蝇"之类所据以命名的其振翅之声，还有"鱼"所据以命名的其口露出水面唲唲呭动的声音，等等；另有非生物之"火"起之声、"水"流之声，等等。虽其含义即所谓"自宣之音"，但其表述比"自宣之音"更加准确。刘师培所说的"栵象果裂之音……枫象木叶摇落之音"，"莎鸡振羽，其音梭梭，近于莎字之音"[4]，均属此类。在非自然状态下发出之声音所包括的，除"击物之音"之外，还有其物在其他情况下所发出的声音。刘师培所说的"草字之音象履草之声"[5]，当属此类。再比如："气"字，其为物，无色，无臭，触之亦无感觉，决不容以赫尔德所谓感官感觉相通说来解释其造词依据；它亦不象固态物那样能击之使发声。其词之根源毫无疑义地是气体被压缩而泄漏的声音。"脂"字，任继昉先生指出："极有可能是因为烧炼时的'吱吱'响声而得名。"[6]其推测应是无疑的。草之被践踏，气之被压缩而泄漏，脂之被烧炼，这都属于非自然状态。称"非自然状态下发出之声音"，就有了概括性。

刘师培所举出的"喜""怒"等字实属模拟人声而造动词之例。再比如："笑"象欢笑之声；"哭"象哭泣之声；"吃"象口吃之声；"嗤"象嗤笑之声；"恨"象表憾恨之声；"奔"象急行脚步之声；"打"象打击物体发出之声；"拨"象拨弄物体发出之声；"发"象射箭即箭离弦之声；"唏""嘘"皆象感叹之声，"唏嘘"则象连续感叹之声，等等。"推""敲"二词，也皆源于模拟行为之声。胡仔《苕溪渔隐丛话前集》卷十九引《刘公嘉话》记：唐

---

[1] 见赫尔德《论语言的起源》，姚小平译，第46~54页。
[2] 见赫尔德《论语言的起源》，姚小平译，第48页。
[3] 见《物名溯源》，载《刘申叔遗书·左庵外集》，第1443页下栏左片。
[4] 见《物名溯源》，载《刘申叔遗书·左庵外集》，第1443页下栏左片，第1444页上栏左片。
[5] 见《物名溯源》，载《刘申叔遗书·左庵外集》，第1443页下栏左片。
[6] 见《物名溯源》，载《刘申叔遗书·左庵外集》，第1443页下栏左片。

代贾岛作诗，有句曰："鸟宿池边树，僧敲月下门。"始欲着"推"字，又欲作"敲"字，练之未定。韩愈为之斟酌，谓："作'敲'字佳矣。"（其他宋人著述，如曾慥《类说》卷二十七等，亦载其事。）韩愈意谓诗句所描写的是静境，着一响字，乃愈显其静；"推"哑而"敲"响，因取"敲"字。考其根源，"推"本象推物之声，故哑；"敲"本象敲物之声，故响。此外，"挤、排、撞、拍、拉、蹬、踢"等，无不象其行为发出之声。上举刘师培谓"喜、怒、哀、乐"四字中惟"乐"无"正字"，即其字音不象乐所发之音。其实，"乐"与含"乐"义的"謔""笑"音近义通。"乐"为来母药部字，"謔"为晓母药部字，"笑"为心母宵部字："乐"与"謔"韵同，与"笑"韵近（药、宵对转），"乐"也近乎喜乐所发出的声音。任继昉先生举出"契、割、开、刻、解"等一组音近之词，说"它们似乎得声于割解物体时的声响"[1]，其作出的推测当是这些词命名的合理解释。

物可有声而据以造名词，行为可有声而据以造动词，而性状（包括颜色）则一般无声，那么表示性状之形容词是如何造出的？应该说，归根结底，还是依据拟声。比如，"美""赤"二字皆然：古初以羊为美善吉祥之象征物，故模拟羊鸣"芈芈"之声而造"美"（"芈""美"明母双声，支、脂通转）以表示羊所象征之性状（"美""善"二字皆以"羊"构形，良有以也）。赤火燎物往往发出"赤赤"之声，故模拟其声而造"赤"以表示火所呈现之颜色（"赤"字以"大""火"会意，亦深得物理）。

表物之词即名词之创造，在主要运用模拟物音的手段之外；也可模拟人声。模拟人感叹于物之声以造名词，这在我国典籍中最早的理论性表述也出于《说文》：

芋：大叶实根骇人，故谓之芋也。（艸部）徐锴曰："芋，犹言吁；吁，惊辞，故曰骇人。"

这里，徐锴的解释非常准确：其物何以名"芋"？乃源于"吁"。"吁"表示惊骇之声，用作感叹词（即所谓"惊辞"）。何以惊骇？乃因其为物大叶实根（实际是球茎），非同于一般植物。清王念孙谓："则芋之为名，即是惊异其大小。"[2] 大意是也。

模拟感叹之声以造表性状之词即形容词，这可以"都"为例。"都"，本象赞叹美好之声，用作感叹词；又可转用作形容词，以形容美好：

都！共工方鸠僝功。（《尚书·尧典》）伪孔传："都，於，叹美之辞。"
相如之临邛，从车骑雍容闲雅甚都。（《史记·司马相如列传》）裴骃集解引郭璞曰："都犹姣也。《诗》曰：'洵美且都。'"

上例，"都"象叹美之声，用作感叹词（伪孔传并出"於"字，实即"呜"，犹"呜呼"）。下例，"都"转用作形容词，形容美好。裴骃所引郭说上溯至《诗经·郑风·有女同车》，用法亦同。

前举表惊骇其大的"吁"，既可转用作表大物的名词，也可转用作表性状之大的形容词，字形亦写作"芋"，也可写作"訏"：

君子攸芋。（《诗经·小雅·斯干》）毛传："芋，大也。"

---

[1] 见任继昉《汉语语源学》，第 232 页。
[2] 见王念孙《广雅疏证·释草》，中华书局，1983 年，第 323 页。

> 实覃实訏，厥声载路。（同上《大雅·生民》）毛传："覃，长；訏，大。"

《尔雅》收有"訏"之"大"义，汉代扬雄《方言》则并收"訏""芋"之"大"义。再如，"好"本象叹好之声，用作形容词（美好），又转用作动词（喜好。后以读音变化来表示不同的用法）。"恶"本象叹恶之声，用作感叹词，又转用作形容词（丑恶），还可转用作动词（厌恶。后以读音变化来表示不同的用法）。"恶"用作感叹词，也可表示其他性质的感叹。比如：

> 恶！是何言也？（《孟子·公孙丑上》）赵岐注："恶者，不安事之叹辞也。"

但是，"不安事"之感叹应该是叹恶的引申用法。

动词、名词和形容词等都可由模拟人感叹之声而造。

"爸""妈"无疑属语言中最早的名词。二词即为模拟婴儿呼号之声而造[1]，这是为人所熟知的。"孩"，字本作"咳"，本象婴儿笑声，初用作动词，表示婴儿笑，如《老子》二十章："我独泊兮其未兆，如婴儿之未孩。"由表示婴儿笑声转用作表示笑声之发出者，即是名词。今语"欢咍""笑哈哈"之"咍"，是"孩"在动词义上的后起字。

总之，从起源上看，名、动、形三者密切关联，亦即上引章太炎所谓"实、业、德三，各不相离"之意。而三者关系密切，是因为它们皆源于声音——若仍借章氏之语为说，不惟"业"与"实"，"德"也是"以音为表"，声音是它们相互关联的纽带。细按之，何谓名词？模拟物所发之声或人感叹于物之声以表示其物，即为名词。何谓动词？模拟人、物行为、运动之声或人感叹之声以表示其事，即为动词。何谓形容词？模拟具某性状之物所发之声或人感叹于物之某性状之声以表示其性状，即为形容词。

晚近以来，英国学者纽曼（S.Newman）于1933年在实验的基础上证明了英语语音象征性的一些规则。有的规则在汉语中大致也是存在的。比如：

> 象征空间，即意念的大小与（元音发音的）口形大小、音频高低以及舌头位置的前后大致吻合[2]。

该规则之实质主要是说：作为发音共鸣器的口腔空间之大小，与所表示的意念空间之大小相应。兹略举数例："山"大于"丘"，"海"大于"湖"，"堂"大于"隅"，"鹏"大于"雀"，"山""海""堂""鹏"元音发音的口形即分别大于"丘""湖""隅""雀"。实际上，这里所讲的口形大小，与我国音韵学所讲的韵母开合洪细暗合：表示大空间意念的"海""堂"是开口呼，表示小空间意念的"湖""隅"是合口呼；表示大空间意念的"山""鹏"是洪音，表示小空间意念的"丘""雀"是细音。陈望道先生曾提出：修辞学上有一个观点，认为清音可以引起小、少、强、锐、快、明、壮、优、美、贤、善、静、虚、轻、易等特质的联想，浊音可以引起大、多、弱、钝、慢、暗、老、劣、丑、愚、恶、动、实、重、难等特质的联想[3]。这实质是说的声母对于意念的象征性表示问题。声母的这种象征性在动词对于行为的表示上面表现得尤为显著：凡一组声母分别是爆破音（上古属帮、滂、並、

---

[1] 参见吴玉璋《语言中的"爸爸"和"妈妈"——语言的普遍现象研究之一》，载《外语学刊》，1988年第6期。
[2] 转引自朱文俊《人类语言学论题研究》，第35页。
[3] 参见陈望道《修辞学发凡》，上海教育出版社，1976年，第236页。大意。

端、透、定、见、溪、群等母）和非爆破音的近义词或类义词，爆破音声母的词所表示的行为的动作性强或力度大、词义较重，非爆破音声母的词所表示的行为的动作性弱或力度小、词义较轻（前述戴侗"如其声"之说即与此有关）。比如（每组前字声母是爆破音，后字是非爆破音）：

把（帮）／捏（泥）　　逼（帮）／催（清）　　奔（帮）／行（匣）　　劈（滂）／撕（心）
拊（滂）／摸（明）　　喷（滂）／呼（晓）　　扑（滂）／压（影）　　排（并）／挤（精）
犯（并）／侵（清）　　琢（端）／磨（明）　　剽（端）／削（心）　　缀（端）／续（邪）
凋（端）／衰（山）　　痛（透）／痒（余）　　断（定）／裂（来）　　灌（见）／浸（精）
啃（溪）／咬（疑）　　倾（溪）／斜（邪）　　惧（群）／畏（影）　　求（群）／请（清）

这里，每组中，或前词所表示的行为的动作性强于后词，或前词所表示的行为的力度大于后词，或前词词义重于后词。这方面的例外极其罕见。何以形成此"一边倒"的局面？原因只能归结如下：原接近或类似的行为所发出的声音强弱大小不同，人们自然以发音力度较大的爆破音模拟其强者、大者，以发音力度较小的非爆破音模拟其弱者、小者。若再略旁及之，"爆破音"之"爆""破"二音就分属帮、滂二母，本就是对于强大爆、破之声的模拟。

四

以模拟"人声""物音"造词为中心的"泛拟声说"传统语言起源观不为一些学者所接受。他们的语言起源观可以用"约定俗成说"标示之，其说大意是：词的音义结合基本上是出于偶然而经约定俗成的结果。他们虽然也承认有些词的音义结合是有理可说的，但认为那仅仅限于前举"爸""妈"以及一些显然是"其鸣自詨"的动物名词，属特例。他们往往引"约定俗成"一语所出的《荀子》中的一段话为说。《荀子·正名》篇讲名、实关系，谓："名无固宜，约之以命，约定俗成谓之宜，异于约则谓之不宜。名无固实，约之以命，约定俗成谓之实名。"据之而认为事物之得名乃因于偶然，名、实之结合无理性可言，这恐怕是误解了《荀子》原意。其实，"约定俗成"并不一定意谓着以"名"表"实"之无理性根据。前举一些动物之因其鸣声而得名这样的显然具其理性的以"名"表"实"，这也是须经"约定俗成"的。比方说，鸡能发出的声音不仅是"鸡"（譬如，"喔"，《说文》训作："鸡声也"），"鸡"的声音也不仅是鸡才能发出（比如，鸟雏也多可发出"鸡"声）。因此，适合表示鸡这个"实"的并不一定仅是"鸡"这个"名"（譬如，也可是"喔"）——这叫做"名无固宜"；"鸡"这个"名"并不一定仅能表示鸡这个"实"（譬如，也能表示鸟）——这叫做"名无固实"。那么，何以只能用"鸡"这个"名"表示鸡这个"实"？这就是"约定俗成"。概而言之，鸡是因其发出的"鸡"声而得名，这是说其音义结合是有理性的；而鸡则本不一定用"鸡"音表示，"鸡"音也本不一定表示鸡，所以其音义结合之有理性又是相对的。《荀子》在那两句话后面紧接着说："名有固善，径易而不拂，谓之善名。"杨倞注云："径疾平易而不违拂，谓易晓之名也，即谓呼其名遂晓其意不待训解者。""呼其名遂晓其意"，意即可因声而得其义，这就是指其命名是有理性的。有其理性者为"善名"，实际上如前所言，事物之名称皆应源于声音，其名称大致都应是"善名"。

总之，语言之音义结合大致都是相对有理性的。这里确有个"约定俗成"，但它并未脱离"有理性"的基础；须待"约定俗成"，所以其"有理性"才是"相对"的。上举黄侃"虽由约定俗成，要非适然偶会"之语，是对音义结合之相对有理性的极为精当的诠释，也可作为对"约定俗成说"一针见血、要言不烦的否定。

说者或以这样的意思来对拟声造词说发难：如果词由拟声造成，那么不同民族语言中模拟同一种客观声音的词就应该读音相同。这是一个错误观念。瑞士著名语言学家索绪尔（F.de.Saussure）有一段话可移来批评这个观念。索绪尔曾就模拟狗吠声，法语用"ouaoua"而德语用"wauwau"这一例子，来说明"它们的选择在某种程度上已经就是任意的，因为它们只是某些声音的近似的，而且有一半已经是约定俗成的模仿。"[1]这里是说，对于狗吠声的语音模拟只能是近似的。推广而论，任何模拟都只能是近似的。近似的就不可能是惟一的，因而同样的客观声音可用不同的语音来模拟。当然，索绪尔的例子还涉及另一个问题：拟声造词是要受语音系统制约的。语音系统不同，用以模拟同一种客观声音的语音就可能不同。换言之，由客观声音到模拟的语音，可能受不同语音系统的制约而发生不同的音质变化。须特别提请注意的是，索绪尔这里也使用了"约定俗成"一语，但它同样有个基础：对客观声音的模拟。

五

词的声音本源叫做语根。由语根形成的词是根词，派生词与根词语音相同相近，意义相同相近或相关联。由根词派生和展转派生——即派生之后再派生——出派生词，这是词汇丰富化的主要途径。词汇中，根词是少数，派生词占多半。弗罗姆金（Fromkin）和罗德曼（Rodman）在其《语言学导论》中称：

> 模拟其所指物声音的象声词就是语言的基础，或至少是基本词汇的核心[2]。

这里仅提到模拟"物音"的象声词，而未及模拟"人声"的感叹词，虽属片面，然而毕竟思过半矣，大致道出了声音模拟对于语言起源的决定性作用。全面而论，根词非象声词即感叹词。前所举"欨""喉"二字本皆可用作象声词，动词是由象声词派生出来的；"芋"字则是由感叹词"吁"派生出名词、形容词"芋（訏）"；"都"字是由感叹词派生出形容词。

由同一根词派生的一组派生词（含由派生词再派生出来的词）就是所谓同源词；习惯上也把根词及其派生词作为一组同源。前述章太炎文中举出"戎""夷"等之由"人"声转得名，"戎""夷"等与"人"即是一组同源词。前举刘师培文中谓"戎""汝""尔""若"诸音皆"乃"之声转，"戎""汝""尔""若"与"乃"也是一组同源词。语根或未直接成词，但亦可派生出词来。比如，马、牛、雀、鹊等之鸣叫之声是语根，却并未形成象声词，但是作为名词的"马""牛""雀""鹊"等即是由之派生的。推求词音、义结合之故，探讨其根词和揭示其语根的学问，是即语源学。前举惊异其为物大叶实根的感叹词"吁"即为根词；表示其物的名词"芋"、表示其性状的形容词"芋（訏）"，即为"吁"之派生词。探索"芋""訏"之何以为此音，由之追溯到表惊异之声的"吁"，这就是语源

---

1 引自索绪尔《普通语言学教程》，高名凯译，商务印书馆，1980年，第105页。
2 转引自朱文俊《人类语言学论题研究》，第43页。

学研究的任务。

下面再举一例。"许"是模拟伐木之声的象声词（《诗经·小雅·伐木》："伐木许许。"字或作"虎""浒"。二字音同，与"许"为晓母双声，鱼部叠韵，音近）；"伐"指其行为；"斧"是其行为所依凭之物（同上《陈风·墓门》"斧以斯之"）；木之"枝"（或曰"条"）、"干"（或曰"枚"）皆是其行为所施及之物（同上《周南·汝坟》"伐其条枚"）；"柯"指斧柄，由所伐木之枝干为之，乃"伐"之行为之目的所在（同上《豳风·伐柯》"伐柯如何"）。"许""伐""斧""枝""条""干""枚""柯"实为一组同源词。"许"是根词，其派生情况可示意如下：

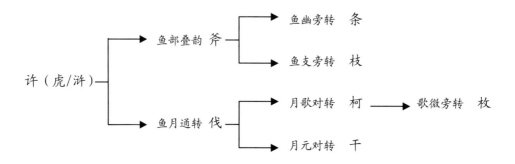

模拟伐木之声，除"许许"外，还有"丁丁"（《诗经·小雅·伐木》"伐木丁丁"）、"坎坎"（同上《魏风·伐檀》"坎坎伐檀兮"）等。其象声词之不同，在可能是由于造词者听觉认知差异等原因之外，也可能有由于所伐木之质地不同而致伐木之声不同的原因。我们推想，"檀"之得名殆即源自伐之之声近乎"檀"（"檀"与"坎"元谈通转，音近）。至于伐木行为之"砍"，其得名之源自其行为发出之声"坎"（"砍"与"坎"音同），当是无疑的。

从实际情况看，论列同源词易，而求证其根词难。也有的时候，虽然明确了根词，但阐释其音义结合之理性即明确其语根则不易。程瑶田《果蠃转语记》以植物果实的"果蠃"为根词，依据音义关系，纵横捭阖，推寻出同源之词，如"蝼蛄""疴偻""岣嵝""拘留""辘轳""髑髅"，等等，涉及之广，堪称臻于极致，然而并未明确"果蠃"之语根是什么。其实，"果蠃"之语根恰如张寿林《三百篇联绵字研究》与潘尊行《原始中国语试探》所说的象植物果实滚落之声[1]。刘师培《物名溯源》及《物名溯源续补》推寻同源词的工作也做得非常出色，实堪比肩于程氏。然而亦略有程氏之憾，即未能全面揭明其所推寻出来的各组同源词的语根。他指出除音转派生之外，"各物得名之原复有二故：一拟其音，一表其能。"[2]但是，他未能进一步指出"表其能"实亦源自"拟其音"（刘氏所说的"表其能"与章太炎上述文中的"以德为表"是相通的）。比如，《尔雅·释草》："荓，王彗"，郭璞注："似藜，其树可以为扫彗。"刘氏引该条，曰："王彗即由扫彗得名"，以之为物名"表其能"之例。[3]其实，"彗"之语根当是彗扫之声。王力先生论列同源字（实即同源词），列出以"空"为"中心"（实即根词）的"空"、"孔"、"銎"（《说文·金部》："銎，斤斧穿

---

[1] 转引自任继昉《汉语语源学》，第4页。
[2] 见《物名溯源》，载《刘申叔遗书·左庵外集》，第1443页下栏左片。
[3] 见《物名溯源》，载《刘申叔遗书·左庵外集》，第1444页下栏右片。

也")、"腔"(《说文·肉部新附》:"腔,内空也")、"釭"(《释名·释车》:"釭,空也。其中空也")、"好"(《考工记·玉人》郑众注:"好,璧孔也")、"窾"(《广雅·释诂三》:"窾,空也")、"锅"、"锟"(《方言》九:"车釭谓之锅,或谓之锟")等一组同源字[1]。但是,"空"音义结合之理性何在?其实,"空"即象刘师培所说的"击物之音",其语根是扣击中空器物(中空可形成共鸣)而发出的一种质感较浑厚的声音。由"空"字派生出来的,当还有"缾"(《说文·缶部》:"缾,瓮也。或从瓦",指汲水器)、"罂"(《说文·缶部》:"罂,缶也")、"罃"(《说文·缶部》:"罃,备火长颈瓶也")、"盎"(《说文·皿部》:"盎,盆也")、"瓮"(《广雅·释器》:"瓮,瓶也")等(王力先生将后四字列为另一组同源字[2])。

今天对于大多数词,我们说不出其音义结合的理性——这正是"约定俗成说"赖以存在的支撑背景。音义结合的理性之未被发现,主要原因有二:

其一,语音之源失去了现实参照。古初模拟一种客观声音的语音到今天已难以据之还原出现实中的那种声音——其主要原因当在于古今人们认知机制之差异、经由听觉而获得的主观感知之差异、古今语言系统之差异,等等。张行孚《字音每象物声》文中称:"字音不甚与物声相似者,则字音展转读别尔",且举"马""犬""燕"三字为例[3]。所谓"字音展转读别",就是说的古今语音系统差异的问题。象声词的命名理性最浅近,最显著。比如,今语"啪""哐""轰隆""哗啦"等皆毫无知晓其命名理性的困难。古代的一些象声词我们今天仍觉得能够"象声",因而还在运用,比如前举模拟流水之声的"潺""淙"。但今天我们看古代的象声词也有并不"象声"的,因而就不再运用了,比如前举模拟流水之声的"沓""泄"与"活""濊"。即以《诗经》首篇首句之"关关雎鸠"而言,毛传训"关关"曰"和声也",但我们很难把"关关"与现实中的雎鸠(依《禽经》,即是鱼鹰,南方多见)和鸣之声联系起来。总起来看,今天不再运用的象声词远多于仍在运用的。《诗经》中还有很多象声词,比如"喈喈""坎坎""肃肃""翙翙""钦钦"等,今皆因此原因而不再运用。

其二,词的派生隐晦了音义结合的理性。前所举作为根词的感叹词"吁"之音义结合的理性至明,而作为派生词的名词"芋"和形容词"芋(訏)"之音义结合的理性则比较难明。派生分语音保持不变的同音派生和语音经过近似转换的转音派生两种。语音近似转换,主要是指在声母不变或仅有微变的基础上转换韵母(即"声转"之所谓)和在韵母不变或仅有微变的基础上转换声母。比起同音派生,转音派生更往往使得音义结合的理性隐晦难明。比如,作为人体器官的"喉",乃得名于人之吼声——人主要是靠喉发出吼声的。以其声音之所以发生名其"实"即是"喉",以其声音名其"业"即是"吼"("吼""喉"为晓、匣旁纽,侯部叠韵)。"喉"音义结合的理性应该是显明的。人非因其吼声而得名,但有一种动物则因其吼声而得名,这就是猴——猴之啼鸣也主要靠的是喉这个器官("猴"与"喉"音同,与"吼"音近)。"猴"音义结合的理性也应该是显明的。然而另一种动物"猱"何以得名?猱与猴同类,义相关联,所以人们就通过语音转换用一个与"猴"近似的语音"猱"表示之("猱""猴"幽、侯旁转)。"猱"是"猴"之派生词,"猱"音义结合之理性就不象"猴"那样显明。再如,"祥"是作为吉祥象征物的"羊"的转音派生词,

---

[1] 见王力《同源字典》,商务印书馆,1982年,第377页。
[2] 见王力《同源字典》,第319页。
[3] 载《续修四库全书》,第191册,第639页下栏左片。

"羊"象羊鸣之声，音义结合之理性显明，而"祥"音义结合之理性就不那么显明了。

虽然我们今天对于大多数词音义结合之理性感到茫然，但是，"莫名其妙"并不就意味着"其妙"为乌有，"莫名"实由于缺乏研究。广泛地揭示词音义结合奥妙之所在，正是语源学研究亟待重视和加强的一个方面。

约而言之，语音是客观声音的模拟，因而语言的音义结合是有理性的；意义结合又是约定俗成的，因而其有理性又是相对的。我国传统语言起源观对拟声造词的阐释相当充分。参酌西方有关学说，就我国传统语言起源观加以补正，我们就能确立正确的语言起源观。

辨"刘""留"

马来西亚博特拉大学 邱克威

提要：东汉学者的古籍注释中有许多珍贵的语言研究的材料。尤其难得的是其中包含了很多关于汉代方言的素材。而且，我们的研究显示东汉学者讲授古籍的读书音中，其实有不少是方言字音。这个现象的产生是与周秦汉的学术发展有关的，其中因素比较复杂。总之，不了解这一点，有许多汉代学者的注释就无法弄清楚。本文所分析的高诱注《淮南子》中关于"刘""留"二字读音的注释就是这样的例子，我们正是通过解答其中的疑难来阐明这一点。

关键词：上古音 汉代音系 汉代方言 古籍注释 高诱 淮南子

东汉学者注释古籍的成就是非常辉煌的。尤其是以古文经学者为代表的"实事求是"的治学风气，更是让清代乾嘉学派的学者远绍之而自称为"汉学"。所谓"实事求是"，就是强调从字词的确解来解释古籍中的义理。用戴震的话就是："经之至者，道也；所以明道者，其词也；所以成词者，字也。由字以通其词，由词以通其道。"[1]

东汉注释家的最大成就之一就是在传统小学即文字、音韵、训诂的研究上。我们今天要研究汉代的语言特点，这是一批非常珍贵的材料。尤其是这些注释中的直接注音材料，更是为我们提供了汉字音节结构的完整信息。我们知道上古声母的研究向来都缺乏成系统的直接材料，而这一批直接注音材料一共三千余条正好可以弥补这一方面研究的不足。[2] 然而，这一批材料在处理上却存在许多难点：一来由于文字讹误、版本异同等情况，所以须要进行一番校勘；二来由于汉代学者注书的体例与后世略有不同，比如同一个"某读为某"，其性质却可以是很不同的。三来由于汉代学者读书的字音中包含了不少方言成分，而加上汉代学术重视"师法""家法"，弟子传承老师的音读往往不敢违背，因此皮锡瑞《经学历史》说："汉人最重师法。师之所传，弟之所受，一字毋敢出入。"这就更加造成不同方言成分的字音参杂一处的现象。[3] 不了解这些复杂情况，往往就读不懂汉代学者注释中的字音。

一、问题的提出

高诱是东汉注释家中的佼佼者，他所注的《淮南子》《吕氏春秋》为历代所推崇。然而，到目前为止还有不少高注中的音读材料是仍然叫人费解的。我们这里要讨论的就是这样一个例子。

---

[1] 戴震《与是仲明论学书》。《戴震集》183页，上海古籍出版社，1980年。

[2] 邱克威《东汉经师音读系统研究》统计东汉学者杜子春、郑兴、郑众、许慎、郑玄、服虔、应劭、高诱等八人的注释字音的材料一共有3068条。北京大学中文系博士论文，未发表。

[3] 参看邱克威《东汉经师音读系统研究》第三章"东汉经师音读的复杂性及其分析"，北京大学中文系博士论文。

《淮南子·原道》"刘览偏照"，高诱注："刘读留连之留，非刘氏之刘也。"高诱以"留连之留"给正文中的"刘"字注音。这是完全合理的，按《广韵》"刘、留"二字同属尤韵"力求切"，上古同属幽部，而且都没有异读。然而他却同时又说"非刘氏之刘"，这就无法理解了。二字完全同音，而且都没有异读，那高诱为什么又说"非刘氏之刘"呢？历来的学者都有不同主张，当然有不少学者是认为二字在汉代读音不同。然而根据《诗经·王风·丘中有麻》"彼留之子"，这里的"留"字即刘氏之刘，所以孔颖达《正义》说："下云'彼留之子'与《易》称'颜氏之子'，其文相类，故知刘氏，大夫氏也。"因此似乎是从先秦以来二字就已是完全同音的。[1]

本文认为这一条注释与方言有关，另外还牵涉到连绵词、姓氏保存古读等多重原因综合起来造成的。更重要的是，我们还得追溯高诱的师承以探知其注音的源头，同时更要参照汉代其他注释家的注音材料才能得出完全的解答。以下我们逐一进行分析。

二、关于高诱注

高诱注《淮南子》、《吕氏春秋》在汉代注释家中，是相当有特色的。其中最大的特色就在于注音的手段比较多样。首先是"譬况法"注音，比如《淮南·原道》注："蛟读人情性交易之交，缓气言乃得耳。"像这样的"譬况注音"，高注中一共 12 例，其中《淮南子》11 例、《吕氏春秋》1 例。高诱注音的又一特点是"四声别义"注音，如《淮南·原道》"暮年而渔者争处湍濑"，高注："渔读告语。"按《说文》"渔，捕鱼也"，本为动词义，《广韵》平声"语居切"；而这里的"渔者"指人，高诱以名词解之，所以破读为去声"语"。[2] 这样的"破读"注音，高注中有 7 例，均见于《淮南子》。第三个特点是方言字音的注释。虽然汉代学者注释方言词汇的不少，如王逸注《楚辞》中就有很多楚方言词汇。但是像高诱这样直接以方言字音来注释的却不多见。如《淮南·说山》注："荷读如燕人强秦言胡同也。"这样的注释在高注中有 25 例，《淮南子》24 例、《吕氏春秋》1 例。另外，《淮南子》的成书在楚地，因此其中包含了很多楚方言的词汇，如《精神》注："箑，扇也。楚人谓扇为箑。"《说山》注："烧熏自香也，楚人谓之熏燧。"

然而，同是作为汉代学术传统继承者的高诱，他的注释中主要体现的仍是与汉代注释家相一致的体例与特点。其中最重要的一点就是"严守师说"，如高诱注中多处提到"先师说然也"、"师说如是"[3] 等这样的话，足见高诱注释中很多是继承他的师辈学者们的。另外，他的注释中还常能看见"未闻""实未闻也"[4] 等，更能看出高诱谨守师说而不轻易凭一己之主观臆断来解释。这里，我们尤其要注意的是高诱的学术传自卢植，而卢植又是马融的学生。《后汉书·马融传》中提到马融注书无数，其中就有《淮南子》。[5] 因此我们可以相信，高诱注《淮南子》中保留了很多马融的说解。而马融为秦地人，《后汉书》本

---

1 当然，这其中还是有一些不确定因素的。首先，《毛传》云"留，大夫氏"，《郑笺》云"留氏之子"，都以"留"字为姓氏，并不直说就是"刘"姓，而是到了唐初孔颖达的《正义》才径言："故知刘氏，大夫氏也。"这是不经考辨而直以"留氏"为"刘氏"。由此我们可以清楚地确定，至少在唐初"留、刘"二字完全同音已是无疑的了。只是先秦至两汉间的"留、刘"二字是否也同音仍是有可以争论的余地的。

2 "告语"之"语"读去声，这也是破读。

3 《淮南鸿烈集解·天文训》82 页、《淮南鸿烈集解·览冥训》207 页。

4 《淮南鸿烈集解·地形训》131 页、《淮南鸿烈集解·览冥训》133 页。

5 《后汉书·马融传》："(马融) 注《孝经》《论语》《诗》《易》《三礼》《尚书》《列女传》《老子》《淮南子》《离骚》。"

传记载他是"扶风茂陵人",其师挚恂也是'名重关西'的大儒;马融原先长期在关西,后来是'会羌虏飙起,边方扰乱,米谷踊贵,自关以西,道殣相望',他才应大将军邓骘之召入关到洛阳去的。可见他一生都活动于北方,而主要时间都是在原籍秦地。

三、问题的解答

要解答高注"刘读留连之留,非刘氏之刘也"的问题,我们还要先看两条汉代学者注释方言的材料。第一条是高诱本人的,《淮南·本经》"牢笼天地,弹压山川。"高诱注:"牢读屋霤,楚人谓牢为霤。"这里高诱说"牢"字要按照作书者的口语楚音来读,即与通语中的"霤"字同音。[1]《广韵》"牢"字属豪韵"鲁刀切",而"霤"为宥韵"力救切"。二字先秦同属幽部,然而汉代"牢"字转入宵部,"霤"字仍在幽部。从这一条注释来看,汉代通语中的"牢、霤"二字确实已经不同音,但是在楚方言中却仍是同音的。第二条方言材料是郑玄的,《礼记·檀弓》:"咏斯犹。"郑玄注:"犹当为摇,声之误也。秦人犹、摇声相近。"这里的"犹"字,《广韵》尤韵"以周切",先秦幽韵,而"摇"字属宵韵"余昭切",先秦宵韵。二字先秦就不同音,然而在汉代的秦地方言中却已经同音了。而且郑玄明确说"犹当为摇",则是秦人幽部转入宵部。

如果我们结合上述两条注释来看,以高注"牢、霤"的例子来说,汉代通语、秦语、楚语的情况就是:通语二字已分属宵幽二部、秦语二字同读为宵部、楚语二字仍读幽部。其实,我们还可以进一步假设,楚语中的宵部都转入幽部。这样就形成了汉代的宵幽二部在秦语、楚语中截然相反的发展方向。这一点我们将在下面的分析中得到证明。

作了上述的材料介绍,我们再来看一看本文所要解答的高诱注"刘读留连之留,非刘氏之刘也"。首先我们要注意,高注中的"刘览""留连"都是双声连绵词,而连绵词的特点就在于依声为义,其字形并不固定。另外,双声连绵词的重点在于声母,韵母则往往会随方音而有变化。我们认为高诱的这一条注音出自马融。如上所述,马融是秦地人,而通过郑玄注的分析我们知道秦人幽部读入宵部。因此按秦地方音,"刘览""留连"就读作"牢(或寮)览""牢(或寮)连"。但是不论楚语或者通语都不那么读,而是仍读幽部"留、刘"。但这里又有一个问题,即《淮南子》的正文"刘览"写的是"刘氏之刘"的"刘"字。我们知道姓氏是保存古读的。其实凡是专门名称中的字音都有很强的存古倾向。更何况"刘"字是汉代皇帝的家姓。

所以我们知道,马融正是面临这样的情况,"刘览""留连"这两个双声连绵词中的"刘、留"都读宵部,而"刘"字作为姓氏仍是读幽部,但是由于楚方言"刘、留"都仍读幽部,所以《淮南子》的作者写了"刘"字。如此一来,马融就不得不辨说,这里的"刘览"虽然写作"刘"字,但应该按照"留连"的"留"来读,而不是读作汉高祖刘邦的"刘氏"之"刘"。

四、余论

我们此前提过高注中有 25 例"读如某方言某"的方言音注,而这里的"刘、留"注音显然也是与方言读音有关,但他却不说"读如某方言"。其实如果我们仔细检查,高诱

---

[1] 王力《汉语语音史》102 页。

注音中受方音影响而不说的例子并非没有，如《淮南·修务》注："徽读纗车之纗。"这里"徽、纗"分属晓母、心母，相隔较远。然而《颜氏家训·音辞篇》说："通俗文曰'入室求曰搜'。反为兄侯。然则兄当音所荣反。今北俗通行此音，亦古语之不可用者。"所以这显然是北方方言的特点。另外，郑玄注《周礼·春官·司尊彝》："献读为摩莎之莎，齐语声之误也。"这里的"献、莎"也与高诱的"徽、纗"相同，而郑玄更明说是齐语。同时"献、莎"阴阳对转正也是上古齐语的特点。[1] 所以说，高注中"徽读纗"其实就是齐方言的字音。这正是处理汉代注释材料的其中一个难点，即注释家并不是凡以方言注音的地方都明说出来的。这在郑玄的注音材料中也是不少见的。[2]

最后，我们对于上述高注"刘、留"的解释，还有其他注音材料可以作为佐证。因为我们关于汉代方言中宵幽二部分合情况的解释还同时可以解答高注中譬况注音的问题。首先，我们要说明"譬况法"的实质是很复杂的，周祖谟以介音洪细的差别进行解释，这是比较被广泛接受的观点。[3] 另外如日本学者平山久雄[4] 也写过专门文章进行讨论。我们这里以上述关于秦语、楚语中宵幽二部分合不同来解释其中一条也是叫人费解的注音。《淮南·原道》注："蛟读人情性交易之交，缓气言乃得耳。"这里"蛟、交"二字同在《广韵》肴韵"古肴切"，上古属宵部，而且都没有异读。如果不是方言间的异读，实在无法解释高诱说的"缓气言乃得"。我们通过上述秦楚方言宵幽二部的分析，恰好能够很好地解答这一条音注。首先马融的秦音"蛟、交"都读作宵部，然而正文的"蛟"字却应该按照《淮南子》作者的口语楚音读为幽部。秦语中没有这个音，因此马融要借"譬况法"来注音，说这里的"蛟"字要像"读人情性交易之交"，但是要"缓气言"。

这也正是我们在上文说楚地宵部读作幽部的原因。因为如果不是楚语和秦语的宵幽二部分合情况不同，那就无法解释这里的"蛟、交"的注释了。

参考文献：

刘文典（1997）《淮南鸿烈集解》，中华书局。

王力（1985）《汉语语音史》，中国社会科学出版社。

周祖谟（2001）《周祖谟语言学论文集》，商务印书馆。

---

1 《礼记·中庸》："壹戎衣而有天下。"郑玄注："衣读如殷，声之误也，齐人言殷声如衣。"许多学者早就指出上古齐语阳声韵韵尾脱落问题，如虞万里《山东古方音与古史研究》也证明古齐地方言鼻音多脱落。

2 参看邱克威《东汉经师音读系统研究》第四章"东汉经师音读材料的整理与统计"之"郑玄材料"，北京大学中文系博士论文。

3 周祖谟《颜氏家训音辞篇注补》说："言内者洪音，言外者细音。"又说："凡言急气者皆细音字，凡言缓气者皆洪音字。"（《周祖谟语言学论文集》198—202页）。

4《高诱注〈淮南子〉〈吕氏春秋〉的"急气言"与"缓气言"》，《古汉语研究》1991年第3期。

"NP+V 起来+AP" 句式的语义分析[1]*

北京大学中文系/中国语言学研究中心/计算语言学教育部重点实验室

王璐璐　袁毓林

提要：本文讨论了"NP+V 起来+AP"句式的语义表达特点，并刻画了句式的逻辑语义结构。研究发现，"V 起来"句式表达了两种不同的概括性事件：一种（A 类）是对偶然发生的事件的概括；另一种（B 类）是对非偶然发生的事件的概括，即通常意义上的通指句。由于句式的通指义决定于句中主语名词的属性，句式也叫倾向性通指句。在 B 类"V 起来"句式中，形容词可以表示主语名词固有的属性，也可以表示隐含的施事对主语的评价。

关键词："V 起来"句式；通指义；倾向性；中动

1. 引言

关于"NP+V 起来+AP"句式（简称"V 起来"句式）的研究，很多学者（如宋国明 1994、季小玲 1995、曹宏 2005 等）从中动的角度来分析句式的语义功能。但是，中动语义并不能概括该句式的所有意义。宋国明（1994：61-62）指出，"起来"在该句式中具有两种功能：从句标记（subordinator）和通指标记（generic）。如下所示：

（1）李四说起英文来相当自负。（宋国明 1994：61）

（2）这本书念起来很容易。（宋国明 1994：62）

例（1）中，"起来"表示"每当"的含义，如"（每当）李四说起英文来（他都）相当自负。"；而在例（2）中，"起来"赋予了句子一种非事件性（noneventive）的通指性（generic）含义。对此，我们提出疑问：造成这种差异的原因是"起来"具有不同的功能，还是句式本身具有不同的语义特点？本文将从这一问题出发，重点分析"NP+V 起来+AP"句式的语法结构和语义功能。我们将利用事件语义学和模态语义的理论模型详细刻画句式的逻辑语义结构并总结出句式的语义模板。下面，我们先从"V 起来"句式的基本特点入手进行讨论。

2. "V 起来"句式的基本特点

根据动词和主语的论旨角色关系，我们将"V 起来"句式分成以下两组：[12]

（3）a. 李四说起英文来相当自负。（宋国明 1994：61）
　　b. 他跑起来十分潇洒。

---

* 本课题的研究得到国家社科基金重大招标项目《汉语国际教育背景下的汉语意合特征研究与大型知识库和语料库建设》（批准号：12&ZD175）的资助，谨此致以诚挚的谢意。

1 例句选自"国家语委现代汉语语料库检索"（http://www.cncorpus.org）。

　　　　c. 军队行动起来很快。
　　　　d. 老舍创作起来很顺利。
　（4）a. 纯棉衬衫洗起来很容易。
　　　　b. 车子骑起来非常吃力。
　　　　c. 直板打起来吃亏一些。
　　　　d. 四合院住起来"舒适又方便"。

　　例（3）中，主语为动词的主体论元，我们称之为"A类"句式；例（4）中，主语为动词的客体论元，称之为"B类"句式。

　　在A类句式中，主语名词是谓语动词的主体论元，大多为指人名词，并且是主动发出动作的人。它们符合Dowty（1991）总结的原型施事特征，即具有自主性，感知性和自立性，不具有使动性和位移性。[1]再来比较例（3a—b）和（3c—d），可以发现：它们表面的结构基本一致，但是谓语形容词的语义指向不同。例（3a—b）中的形容词指向句子的主语，如"自负"和"潇洒"都是修饰人的形容词。而例（3c—d）中的形容词并不指向主语名词，而是指向谓语动词。比如说，"顺利"是修饰"创作"这一动作的，并不是修饰人的。

　　在B类句式中，主语名词作为谓语动词的客体论元，多为指物的名词，并且大多是动词处置的对象。如例（4a—b）中，主语名词是谓语动词的受事，而例（4c—d）中的主语名词分别是动词的工具和处所成分。他们可统称为动词的受事性成分。接下来，这类句式的另一个突出特点在于句中隐含的施事性成分。通常，句子只有一个主语位置。根据充任主语的语义角色优先顺序，"施事"优先于"受事"。所以，当句中只有一个主语位置时，如果主语为受事，则施事必须受到抑制，不能在句法层面上实现。如果要施事出现，则需要加入一个句法位置，即主题。再根据充任主题的语义角色优先顺序，受事优先于施事。[2]如下例所示：

　（5）a. 这本书老王念起来很容易。
　　　　b. *老王这本书念起来很容易。

　　（5a）中，"受事"优先于"施事"位于主题位置；而（5b）中，主语位置上应该是"施事"，而不是"受事"，所以合格性不如前者。

　　再者，B类句式中的谓语动词大多倾向于及物性较高的动词。[3]例如，"发现"的及物性较高，可以用于该句式，也可以用于"把"字句；而"知道"的及物性较低，不能用于该句式，也不能用于"把"字句。

　（6）a. 答案发现起来很容易。～某人把答案发现了。
　　　　b. *答案知道起来很容易。～ *某人把答案知道了。

　　不过，也有少量及物性较低的动词可以进入该句式。这些动词都是感官动词，如

---

[1] 参考Dowty（1991），方立（2000：326）和袁毓林（2010：132）。自主性（volition）指在事件或状态中涉及意愿；感知性（sentience/perception）指有感知力和（或）认知力；使动性（causation）指能使事件发生或改变另一个事件参与者的状态；移位性（movement）指（相对于另一个参与者位置的）运动；自立性（independent）指独立于动词所指的事件。

[2] 参考陈平（1994）和袁毓林（2010:68），充任主语/宾语的语义角色优先顺序为：施事>感事>工具>系事>地点>对象>受事；充任主题的语义角色的优先序列为：系事>地点>工具>对象>感事>受事>施事。

[3] 参考Hopper and Thompson（1980），及物性的原型特征有动作、完结、瞬时、自主、肯定、个体性、宾语完全受影响、（外界）施动力、两个或两个以上参与者和直陈语义（现实情态）。

"看"、"说"、"听"和"闻"等。

(7) a. 美国人看起来更富有。
    b. 中国话说起来十分动听。
    c. 这件事听起来似乎很怪。
    d. 面包闻起来特别香。

另外，句中的形容词也有不同的语义指向。例（4a）中的"容易"是修饰谓语动词"洗"的。而例（4b-d）中的形容词是修饰隐含的施事的，如"吃力"是指"骑车子的人感到非常吃力"。

综合来看，这两类句式的表层语法结构基本相同，但是他们在主语和谓语动词的论旨角色关系、谓语动词的类型以及形容词的语义指向等方面都有不同之处。我们可以据此推断出：他们在深层的语义结构方面也有细微的差别。在下一小节中，我们将分别考察这两类"V起来"句式的语义结构并给出对应的语义模板。

3. "V起来"句式的概括性语义

宋国明（1994：61-62）认为，"起来"在这两种句式中的功能并不相同。在A类句式中，它表示"每当"的含义，如"（每当）李四说起英文来（他都）相当自负。"；而在B类句式中，它赋予了句子一种非事件性（noneventive）的通指性（generic）含义，如"这本书念起来很容易。"对于这种差别，我们可以通过能否还原为从句来验证，如下所示：

(8) a. 每当李四说起英文的时候，他都相当自负。
    b. ？每当大家念这本书的时候，这本书都很容易。

在上面的例子中，例（8b）不能像例（8a）那样用于"每当"引导的从句。为什么会有这种差异呢？根据《现代汉语词典》，"每当"表示"同一动作行为有规律地反复出现"。例（8a）强调的是"李四说英文"这一事件反复发生时的特点。相比较而言，例（8b）强调的是"这本书"本身具有的特点，并不需要有"念"这个动作实际发生。我们认为，造成两类句式不同的原因并不是"起来"有不同的功能，而是这两类句式本身就有不同的语义侧重：前者要求有实际发生的事件，而后者没有这种要求。实际上，这两类句式都可以看作是概括性事件，只不过前者（A类"V起来"句式）是对实际发生过的事件的概括性表达，而后者（B类"V起来"句式）可以只表示事物的一般性属性，并不需要有实际发生的事件。在下面的内容中，我们将进一步分析这两类概括性事件的性质，并在此基础上给出他们的语义模板。

3.1 A类"V起来"句式的概括性语义

Dahl（1975）指出，概括性事件分为非偶然发生与偶然发生的概括性事件两种。其中，偶然发生的概括性事件是对真实发生的事件的报道，而非偶然发生的概括性事件（通常所说的"通指句"）是对可能发生的，不一定会真实发生的事件的说明。如下例所示：

(9) a. 盐溶于水。
    b. John goes to school on foot.（Krifka et al. 1995）

这里，（9a）是表示通指义的句子，"盐溶于水"是"盐"的属性。不需要真的把盐放进水里来验证。而（9b）是对偶然发生的事件的概括化描述，因为这个句子是在观察到 John 真正步行去学校多次后才能得出的结论。

那么，针对"李四说起英文来相当自负"这句话，我们可以还原这样的场景：李四在外企工作。不仅在工作中，在生活中，他也常常拽英文。说起英文来，总是一副骄傲的样子，自我感觉超级良好。鉴于李四在说英文时的种种表现，我们知道，李四说起英文来相当自负。而且，他在说英文的时候比较自负，并不表示他平时也自负，"自负"并不是他本身具有的属性，而是在"说英文"这一实际发生的事件中所体现出的状态。正是因为这是对实际发生的事件的总结，这句话可以还原成"每当"引导的从句。

对此，我们可以借鉴 Rothstein（1995）提出的"匹配效应（matching effect）"来解释。她指出，在下面的例句中包含了对事件的量化，如"Every time the doorbell rang, I opened the door."这里，对于每个"门铃响"的事件而言，都与"我开门"这个事件相匹配。那么，例（8a）的意义可以用逻辑表达式刻画如下：

$$\forall e[\text{Lisi-Speak-English}(e) \to \exists e'[\text{Lisi-is-Arrogant}(e') \wedge M(e')=e]]^1$$

这个表达式的意思是"对于任何一个李四说英语的事件而言，都存在着一个李四是自负的事件。"

更进一步，对于 A 类"V 起来"句式而言，他们都可以还原为"每当"引导的从句，也相应地可以用"匹配函数"来连接两个小句，如下所示：

（10）a. 每当李四说起英文来的时候，他都相当自负。
　　　b. 每当他跑（步）的时候，他都十分潇洒。
　　　c. 每当军队行动的时候，军队行动得都很快。
　　　d. 每当老舍创作的时候，他创作得都很顺利。

仔细来看，上面的例子也有细微的差异。例（10a–b）中，第二个小句由主语名词和形容词构成主谓结构，形容词修饰的成分是主语名词；而例（10c–d）中，第二个小句的主语是整个事件，形容词修饰的也是整个事件。这样，逻辑表达式中形容词的主语位置可以是主语名词也可以是整个事件。对于 A 类"NP+V 起来+AP"而言，具体的语义模板如下所示：

$$\forall e[\text{NP-V}(e) \to \exists e'[\text{NP/e-is-AP}(e') \wedge M(e')=e]]$$

这个表达式的解释是：对于每个"NP"做出"V"这个动作的事件而言，都存在着一个"NP"或"整个事件"呈现出"AP"这个状态的事件。

3.2 B 类"V 起来"句式的概括性语义

接着，我们重点来看例（8b）一类表示非偶然发生的概括性事件，也是通常所说的通指句。所谓通指句，是从具体的事件或实体中抽象而来的陈述句，它表示一种非偶然发生的，法规一样的概况或常规状态。[2]对于非偶然发生的概括性事件而言，并不要求有实际发生的事件。对此，我们可以从可能世界的角度来理解。在模态逻辑（modal logic）中，我们对语句的断定不仅限于一个可能世界，而是其可涉及的各种可能世界。模态算子可以对

---

1 根据 Rothstein（1995），M 为匹配函数（Matching Function）。
2 参考 Lekakou（2005: 69）。原文是"Generic sentences are statements that abstract away from particular occurrences and entities and instead express a non-accidental, law-like generalization or regularity."

可能世界的集合进行限制，如"必然算子"表示在所有的可能世界都为真，而"可能算子"则只在（至少）一个可能世界中为真。Lekakou（2005）以"Cotton shirts (must) wash easily."为例来说明这句话在任何可能世界都是真的。严格来说，如果在我们所处的世界中有纯棉衬衫的话，那么在所有与我们的世界类似的世界中，纯棉衬衫在相关的方面都具有容易洗的性质。

Kratzer（1981，1991）提出话语背景（conversational backgrounds）的概念来区分相关的世界。在对话语背景的研究中，Greenberg（2002）发现，通指句可细分为两种，一种是描述性概括（descriptive generalization），一种是凭借某种性质的概括（'in virtue of' generalization）。前者只是表示一种范式的存在，后者则需要依赖于主语的属性。对此，Brennan（1993）在考察动态模态（dynamic modal）时也有类似的发现。例如：

（11）a. Joan can sing arias in virtue of her natural ability.
　　　　"琼会唱咏叹调是因为她天生就有这样的能力。"
　　　b. In virtue of her patience, Joan will listen to anything.
　　　　"由于琼富有耐心，她能听进去任何事情。"
（12）a. ?? In virtue of the rock being lightweight, Mary can lift it.
　　　　"？？由于这块岩石的重量轻，玛丽能够将它抬起来。"
　　　b. ?? Mary will agree to anything in virtue of the loose atmosphere in the office.
　　　　"？？由于办公室的气氛轻松，玛丽会对任何事情表示同意。"

比较例（11）与（12），我们可以知道，句子的合格性取决于主语所具有的属性，如果谓语事件发生的原因不是凭借主语的属性，则合格性差。对此，Palmer（1990）也有类似的观点，当"can"和"will"分别作"能力"和"意愿"的解释时，它与主语的属性有关，而不是决定于说话人的态度或观点。因此，Brennan（1993）指出，动态模态是主语导向的（subject-oriented）。另外，从情态动词（"can"和"will"）的角度来看，这类通指句具有一种倾向性（disposition）。所谓倾向性，指由于主语具有某种属性，使得它更容易表现出某种性质或状态。Lekakou（2005：68）特别指出，倾向性属于通指义的一种，它具有三个方面的特点：一、它是针对"凭借某种性质"的概括性表述；二、它的通指义由谓词层面表示；三、它是由主语导向的。她认为，中动句的核心语义不在于施事的任指性，[1]而在于这种具有倾向性的通指义的表达，并将中动句称为倾向性通指句（dispositional generics）。

可见，对于通指句而言，它不一定是真实发生的事件，这点可以借助可能世界的理论来理解。而句子的真值由话语背景所决定，对于具有倾向性的通指句而言，它的话语背景要结合主语的属性来进行判断。对于中动句而言，英语的中动句具有这种倾向性的通指性语义，那么汉语中的"V起来"句式是否也具有这种倾向性呢？通过我们的考察，我们发现B类"V起来"句式的主语普遍具有这种倾向性。

3.2.1 主语的倾向性

我们先比较下面几个例子：

（13）a. 这本书读起来很容易。

---

[1] 根据 Ackema and Schoorlemmer（1994），中动句的本质在于施事性成分是任指的。

b. 这本书,我读过,它很容易。
　　c. ?每当大家读这本书的时候,这本书都很容易。

（13a）是对整书概况的一般性描述,不需要有真实发生的事件来见证。而（13b）表示一个具体的事件,因为有经历体标记"过"来表示动作已完成。这说明主语已经对这本书的情况进行了判定,它的见证性（evidentaility）[1]程度高于前者。再来看（13c）,因为"每当"具有事件性,由它引导的句子合格性并不高。据此,我们认为,这类句式更强调主语的一般性属性,而不是实际发生的事件下的属性。

对于句式中主语的一般性属性,我们还可以通过还原出句子的话语背景来进行解释。比如说,"这本书读起来容易"可能是因为这本书的情节设置简单,常用词汇居多,具有"易读"性。这里,"容易"描述的是主语本身具有的某种属性。虽然形容词可以直接修饰主语,但是谓语动词并不是冗余成分。我们看下面的例子:

（14）这本书读起来（一定）很容易,教起来（可能）不容易。

这句话涉及了多个可能世界。对于这本书而言,它在一个可能世界中具有"很容易"的属性,而在另一个可能世界中的属性是"不容易"。

通过可能世界的理论,我们可以理解一个事物具有矛盾的属性,因为在不同的世界中,性质不同是并不矛盾的。上例中,区分不同世界的因素在于动词短语部分。动词短语不同,主语所显示出来的属性也不同。曹宏（2005）也指出,这类句子的意义是"NP 有这样一种属性,在 V-NP 的时候,它通常呈现出 AP 这样一种状态。"在这里,主语相对于动词是客体论元,动词与主语具有一种"处置"关系。我们可以进一步推断,主语在受动词处置的那个方面具有某种属性。我们将动词处置的方面称为主语所具有的"倾向性"（disposition）。这种倾向性说明,主语的某种属性由于动词而得到了凸显。对于主语的倾向性,我们可以用见证性词语"考虑到,由于,根据"等来还原场景,如下所示:

（15）a. 考虑到书的内容比较简单,这本书读起来会很容易。
　　　b. 考虑到书的内容比较单薄,这本书教起来会有点难。

上例中的"这本书"可能是一本幼儿教材。由于书的内容简单也不多,从读的角度来说,可能会很容易。而从教的角度来看,虽然内容简单,但是内容不多,需要老师补充很多材料,也就有点难了。

3.2.2 主语的倾向性决定于谓词核心的角色

对于主语的"倾向性"和谓词核心之间的关系,我们还可以从名词的物性结构（qualia structure）的角度来进行解释。Pustejovsky（1995）在对名词性成分（nominals）的语义描写中,首次提出了物性结构的概念。它主要由形式角色（FORMAL QUALE）,构成角色（CONSTITUTIVE QUALE）,功能角色（TELIC QUALE）和施成角色（AGENTIVE QUALE）这四组特征构成。[2]我们发现,B 类句式中的部分谓语动词可对应为主语名词的

---

[1] 见证性（evidentality）,又译作传信性,指一类认识情态,断言的命题可能遭到听者的质疑,因此需要加以证明。摘录自《现代语言学词典》。

[2] 参考张秀松、张爱玲（2009）的介绍:形式角色是把物体与周围事物区别开来,包括物体的数量、形状、维度、颜色、位置等。构成角色说明物体与其构成成分或组成部分之间的关系,或者物体在更大范围内构成或组成哪些物体。功能角色说明物或人的功用。表示人造物的词语的功能角色,说明人造物的功用,即"用来干什么的"。施成角色说明物体是如何形成的,可以看做是对"怎么来的"的回答。

施成角色或功能角色，比如说：

（16）a. 纯棉衬衫缝起来很容易。
　　　b. 纯棉衬衫穿起来很舒适。
　　　c. 纯棉衬衫洗起来很容易。

在例（16a）中，"缝"是"纯棉衬衫"的施成角色，因为"衬衫"可以是"缝出来的"。例（16b）中，"穿"是"纯棉衬衫"的功能角色，因为"衬衫"就是用来"穿"的。但是，例（16c）中的动词"洗"不能归入物性结构中的任一角色。不过，"洗"和"衬衫"的关系是典型的"动作－对象"关系，即"衬衫"是动作处置的对象。对此，我们提出原型性处置的概念来概括那些主语为动词的处置对象的句子。所谓原型性处置是指，处置对象被另一参与者直接影响，并不强调处置的结果的处置关系。我们可以结合 Dowty（1991）提出的原型受事特征丛集（变化性、渐成性、受动性、静态性和附庸性）来对原型性处置进行判断。具体来说，对于具有原型受事特征的名词而言，与之共现的动词是其原型性处置角色。

由此可见，主语名词本身的物性结构就包含了相关谓语动词的信息，即哪些动词是可以与它共现的。再从名词与动词的语义关系来看，他们都是动词的受事性成分。不过，这类句式并不强调动作处置的结果，而只是说明在进行处置的某个方面主语名词理应具有的某种属性。

3.2.3 B 类"V 起来"句式的语义模板

从这个角度来看，我们可以归纳出：B 类句式所表示的通指义是对主语内在属性的一种凸显，凸显的是动词对受事主语进行处置的那个方面具有的属性。这样，不同于前面 A 类句式中，主语是在实际发生的事件下呈现出的状态，B 类句式更强调主语名词理应具有的倾向性属性。根据 Greenberg（2002），这种倾向性的解读只与主语的某个属性建立联系，并且这种联系决定于我们对真实世界的认识。这种认识也就是上下文相关的具体情景。在 B 类句式中，具体的情景就由相应的谓语动词来决定。那么，例（12a）的逻辑表达式表述如下：[1]

$\forall w'[w'$ is appropriately accessible from $w] \rightarrow$
$[\forall x, s[\text{the book}(x,w')\&\text{Read}(s,x,w')]\rightarrow[\text{Easy}(s,x,w')]]$

这个表达式的意义是"对于所有与真实世界可及的世界而言，每个'这本书'在'读'这个方面都是'容易的'。"

进而，我们推广到 B 类句式。它的语义模板可以概括如下：

$\forall w'[w'$ is appropriately accessible from $w] \rightarrow$
$[\forall x, s[\text{NP}(x,w')\&V(s,x,w')]\rightarrow[\text{AP}(s,x,w')]]$

这个表达式的意义是"对于所有与真实世界可及的世界而言，每个'NP'在'V'这个动作处置的方面都具有'AP'的特点。"

---

[1] 该逻辑式的表述主要参考 Greenberg（2002）对"A boy doesn't cry."一句的形式化表述。

4. 固有属性和评价属性

在 B 类 "V 起来" 句式中，形容词可以指向主语名词，也可以指向隐含的施事。如下所示：

（17）a. 这本书读起来很容易。～这本书很容易 / 人感到很容易

b. 四合院住起来 "舒适又方便"。～四合院 "舒适又方便" / 人感到 "舒适又方便"

c. 车子骑起来非常吃力。～*车子非常吃力 / 人感到非常吃力

d. 这门课教起来很（令人）有挫折感。～*这门课有挫折感 / 人感到有挫折感

（宋国明 1994：77）

（17a-b）中，形容词既可以修饰主语名词，也可以修饰隐含的施事。但是，（17c-d）中，形容词只能修饰隐含的施事。对于这种区别，殷树林（2006）认为 "V 起来" 句式表示了一种双向的属性：概念功能和人际功能。概念功能是指事物的固有性质，而人际功能给句子添加主体意识，使句子打上说话人的烙印。在下面的例子中，我们构造了各种情形来测试决定句子属性的是那种因素。

（18）a. 考虑到书的内容比较简单，这本书读起来很容易。

b. 考虑到读者的水平比较高，这本书读起来很容易。

（19）a. 考虑到车子的悬挂系统设计得很好，这辆车开起来很顺手。

b. ？考虑到司机的驾驶技术比较高，这辆车开起来很顺手。

从例（18a-b）可以看出，书的容易程度和书本身的内容有关，也和读书的人的水平有关。而（19a）和（19b）的比较可见，车子的顺手程度只和车子本身的设计构造有关，和驾驶人的技术无关。从这两组例子的对比中，我们可以看出，所谓双向的属性说并不十分准确。我们认为，这种对比说明了形容词自身的语义也限制了和主语的搭配关系。

Wechsler（2005）将英语形容词分成等级形容词和非等级形容词。对于等级形容词，根据内在性质不同，又分为开放等级形容词和封闭等级形容词。开放等级形容词本身没有一个内在的标准，必须依靠上下文取得标准，如 "long、tall" 等。封闭等级形容词本身包含了一个内在的标准量，如 "dirty、full" 等。彭国珍（2007）发现，汉语的形容词也具有开放和封闭的特点。这里，"容易" 是开放等级形容词，因为容易程度本身并没有一个固定的标准。我们需要依靠上下文取得标准。对于例（18a）和（18b）来说，一个标准是书本身的内容，一个标准是读者的水平。对于前者来说，这属于事物本身的固有属性，而后者可以说是施事对主语的一种评价，是事物的评价属性。相对而言，例（18）中的 "顺手" 应该属于封闭等级形容词，因为它只有一个标准，就是车子本身的性能，与施事的驾驶技术无关，如（19b）所示。

除了开放等级的形容词可以指向隐含的施事外，与施事的属性有关的形容词更多是情感类形容词。如下所示：

（20）a. 车子骑起来非常吃力。～*车子非常吃力 / 人感到非常吃力

b. 这门课教起来很（令人）有挫折感。～*这门课很有挫折感/人感到有挫折感

这里，"吃力" 和 "有挫折感" 不是对事物本身性质的描述，而是对施事的感受的描述。他们通过对施事的感受进行描述，从而对事物进行评价。

综合来看，B 类"V 起来"句式中的形容词可以表示主语名词的两种属性。一种是固有属性（innate property），它直接表示了主语名词（通常为事物名词）本身具有的倾向性属性；另一种是评价属性（judgment property），它通过隐含的施事性成分对主语的评价，间接地表达了主语的性质或状态。并且，这两种属性与形容词本身的性质密切相关。开放等级形容词因为本身没有一个固定的标准，既可以表示事物的固有属性，也可以表示言者的评价属性。而封闭等级形容词因为只有一个固定的标准，只可以表示一种属性。再者，情感类形容词大多只说明施事对事物的评价属性。

5. 结论

本文讨论了"V 起来"句式的语义表达特点，其中着重对动词、形容词以及隐含的施事和主语名词之间的语义关系进行了细致的分析。研究发现，"V 起来"句式表达了两种不同的概括性事件：一种（A 类"V 起来"句式）是对偶然发生的事件的概括；另一种（B 类"V 起来"句式）是对非偶然发生的事件的概括，即通常意义上的通指句。对于这两种句式意义，我们还从逻辑语义的角度详细刻画了二者的语义结构。具体来说，A 类"V 起来"句式表示了每当"NP"发出"V"这个动作时，"NP"或整个事件具有"AP"这个属性。对此，我们利用 Rothstein（1995）提出的"匹配效应"来约束句式的事件论元。接着，B 类句式所表示的通指义是对主语某种属性的一种凸显，凸显的是动词对受事主语进行处置的那个方面具有的属性。值得注意的是，这里的处置并不具有事件性。因为动词的信息是包含在名词的物性结构中，如动词可以看作是名词的功能角色、施成角色或原型性处置角色。对于这种倾向性的解读，我们可以结合可能世界的理论来解释，即在所有与真实世界可及的世界而言，每个"NP"在"V"这个动作处置的方面都具有"AP"的特点。另外，B 类"V 起来"句式中的形容词可以表示主语名词的两种属性。一种是固有属性，它直接表示了主语名词（通常为事物名词）本身具有的倾向性属性；另一种是评价属性，它通过隐含的施事性成分对主语的评价，间接地表达了主语的性质或状态。

参考文献

曹宏（2005）《论中动句的语义表达特点》，《中国语文》，第 3 期。
陈平（1994）《试论汉语中三种句子成分与语义成分的配位原则》，《中国语文》，第 3 期，161—168 页。
蒋严、潘海华（1998）《形式语义学引论》，中国社会科学出版社。
彭国珍（2007）《英汉结果补语结构中补语形容词的差异》，《语言教学与研究》，第 3 期。
殷树林（2006）《"NP＋(状)＋V 起来＋AP"格式与英语中动句的比较》，《语言教学与研究》，第 1 期。
袁毓林（2010）《汉语配价语法研究》，商务印书馆。
张秀松、张爱玲（2009）《生成词库论简介》，《当代语言学》，第 11 卷，第 3 期，267—271 页。
朱德熙（1982）《语法讲义》，商务印书馆。
Ackema, P. and Schoorlemmer, M. (1994) The Middle Construction and the Syntax-Semantics Interface. *Lingua* 93: 59-90.
Allwood, J. Anderson, L.-G. and Dahl, Ö. (1997) *Logic in Linguistics*. Cambridge University Press.
Brennan, V. (1993) *Root and Epistemic Modal Auxiliary Verbs*. Doctoral Dissertation, UMass.
Dahl, Ö. (1975) On generics. In *Formal Semantics of Natural Language*, ed. Edward Keenan, 99-111.

Cambridge University Press.

Dowty, D. (1991) Thematic Proto-Roles and Argument Selection. *Language* 67(3), 547-619.

Fara, M. (2001) Dispositions and their Ascriptions. Ph.D. dissertation. Princeton University.

Fellbaum, C. (1986) *On the middle construction in English*. Bloomington, Indiana: Indiana University Linguistics Club.

Greenberg, Y. (2002) Two types of quantificational modalized genericity, and the interpretation of bare plural and indefinite singular NPs. In *Proceedings of SALT 12*, B. Jackson (ED.), Ithaca NY: CLC Publications, Cornell University.

Hopper, p and Thompson, S. (1980) Transitivity in Grammar and discourse.*Language* 56.

Ji, Xiaoling (季小玲) (1995) *The Middle Construction in English and Chinese*. Master Thesis, The Chinese University of Hong Kong.

Kratzer, A. (1981) The Notional Category of Modality. In *Words, Worlds, Contexts*. New approaches to Word Semantics, ed. H.-J. Eikmeyer and H. Rieser, 38-74. Walter de Gruyter.

Kratzer, A. (1991) Modality. In Semantics: An international handbook of contemporary research, ed. A von Stechow and D. Wunderlich, 639-650. Berlin: de Gruyter.

Krifka, M., Francis Jeffrey Pelletier, Gregory Carlson, Alice terMeulen, Goedehard Link and Gennaro, C. (1995). Genericity: An Introduction. In *The Generic Book*, ed. Gregory Carlson and Francis Jeffrey Pelletier, 1-124. Chicago: Chicago University Press.

Lekakou, M. (2005) *In the Middle, Somewhat Elevated-The Semantics of Middles and its Crosslinguistic Realization*. PhD thesis. University of London.

Pustejovsky, J. (1995) *The Generative Lexicon*. MIT.

Rothstein, S. (1995) Adverbial Quantification over Events.*Natural Language Semantics 3*: 1-31.

Sung, Kuoming (宋国明) (1994) *Case Assignment under Incorporation*. Ph.D. Thesis, University of California at Los Angeles.

Wechsler, S. (2005) Weighing in on Scales: A Reply to Goldberg and Jackendoff. *Language* 81, No.2.

普通话阴声韵中/o/和/e/音值的实验研究*

北京语言大学预科教育学院　刘思维
北京大学中国语言学研究中心，北京大学中文系　王韫佳
北京大学中文系　于梦晓　覃夕航　卿　伟

提要： 使用 60 名普通话母语者的样本对普通话阴声韵中韵腹/o/和/e/的音值进行了声学分析。实验结果表明：（1）韵母 ou、uo、ei、ie 的韵腹在舌位高度上无显著差异或者差距较小；（2）与相应的二合元音韵母相比，/o/和/e/在三合元音韵母中舌位有显著抬高；（3）单韵母 o 和 e 在实际发音中都有显著的舌位变化，o 的声学表现与 uo 没有显著差异，e 在发音终点的舌位高度与 uo 韵腹的舌位高度相近；（4）声调对韵母 er 舌位高度有显著作用，在声调相同的条件下/er/的舌位比 ie、ou、uo 的韵腹低。基于以上结果提出了韵腹/o/和/e/在各复韵母中的音值描写建议。

关键词： 中元音　复韵母　音值　共振峰

1. 引言

　　普通话中的中元音音位归纳和音值描写，学界历来存有争议，有学者认为普通话元音音位只需分高、低两级，无需再设一个中元音音位（薛凤生，2009）；多数学者仍认为应设立中元音音位，只是在音位归纳问题上各家又有不同看法。有学者倾向只设一个中元音音位（Hartman，1944；Hockett，1947；Cheng，1973：14—23 等）；也有学者认为可设两个（徐世荣，1958：9—10）、三个（王理嘉，1983）或四个（杨顺安，1991）音位。由于本研究目的不在于讨论中元音音位的归纳问题，而是要讨论普通话的中元音在各韵母中的音值问题，所以为方便叙述，本文以《汉语拼音方案》（以下简称《方案》）中的韵母为线索对普通话的中元音音值进行分析。依照《方案》的处理，普通话中有两个中元音音位，分别为/o/和/e/。/o/出现在韵母 o、uo、ou 和 iou 之中；/e/出现在韵母 e、er、ie、üe、ei、uei、en、uen、eng、ueng 之中。由于本文容量所限，故只讨论包含中元音音位的 10 个阴声韵韵母。表 1 为部分研究者对这 10 个阴声韵韵腹的音值描写。

　　由下页表可知，研究者们在音值描写上的分歧大致有四点。首先，关于韵母 o，一种观点认为唇音声母后接的 o 为单韵母，另一种观点则认为普通话中所谓的"单韵母" o 不过是 uo 在拼写上的省略形式，普通话中并不存在音值为[o]的单韵母。第二，关于 uo（包括"单韵母"o）韵腹音值，有学者认为音值接近于[o]，也有学者认为更接近于[ɔ]。第三，关于 ou 韵腹的音值，有学者认为音值接近于[ə]，也有学者认为音值与 uo 韵腹的音值一致，

---

*　本研究得到国家语言文字应用科研项目"普通话语音声学标准研制"（项目编号 BZ2005-01）的资助，本文通讯作者为王韫佳。

部分音系学者则认为 ou、ei 韵腹的音值一致。第四，关于 ei 韵腹的音值，有人认为音值为[e]，也有人认为音值接近于[ɛ]、[ə]或[ɛ]。这里要特别提出的是韵母 e 的音值问题：虽然从拼音形式上看 e 为单韵母，但有研究者认为这个韵母的音值是一个复合元音或者至少是发音过程中舌位有变化的元音（高本汉，1940：208；Hartman，1944；董少文，1988：62；吴宗济，1992：98—99，覃夕航，2010 等）。

在相当长的时间内，学界对普通话韵母音值的描写主要是依靠研究者的主观语感，从上个世纪 80 年代开始才有一些零散的声学研究（吴宗济、林茂灿，1989：95—100）和生理研究（鲍怀翘，1984）。这些研究虽然样本量较小，但得到的结果对更加准确地界定韵母的音值无疑具有重要的参考价值。进入 21 世纪以来，有研究者采用较大语音样本对中元音音位变体进行了声学分析，并取得了一些结果。王萍（2009）根据 52 名发音人所发的/o/和/e/中各个变体在声学元音图中的分布范围和相对位置，对这些变体进行了音值范围的拟定。覃夕航（2010）测量了 60 名发音人所发的单韵母 e 的 F_1、F_2，并请 5 名评判人对其中 30 名发音人的发音样本是否具有元音舌位的变化进行了主观评判，她认为带动程与否是单韵母 e 的两个自由变体，带动程的 e 的音值为[ɤʌ]。刘思维等（2012）对普通话中的中元音音值进行了探测性研究，通过对 74 名发音人发音样本的测量，他们认为"单韵母"o 的声学特征与复韵母 uo 接近，uo、ou、ei 韵腹的音值可分别描写成[ɔ]、[ɔ]和[ə]。

声学分析固然为语言的音值描写提供了客观依据，使得不同的研究者拥有了共同的讨论基础，但声学测量的结果并不能直接替代元音音值的拟定。我们认为，理想的音值描写应该同时具备以下三个要素：（1）简洁而有系统性，（2）具有音理上的可解释性，（3）与声学测量的结果有较好的一致性。本研究旨在通过大样本的声学分析，在前贤一些得到公认的看法的基础上，对上文所述的 10 个阴声韵中/o/、/e/音位的音值进行分析，并以上述三个要素为目标，对这些音素的音值进行界定。

部分研究者对/o/、/e/音位变体的音值描写

	o	uo	ou	iou	e	ei	ie	üe	uei	er
高本汉（1940）	[o]	[o]	[ɜ/o]	[o/u]	[ɤ]	[ə/E]	[ɛ]	[ɛ]	[E/i]	[œ]
Hartman（1944）	/	[ɔ]	[o]	[o/u]	[e̊]	[e]	[E]	[E]	[e/ɪ]	[ə]
徐世荣（1958）	[o]	[o]	[o]	[o]	[ɤ]	[ə]	[ɛ]	[ɛ]	[ə]	[ə]
Wang et al.（1963）	/	[ɔ]	[o]	[u]	[ə]	[ɛ]	[ɛ]	[ɛ]	[e]	[ə]
Cheng（1973）	/	[o]	[o]	[o]	[ɤ]	[e]	[e]	[e]	[e]	[ə]
Howie（1976）	/	[ɔ]	[o]	[o/u]	[ʌ]	[e]	[ɛ]	[ɛ]	[e]	[ə]
赵元任（1979）	/	[ɤ]	[o]	[o]	[ɤ]	[e]	[ɛ]	[ɛ]	[e]	[ɚ]
薛凤生（1986）	/	[ə]	[u]	[o]	[ɤ]	[ə]	[e]	[e]	[ə]	/
董少文（1988）	[o]	[ɤ]	[o]	[o]	[ɤʌ]	[e]	[ɛ]	[ɛ]	[e]	[ə]
周同春（1990）	[ɒ]	[ɒ]	[o]	[o]	[ə]	[ə]	[E]	[E]	[ə]	[ə/ɐ]
王理嘉（1991）	[ɒ]	[ɒ]	[o]	[o]	[ɤ^]	[e]	[ɛ]	[ɛ]	[e]	[ə]
林焘等（1992）	[ɒ]	[o]	[o/ə]	[o]	[ɤ^]	[e]	[ɛ]	[ɛ]	[e]	[ə]
吴宗济（1992）	[ɒ]	[o]	[o]	[o]	[ɤ^]	[e]	[ɛ]	[E]	[E]	[ə/E]
罗杰瑞（1995）	/	[o]	[o]	[o]	[ʌ]	[e]	[ɛ]	[ɤ]	[e]	[ə/ɐ]
唐作藩（2000）	[o]	[o]	[o]	[o]	[ə]	[ə]	[ɛ]	[ɛ]	[e]	[ɚ]
罗常培等（2002）	[ɔ]	[ɒ]	[o/ə]	[o]	[ɤ/ə]	[e]	[ɛ]	[ɛ]	[e]	[ə]

王理嘉（2003）	[o̞]	[o]	[ə]	[ə]	[ɤ^]	[ə]	[E]	[E]	[e]	[ᵊə]
Duanmu（2007）	/	[o]	[ə]	[ə]	[ɤ]	[ə]	[e]	[e]	[ə]	[ɚ]
王洪君（2008）	[o]	[o]	[ə]	[ə]	[ɤ/ɤ̞]	[e]	[ɛ]	[ɛ]	[e]	[ə/ɐ]
王萍（2009）	/	[o~ɔ]	[ɔ~ɑ]	[ɤ]	[ə]	[e~ɛ]	[e~ɛ]	[ø~œ]	[e/ɛ~ə]	[ə~ʌ]
曹文（2010）	/	[o·/ɔ]	[o/ə]	[o]	[ɤʌ]	[e/ə]	[ɛ]	[ɛ]	[e]	[ɐ/ʌ]

2. 研究方法

2.1 发音人与发音材料

发音人共 60 名，其中男女各 30 名，均为在北京城八区出生并长大的北京人，年龄在 19-28 岁之间。发音人均接受过或正在接受大学本科教育，没有在外地长时间生活的经历。

发音项目为普通话中包含 o、uo、ou、iou、e、ie、üe、ei、uei、er 这 10 个韵母的全部音节，涵盖所有可能的声母、声调搭配。发音项目随机排列，项目与项目之间均插入一定数量的干扰项，每个音节均以汉语拼音和常用汉字两种方式同时呈现给发音人。

2.2 样本采集与数据的测量和处理

录音地点为北京大学中文系隔音录音室，录音软件为 adobe audition 2.0，采样频率 22.05KHz，分辨率 16bit，立体声。使用 Praat 语音分析软件测量所有音节韵腹段的第一、第二共振峰频率（下文分别记作 F_1、F_2）。F_1 与舌位的高低相关，舌位越高，F_1 越低；F_2 与舌位的前后相关，舌位越靠后，F_2 越低，同时，F_2 还与元音的圆唇度有关，圆唇会导致 F_2 降低。将元音的位置标在 F_1-F_2 坐标系上，可以得到二维声学元音图。仅凭一个元音在声学元音图上的位置并不能直接判断它的音值，但我们可以通过不同元音在 F_1-F_2 声学元音图上的相对位置来推测它们之间的音值关系，本文对元音音值的界定就是采取的这种比较法。

由于复合元音中所有元音成分之间是滑动过渡的，故对于韵腹的测量只能选取时间上的某一点。韵腹是开口度最大，也就是舌位最低的元音，因此对于除了 o、e 和 er 以外的所有韵母，都选取发音稳定段第一共振峰的最高处作为韵腹测量点，对于后响复合元音韵母来说，这一点也被称为末点（见图 1-a）。对于韵母 o 和 e，分别测量发音稳定段的起点和末点的 F_1、F_2，以确认它们到底是单元音还是复合元音（见图 1-b）。对于卷舌韵母 er，选取发音稳定段的起点作为测量点（见图 1-b），因为这个元音的 F_1、F_2 和 F_3 在发音过程中都会因为卷舌动作的加强而产生变化。为了与"单韵母"o 进行对比，我们也测量了韵母 uo 稳定段起点的前两个共振峰。

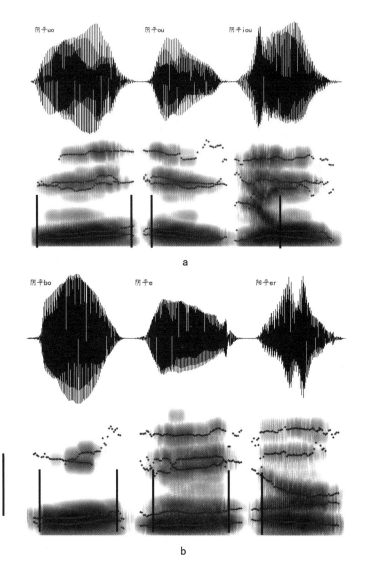

图 1 测量点选取举例,上方为波形图,下方为宽带语图,图中虚线为共振峰中心频率,语图上的竖线表示测量点。a 图为阴平调的 uo、ou 和 iou;b 图为阴平调的 bo 和 e 以及阳平调的 er。

根据测量结果,我们将上述 10 个韵母中某两个或三个韵母的某个测量点的 F_1、F_2 组成一个对子进行比较。进行比较的对子必须处于完全相同的声母和声调条件下,例如, ei 和 uei 这个对子是以阴平条件下声母为 h、k、t 的发音项目作为比较对象,而 uei 和 iou 这个对子则是以四个声调条件下的零声母发音项目作为比较对象。这样一来,不同对子中同一个测量项目的发音项目就有可能不完全相同,在均值和分布上也就会略有差异。

为了使得元音在声学元音图上的距离与主观感知的距离接近,我们将测得的绝对标度 Hz 值转化成相对标度 Bark 值进行统计分析(从 Hz 到 Bark 的换算参见 Zwicker & Terhardt,1980),转化公式如下:

$$Bark = 13\arctan(0.76f/1000) + 3.5\arctan(f/7500)^2 \tag{1}$$

公式（1）中的 f 为实测点所测得的共振峰值。生理条件的差别导致男女发音人在元音共振峰上存在系统差别，因此又根据 Syrdal & Gopal (1986) 提出的方法消除共振峰的性别差异。具体做法是，用 $Bark_1-Bark_0$（简称 ΔB_1）替代 F_1 反映元音舌位在高低维上的变化，用 $Bark_2-Bark_1$（简称 ΔB_2）替代 F_2 反映舌位在前后维上的变化（公式（2））。其中 $Bark_0$、$Bark_1$、$Bark_2$ 分别为 F_0、F_1、F_2 的 Bark 值。

$$\Delta B_1 = Bark_1 - Bark_0$$
$$\Delta B_2 = Bark_2 - Bark_1 \qquad (2)$$

3. /o/ 音位变体的音值分析

3.1 韵母 uo 中的 /o/

如上文所述，声学分析的结果不可能直接用来作为界定元音音值的证据，所以本节通过比较 uo 和 üe 韵腹的方法来确定 uo 韵腹的音值。选择 üe 作为参照是因为前人对 üe 韵腹的音值描写具有较好的一致性，而 üe 和 uo 同属零韵尾韵母，它们的介音同属圆唇元音，这两个韵母韵腹的音值就具有较好的可比性。

图 2 显示的是这两个韵母韵腹的 ΔB_1、ΔB_2。对 uo、üe 韵腹的 ΔB_1 进行配对样本 t 检验，二者的 ΔB_1 无显著差异（$t(59) = -0.818$, $p=0.417$）。实验结果说明 uo、üe 韵腹舌位高度相近，该结果与 Wang et al.（1963）、Howie（1976:49）、王萍（2009:123、125）的结果一致。学界普遍把 üe 韵腹的音值看作[ɛ]，如此，uo 韵腹的音值也应该是半低的而不是半高的。从内部结构上看，uo 中两个元音同为后、圆唇元音，只有舌位高度的差别达到一定程度，复合元音的色彩才会较为明显。因此，从音理上来说，将 uo 韵腹的音值描写成[ɔ]比描写成[o]更加合适一些。

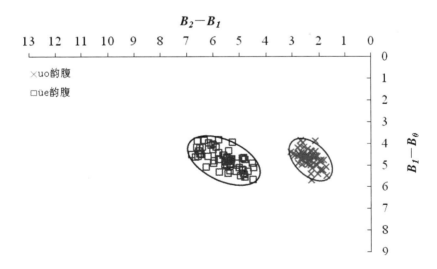

图 2 uo、üe 韵腹的声学分布

3.2 韵母 o 中的 /o/

为了考察韵母 o 在发音时舌位是否存在变化，我们比较了该韵母的起点和末点的声学参数，测量样本为阴平、上声、去声条件下 b、m、p 后 o 的发音。具体的比较方法是，用

末点和起点 $\Delta B_1/\Delta B_2$ 的差值除以起点的 $\Delta B_1/\Delta B_2$，得到起、末点的差值百分比（以下简称"差比"，具体计算见公式（3））。本小节还将 o 的起、末点的 $\Delta B_1/\Delta B_2$ 分别与 uo 的起、末点的 $\Delta B_1/\Delta B_2$ 进行比较，以考察这两个韵母在音值上是否存在差异。

$$差比 = | (末点值 - 起点值)/起点值 | \qquad (3)$$

图 3 显示的是声学测量的结果。配对样本 t 检验的结果表明，o 起点的 ΔB_1 小于 o 末点的 ΔB_1（t（59）= -35.213，p=0.000），o 起点的 ΔB_2 也小于 o 末点的 ΔB_2（t（59）= -8.619，p=0.000）。o 的 ΔB_1、ΔB_2 的差比均值分别为 85.9%、56.3%。真正的单元音在发音中共振峰多少也会有些变化，微弱的变化并不能证明一个元音单位就是复合元音，因此我们这里将 ΔB_1、ΔB_2 的差比大于 10% 的定义为复合元音的动态共振峰模式（以下简称"动态共振峰"），在 540 个样本中，o 的 ΔB_1、ΔB_2 的差比大于 10% 的样本分别占样本总量的 98.5% 和 80.2%，这说明在发"单韵母"o 时，98% 以上的发音人存在舌位由高向低的滑动，80% 以上的发音人存在舌位由后向前的滑动。图 3 中黑色箭头表示了这个韵母舌位的移动方向。吴宗济、林茂灿（1989:204）曾指出"单韵母"o 的频谱表现出一定的动态特性，本实验测量结果支持了这一观点。

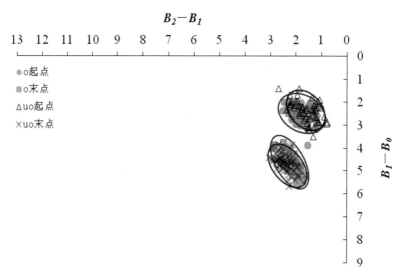

图 3　o、uo 的起点和末点的声学分布

下面比较 o、uo 的音值。由于"单韵母"o 除叹词外不再出现于零声母条件之下，而叹词的发音并不适合作为分析某种语言语音系统的依据，因此这里只将唇音声母后的 o 与零声母 uo 进行比较。配对样本 t 检验的结果显示，o 起点的 $\Delta B_1/\Delta B_2$ 都大于 uo 起点的 $\Delta B_1/\Delta B_2$（t（59）=2.270/3.018，p=0.027/0.004）；o 末点的 ΔB_2 小于 uo 末点的 ΔB_2（t（59）= -2.401，p=0.020），但 o、uo 末点的 ΔB_1 并无显著差异（t（59）= -1.874，p=0.660）。上述结果（见图 3）表明，o 起点的舌位比 uo 起点的舌位偏低、偏前；o 末点的舌位与 uo 末点的舌位高度相近，但比 uo 末点的舌位偏后。这种差异可能是由声母条件的不同造成的，因为 uo 处于零声母音节中，介音和韵腹的发音都会更加到位。因此这个结果并不能证明 o 和 uo 是两个音质不同的韵母。从图 3 也可看出，o 和 uo 的起、末点还是比较接近的。

尽管在语音教学和研究领域，人们对唇音声母后 o 是否为复韵母的认识并不一致，但前贤在这个问题上的看法其实并无分歧。早在 1925 年，王璞、赵元任等在增修《国音字典》时已对此做过解释，即 uo 与唇音声母相拼时，uo 可省写作 o，制定于 1950 年代的《汉语拼音方案》也继承了这一思想（周有光，1961：95、111；王理嘉，2003：28、76）；王力（1985：428）从历史语音学的角度对 o 和 uo 的关系进行过阐释，他明确指出《方案》中的 o 不过是 uo 省写形式。因此，无论是从历史来源出发还是从客观的测量结果出发，将唇音声母后的 o 看成复韵母都是合适的，其音值可以跟 uo 一样描写成[uɔ]。

3.3 ou 中的/o/

由于上文已经确定了 uo 的韵腹音值，因此这里将 ou、uo 韵腹的 ΔB_1、ΔB_2 进行比较，以推测这两个韵母韵腹的舌位关系，测量样本为四个声调条件下声母为 h、l、t 的 uo 和 ou。ou 和 uo 的韵母结构并不相同，ou 是开口呼的有尾韵，而 uo 是合口呼的无尾韵，但由于韵尾和介音都是/u/，因此这两个韵母中的韵腹还是具有一定的可比性的。图 4 显示的是这两个韵母韵腹的 ΔB_1、ΔB_2。

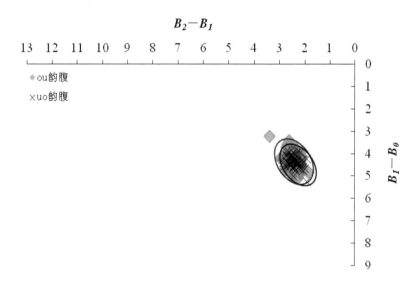

图 4　ou、uo 韵腹的声学分布

配对样本 t 检验的结果表明，ou、uo 韵腹的 ΔB_1 的差异不显著（$t(59)= -1.470, p=0.147$），二者 ΔB_2 的差异也不显著（$t(59) =1.177, p=0.244$）。该结果表明，ou、uo 的韵腹在舌位上相近。我们的结果与王萍（2009：145）的结果有所不同：王萍认为 uo 韵腹的舌位比 ou 韵腹的舌位偏高、偏后。

我们在 3.1 节中建议将 uo 韵腹的音值拟为[ɔ]，既然 uo、ou 韵腹的舌位相近，那么也可以将 ou 韵腹的音值描写为[ɔ]。这样做除了有声学分析的结果作为支撑外，在音理上也是可解释的：学界一般认为 ou 韵尾的音值为次高的[ʊ]，若将 ou 的韵腹元音定为半高的[o]，则韵腹元音和韵尾元音在舌位上只差半度，复合元音的色彩在听感上肯定比较模糊；而[ʊ]与[ɔ]在高度上相差了 1 度半，ou 韵母的复合元音色彩会更加突出。此外，若将位于介音 u-之后和韵尾-u 之前的 o 的音值一律描写为[ɔ]，也可使音值的描写更为简洁。

3.4 iou 中的 /o/

iou 既有介音又有韵尾,因此韵腹在韵尾和介音的双重影响下,理论上来说它的韵腹舌位会比零介音的 ou 和零韵尾的 uo 的韵腹高一些。这里对同韵辙的 ou、iou 韵腹的舌位进行比较,以考察介音 i- 对中元音韵腹的影响。图 5 显示的是 ou、iou 韵腹的 ΔB_1、ΔB_2。配对样本 t 检验的结果显示,iou 韵腹的 ΔB_1 小于 ou 韵腹的 ΔB_1($t(59)$= -18.741,p=0.000),iou 韵腹的 ΔB_2 大于 ou 韵腹的 ΔB_2(t(59)=27.305,p=0.000)。这些结果表明,iou 韵腹的舌位比 ou 韵腹的舌位偏高、偏前。本文结果与曹剑芬、杨顺安(1984)、黄英(2010)的结果一致,但与王萍(2009:172)的结果稍有不同,王萍认为 iou、ou 的韵腹舌位在前后维上相近。综合前人的结果与本文的结果,我们认为介音 i- 有使韵腹舌位偏高、偏前的作用。

其实,无论把 ou、iou 韵腹的音值看成什么,学界都普遍认为这两个韵母的韵腹音值是一致的,顶多是后者的韵腹舌位偏高一些,但一般都没有在音值描写中把这种差异表达出来。我们也认为在音值描写中不必过分拘泥于这种由于音素间的同化作用带来的细微差别。所以,若 ou 韵腹的音值为[ɔ],那么 iou 韵腹的音值也可以描写为[ɔ]。

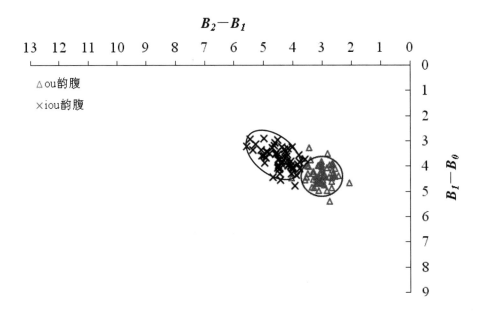

图 5 ou、iou 韵腹的声学分布

4. /e/ 音位变体的音值分析

4.1 单韵母 e 的声学特征与音值分析

覃夕航(2010)在讨论韵母 e 的共振峰变化率时发现,e 的 F_1 的变化率较大,F_2 的变化率相对较小。造成 F_2 变化率偏小的一个主要原因是很多发音人 e 的 F_1 有非稳定段,而多数发音人 e 的 F_2 没有非稳定段,这使得 F_2 在整体上变化率的平均值偏小。我们在本研究中也发现,e 的起点和末点的 F_1 相差较大,但起点和末点的 F_2 相差较小(参见图 1-b)。

这就造成末点 B_1 与起点 B_1 的差值大于末点 B_2 与起点 B_2 的差值，从而使得末点的 ΔB_2（$\Delta B_2 = B_2 - B_1$）低于起点的 ΔB_2。这样一来，ΔB_2 所反映的起、末点的舌位前后关系便与实际情况不符。所以此处我们将采用绝对的 Hz 值来描写 F_1、F_2。由于男、女发音人的共振峰中心频率存在系统差异，所以需要把男、女两组的数据分别进行统计分析。图 6 分别显示的是男、女发音人 e 起、末点及 uo 韵腹的 F_1、F_2。

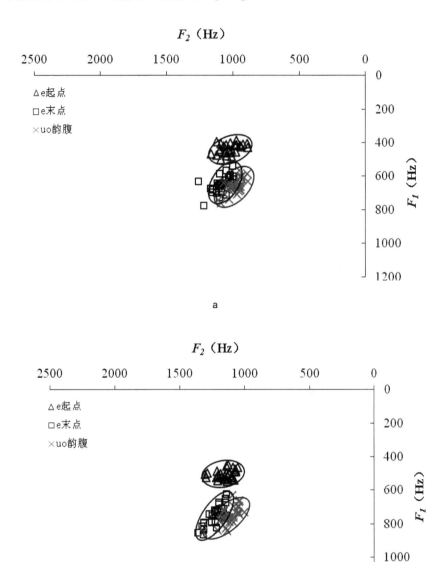

图 6　e 起、末点和 uo 韵腹的声学分布，a 为男发音人样本，b 为女发音人样本

配对样本 t 检验的结果显示，男/女发音人 e 起点的 F_1 都小于 e 末点的 F_1（t（29）= -24.260/-28.946，p=0.000），e 起点的 F_2 也都小于 e 末点的 F_2（t（29）= -4.490/-6.181，p=0.000）。

男/女发音人 F_1、F_2 的差比均值分别为 47.8%/52.8%、7.7%/9.7%。这说明所有发音人韵母 e 末点在舌位高度上的变化程度远远大于在舌位前度上的变化程度，该结果与覃夕航（2010）的结果一致。

我们仍把差比大于 10% 的共振峰定义为复合元音的动态共振峰模式。前人认为 e 的发音动程因声调而异，在上声和去声条件下动程较大（高本汉，1940：208；林焘、王理嘉，1992：48；王洪君，2008：51），因此这里分声调对样本进行分析。在 4 个声调共 240 个样本中，男发音人 F_1 的动态共振峰比例在阴平条件下为 96.7%，在其余三个声调条件下均为 100.0%；女发音人各声调条件下的 F_1 的动态共振峰比例都与男发音人的一致。F_2 的动态共振峰的比例的情况略微复杂，按阴、阳、上、去的声调顺序，男/女发音人分别为 30.0%/40.0%、33.3%/50.0%、43.3%/36.7% 和 16.7%/30.0%。由此可见，e 在阴平条件下舌位高度的变化略小于其他声调条件下的变化，舌位前度的变化在不同声调条件下并无明显的规律性的不同，只是在去声条件下略有减弱，也就是说这里的结果不能支持前人的理论假设。

下面依据声学分析的结果讨论音值描写的问题。学界一般将 e 起点的音值描写为[ɤ]，所以本文默认 e 起点的音值为[ɤ]。我们将 e 末点的舌位和 uo 韵腹的舌位进行比较，以推测韵母 e 的末点音值。配对样本 t 检验的结果显示，男/女发音人 e 末点和 uo 韵腹的 F_1 的差异均不显著（t（29）= -0.875/-0.066，p=0.389/0.948），但 e 末点的 F_2 都大于 uo 韵腹的 F_2（t（29）=8.565/6.773，p=0.000）。以上结果说明，所有发音人 e 末点的舌位都与 uo 韵腹的舌位在高度上相近。uo 韵腹的 F_2 小于 e 末点的 F_2，可能是因为 uo 的韵腹具有的圆唇色彩致使其 F_2 有所下降。由于 uo 韵腹和 e 末点的 F_2 的差距并不能证明二者在舌位前度上有显著差异，而且从声学距离上看（见图 6），二者 F_2 的声学分布在前度上也是有重合的部分，因此，逻辑上来说我们只能保守地认为舌位前度上的差异可能是不显著的。上文已经把 uo 韵腹的音值界定为后、半低圆唇元音，依据实验结果我们可以认为 e 末点的音值是后、半低展唇元音[ʌ]。

如前文所述，声学测量的结果并不能直接替代理论分析。我们认为，若把 e 看成复合元音韵母，这个韵母的音韵地位就很难确定。在十三辙中，o、uo、e 被归入一个韵辙。如果 o 和 uo 本质上是一个韵母，那么我们就必须承认 e 也是一个后响复合元音韵母。这样一来，[ɤʌ]的介音就成了不圆唇的半高元音[ɤ]，与整个普通话韵母系统的格局形成矛盾。在十八韵中，e 单独成为一个韵辙，似乎与 o 和 uo 没有了瓜葛，但我们仍然难以分析[ɤʌ]的结构。如果把这个韵母看成单韵母，理论的优势则是明显的：我们可以认为普通话中只有一个中元音音位/e/，该音位可以出现在开、齐、合、撮四呼之中，韵母分别为 e、ie、uo 和 üe，从韵母的末点音值看，这四个韵母都落在半低的舌位上。综上所述，我们主张把 e 的音值描写为[ᵞʌ]。

4.2 er 中的 /e/

为确认 er 的音值,我们选择起点音值为[ɤ]的单韵母 e 和韵腹音值为[ɔ]的复韵母 ou 作为参照,将这两个韵母韵腹的舌位与 er 韵腹的舌位进行比较。选择 ou 韵腹而非 ei 韵腹作为参照,是因为 ei 不配零声母,而 er、ou 能配零声母,声母条件一致。此外,由于 er 韵腹音值因声调而异(李思敬,1986:106;邵敬敏,2007:54;黄伯荣、廖旭东,2011:103 等),所以我们分声调对 er 韵腹音值进行分析。在测量中我们发现 e 起点的 F_1 低于 er 韵腹的 F_1,但 e 起点的 F_2 与 er 韵腹的 F_2 相差不大,如上文所述,这会导致 ΔB_2 所反映的起、末点的舌位关系与实际情况不符,因此本节在讨论 e 起点与 er 韵腹的舌位关系时,也采用绝对标度 Hz 来分析 F_1、F_2。

图 7 分别显示的是男、女发音人在阳平、上声和去声这三种声调条件下 e 起点和 er 韵腹的 F_1、F_2。首先看 er 在不同声调条件下的表现。检验的结果显示,男/女发音人 er 韵腹的 F_1 在声调间均有显著差异($F(2,58)$=48.912/97.368,p=0.000);男发音人 er 韵腹的 F_2 在声调间无显著差异($F(2,58)$=0.629,p=0.537),但女发音人有显著差异($F(2,58)$=9.513,p=0.000)。事后检验的结果表明,男/女发音人 er 韵腹的 F_1 在两两声调间均有显著差异($p<0.001$),三种声调条件下的 F_1 按大小顺序排序均为:去声 > 上声 > 阳平。男发音人的 F_2 在两两声调间均无显著差异($p>0.1$);女发音人的 F_2 除在阳平和上声间的差异不显著外(p=0.170),在其余两两声调间均有显著差异($p<0.005$),阳平、上声条件下的 F_2 均小于去声条件下的 F_2。上述实验结果说明,er 韵腹的舌位确实因声调而异,按舌位由低到高排序,男、女发音人均为去声 > 上声 > 阳平;按舌位由前至后排序,男发音人为阳平≈上声≈去声,女发音人为阳平≈上声 < 去声。不过,从图 7 可以看出,在阳平和上声条件下,女发音人 er 韵腹在前度上的差别并不大。综合来看,上述结果基本上支持了前人的观点。近年来也有研究者认为目前很多新北京人已将三个声调的 er 统一发成了[ər]、[ɐr]甚至[ʌr](王福堂,2006;王洪君,2008:54;曹文,2010:69),但从我们的实验结果看,不同声调条件下的差异仍然是存在的。

再来看看 er 韵腹与 e 起点的舌位关系。在阳平条件下,男/女发音人 er 韵腹的 F_1 都大于 e 起点的 F_1($t(29)$=18.451/20.861,p=0.000),er 韵腹的 F_2 也都大于 e 起点的 F_2($t(29)$=6.106/6.497,p=0.000)。在上声条件下,男/女发音人 er 韵腹的 F_1 都大于 e 起点的 F_1($t(29)$=24.065/20.215,p=0.000),er 韵腹的 F_2 也都大于 e 起点的 F_2($t(29)$=9.063/8.573,p=0.000)。在去声条件下,男/女发音人 er 韵腹的 F_1 都大于 e 起点的 F_1($t(29)$=19.008/25.156,p=0.000),er 韵腹的 F_2 也都大于 e 起点的 F_2($t(29)$=9.730/10.306,p=0.000)。这些结果说明,er 韵腹的舌位比 e 起点的舌位偏低、偏前(见图 7),也就是说,er 韵腹的音值应该是一个舌位比半高、后元音低且前的元音。

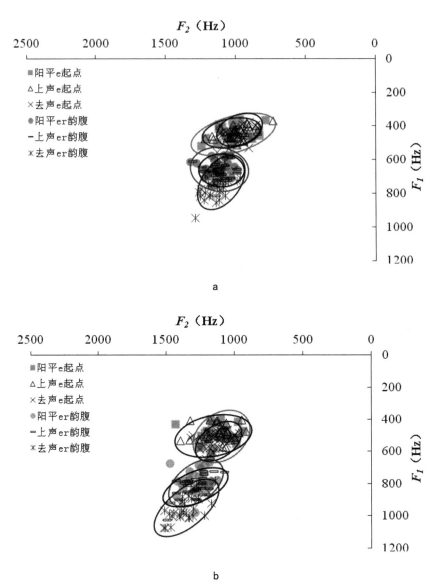

图 7 e 起点和 er 韵腹的声学分布，a 为男发音人样本，b 为女发音人样本

为了进一步确定 er 韵腹的音值，我们又把它与 ou 的韵腹进行了对比，由于 er、ou 只在上声和去声条件下配零声母，所以这里只讨论这两种情况。图 8 显示的是声学测量的结果。配对样本 t 检验的结果显示，在上声条件下，er 韵腹的 ΔB_1 大于 ou 韵腹的 ΔB_1（$t(59)$=6.640，p=0.000），er 韵腹的 ΔB_2 也大于 ou 韵腹的 ΔB_2（$t(59)$=9.976，p=0.000）；在去声条件下，er 韵腹的 ΔB_1 大于 ou 韵腹的 ΔB_1（$t(59)$=9.497，p=0.000），er 韵腹的 ΔB_2 大于 ou 韵腹的 ΔB_2（$t(59)$=6.137，p=0.000）。以上结果表明，er 韵腹的舌位比 ou 韵腹的舌位偏低、偏前。若认为 ou 的韵腹舌位高度为半低，那么 er 的韵腹元音至少应该描写为一个半低或者半低以下的元音。如果忽略不同声调条件下的差别，我们认为把这个韵母韵腹的音值描写为[ɐ]是较为合适的。

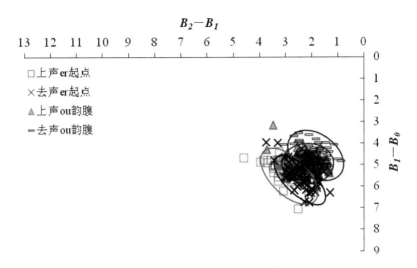

图 8 er、ou 韵腹的声学分布

4.3 ei 中的 /e/

先对 e 起点和 ei 韵腹的舌位进行比较。图 9 显示的是 e 起点和 ei 韵腹的 ΔB_1、ΔB_2。配对样本 t 检验的结果显示，e 起点的 ΔB_1 小于 ei 韵腹的 ΔB_1（$t(59) = -29.691$，$p=0.000$），e 起点的 ΔB_2 小于 ei 韵腹的 ΔB_2（$t(29) = -16.148$，$p=0.000$）。这些结果说明，ei 韵腹的舌位比 e 起点的舌位偏低、偏前。如果 e 起点的音值为半高的[ɤ]，那么根据这里的结果，ei 的韵腹元音应比半高低一些。之前已有研究者（高本汉，1940：228；Wang et al.，1963；吴宗济，1992：104；王萍，2009：147；曹文，2010：71 等）持类似观点，即认为 ei 韵腹的音值应是一个高度低于半高的元音，如[ᴇ]、[ɛ]或央元音[ə]。

再将 ei 韵腹的舌位与 ie、ou 韵腹的舌位进行比较。前人对 ie 韵腹音值为[ɛ]的看法较为一致，我们在上文又已经将 ou 韵腹的音值拟为[ɔ]，所以此处将这两个韵母的韵腹与 ei 的韵腹进行比较。图 10 显示的是声学测量的结果。检验结果显示，这三个韵母韵腹的 ΔB_1 组间差异并不显著（$F(2,118)=2.029$，$p=0.136$），ΔB_2 的组间差异显著（$F(2,118)=899.062$，$p=0.000$）。事后检验的结果表明，ei 韵腹的 ΔB_1 小于 ie 韵腹的 ΔB_1（$p=0.041$），ei、ou 韵腹的 ΔB_1 无显著差异（$p>0.05$），ie、ou 韵腹的 ΔB_1 也无显著差异（$p>0.05$）；这三个韵母韵腹的 ΔB_2 两两间均有显著差异（$p < 0.001$），按 ΔB_2 的大小关系排序为：ie > ei > ou。声学测量的结果说明，ei、ie 韵腹的舌位与 ou 韵腹的舌位高度相近，但 ei 韵腹的舌位比 ie 韵腹的舌位略高一些；ei、ie 韵腹的舌位均比 ou 韵腹的舌位靠前，而 ie 韵腹的舌位比 ei 韵腹的舌位更偏前一些。

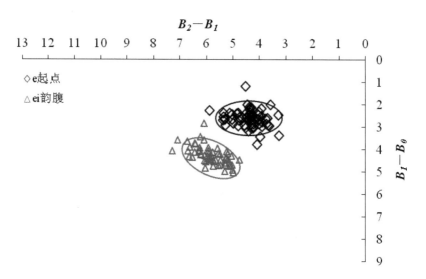

图 9 e 起点和 ei 韵腹的声学分布

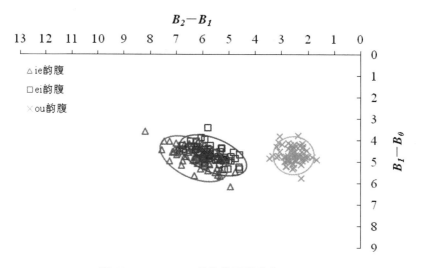

图 10 ei、ie、ou 韵腹的声学分布

尽管 ei 和 ie 的韵腹在舌位高度和前度上都具有统计意义上的差别，但从声学距离看（见图 10），二者在高度上还是比较接近的，因此我们并不主张简单地依靠统计结果把 ei 的韵腹描写成比 ie 的韵腹舌位更高（因此也就更靠前）的元音[e]，而是主张把两个韵母的韵腹都描写为[ɛ]。这样的处理在音理上具有更好的可解释性。首先，从内部结构看，ei 韵母中的两个元音同属前元音，学界普遍认为作为韵尾的/i/音值是次高的[ɪ]，若将 ei 韵腹的音值描写为半高的[e]，则韵尾元音与韵腹元音之间的舌位高度只差半度，这么小的差距很难凸现韵母的复合元音色彩。第二，ei、ie、üe 韵腹的音值统一，使音值的理论处理更显简洁：/e/在这三个韵母中的变体音值，无论处于介音之后还是韵尾之前，均可描写为[ɛ]，而[ɛ]与 uo、ou 的韵腹元音[ɔ]也形成了展唇与圆唇的对称关系，这样就使得整个中元音音位变体的描写更具有系统性。

4.4 uei 中的 /e/

与 iou 的情况相同，uei 也受到介音和韵尾的双重影响，理论上它的韵腹舌位会比零介音的 ei、零韵尾的 ie 的韵腹舌位高一些，本节对 ei、uei 韵腹的舌位进行比较，并考察介音 u- 对韵腹的影响。使用的样本是阴平条件下声母为 h、k 和 t 的发音项目。理论上来说，受介音 u- 的影响，uei 韵腹的 F_1 和 F_2 都应该比 ei 韵腹的低；此外，u- 的圆唇色彩也会影响 uei 的韵腹，使其前半程带上圆唇动作，造成 F_2 进一步的降低。但是，我们在实际测量中发现，uei 的 F_1 明显小于 ei 的 F_1，但 ei 和 uei 的 F_2 间的差距却不是非常大，这就造成 uei 韵腹的 B_2 与 uei 韵腹的 B_1 的差值要大于 ei 韵腹的 B_2 与 ei 韵腹的 B_1 的差值，从而使得 uei 韵腹的 ΔB_2 高于 ei 韵腹的 ΔB_2（$\Delta B_2 = B_2 - B_1$），如此，ΔB_2 所放映的韵腹舌位关系便与实际情况不符。所以此处我们仍然采用绝对标度 Hz 来分析 ei、uei 韵腹的 F_1、F_2，并对男、女两组数据分别进行统计分析。

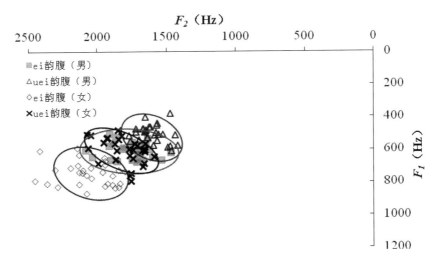

图 11 ei、uei 韵腹的声学分布

图 11 显示的是 ei、uei 韵腹的 F_1、F_2。配对样本 t 检验的结果显示，男/女发音人 uei 韵腹的 F_1 都小于 ei 韵腹的 F_1（$t(29) = -11.137/-9.353$，$p=0.000$），男/女发音人 uei 韵腹的 F_2 都小于 ei 韵腹的 F_2（$t(29) = -5.369/-7.338$，$p=0.000$）。上述结果表明，所有发音人 uei 韵腹的舌位都比 ei 韵腹的舌位偏高、偏后。本实验结果支持曹剑芬、杨顺安（1984）和黄英（2010）的研究结果，即介音 u- 有使韵腹偏高、偏后的作用，但与王萍（2009：172）的结果有所不同：王萍认为 ei、uei 的韵腹在舌位的前后维上相近。在 4.3 节中，我们将 ei 韵腹的音值拟为[ɛ]，如果仅仅考虑声学分析的结果，可以将 uei 韵腹音值拟为[ə]。

我们也对 iou、uei 韵腹的舌位进行了比较，图 12 显示的是 uei、iou 韵腹的 ΔB_1、ΔB_2。配对样本 t 检验的结果显示，iou 韵腹的 ΔB_1 小于 uei 韵腹的 ΔB_1（$t(59) = -5.594$，$p=0.000$），iou 韵腹的 ΔB_2 小于 uei 韵腹的 ΔB_2（$t(59) = -24.757$，$p=0.000$）。以上结果表明，iou 韵腹的舌位比 uei 韵腹的舌位偏高、偏后。该结果与曹剑芬、杨顺安（1984）和黄英（2010）的结果一致，但与王萍（2009：168）略有不同：王萍认为二者韵腹舌位高度

相近。本文的结果说明高元音介音对韵腹均有高化作用，但介音 i-对韵腹的高化程度要高于介音 u-对韵腹的高化程度。在上文中我们提出音值描写可以忽略介音的同化作用对韵腹元音舌位高度的影响，因此建议把 ou 和 iou 的韵腹都描写成[ɔ]；基于同样的理由，我们觉得把 uei 的韵腹看成[ɛ]而不是[ə]也许是更加合适的。

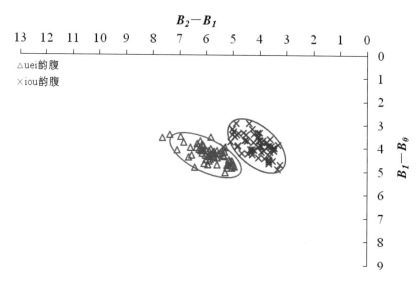

图 12　uei、iou 韵腹的声学分布

5. 一般性讨论和结论

前人对音值的描写，主要有三种标准：（1）研究者自己的语感，（2）音系层面的可解释性，（3）声学或生理学的测量结果。凭自己的语感对音值进行描写，往往会受到个体差异的影响：发音人有个体差异，记音人对音值的感知有个体差异，记音人对音标的选择也存在个体差异（王理嘉，2003：93）。以纯音系的标准来进行音值描写，往往把系统的简洁性放在第一位，有时就不可避免地忽略了客观的语音事实，从而导致某些音值的描写既在音理上的可解释性不够强，又与实际发音有着明显的距离。严格按照声学或者生理的测量结果对音值进行描写，尊重了语音事实，基于较大语音样本的声学分析也能够很好地消除发音人的个体差异，使测量结果更能代表总体。但是，自然语言中语音的变化是复杂多样的，若不分轻重地将所有的差异都严格记录下来，描写出来的音值未免显得琐碎。因此，如上文所述，我们主张音值描写的标准不能是单一的而应该是综合的。

前人对 10 个阴声韵中/o/、/e/音位变体的音值描写，最复杂的处理方式可达 9 种（如高本汉，1940），最常见的为 5~6 种（如徐世荣，1958；董少文，1988 等）。我们认为，在系统性方面处理得比较理想的是 Cheng（1973），他只用了四种音值来描写这 10 个音位变体的音值，他把 uo、ou、iou 的韵腹音值统一描写为[o]，把 ie、üe、ei、uei 的韵腹音值统一描写为[e]，即这些韵母中的中元音只有半高的圆唇和不圆唇两类。这种二分法与本文的观点是一致的，但是 Cheng 对中元音舌位高度的界定与本文不同。按照 Cheng 的定位，有尾韵的韵腹元音与介音/韵尾元音在高度上只相差半度（韵尾的高元音实际上是次高的舌位），正如我们在上文中所阐述的，这样的舌位差别对于复合元音来说显得太小，在音理上略显别扭。前人在客观测量的结果上与我们的结果最为接近的是 Wang et al.（1963）和王萍（2009）。但是，Wang et al.在描写 ou 和 iou、ei 和 uei 时，将这四个韵母的韵腹音值处理成四种不同的音值，这样的音值描写在系统上略显冗余。王萍对音值的描述非常客观，但她只给出了 10 个音位变体在声学元音图中的分布范围而非确定的音值，所以严格来说，她并未对这些音位变体进行音值的拟定。

基于对音值描写是否具有系统性、在音理上是否具有可解释性和是否贴近声学测量的结果这三方面的考量，本文对普通话阴声韵中/o/和/e/各变体的音值作如下拟定：

$$/o/ \to [ɔ] / \begin{cases} \_u\_\# \\ \_u \\ i\_u \end{cases} \qquad /e/ \to \begin{cases} [ɤ] / \_\# \\ [ə] / \_r \\ [ɛ] / \begin{cases} i/ü\_\# \\ \_i \\ u\_i \end{cases} \end{cases}$$

其中，"#"表示音节边界，"/"后表示该音值出现的语音条件。韵母 o 具有明显的复合元音特点，可以看成是 uo 在唇音声母后的变体，音值可以描写为[uɔ]，所以此处不单独列出。韵母 e 在发音时带有动程，音值可以描写为[ˠʌ]，但考虑到将韵母 e 看成复合元音韵母在音系上并不合适，因此这里仍然处理为单韵母，如果需要可以按最严格的标音[ˠʌ]进行处理。介音 i-和 u-对韵腹的同化作用没有在这里体现出来，这样做一来是为了使音值描写尽量简洁，二来是考虑到在音系层面，韵腹与韵尾的关系比韵腹与介音的关系更为密切，音值描写也应对这种亲疏关系有所体现。我们认为，以上描写基本达到了我们在本文开始所预设的目标。

参考文献

1. 鲍怀翘（1984）普通话单元音分类的生理解释，《中国语文》，第 2 期，117—127 页。
2. 曹剑芬、杨顺安（1984）北京话复合元音的实验研究，《中国语文》，第 6 期，又载于曹剑芬（2007）《现代语音研究与探索》，北京：商务印书馆。
3. 曹文（2010）《现代汉语语音答问》，北京：北京大学出版社。
4. 董少文（1988）《语音常识》（增订本），上海：上海教育出版社。
5. 高本汉，赵元任、罗常培、李方桂合译（1940）《中国音韵学研究》，北京：商务印书馆。
6. 黄伯荣、廖旭东（2011）《现代汉语》（增订五版，上册），北京：高等教育出版社。
7. 黄英（2010）《普通话高元音音位系统及音值分析》，北京大学硕士研究生学位论文。
8. 李思敬（1986）《汉语"儿"[ɚ]音史研究》，北京：商务印书馆。
9. 林焘、王理嘉（1992）《语音学教程》，北京：北京大学出版社。
10. 刘思维、王韫佳、卿玮、于梦晓（2012）浅析中元音音位在普通话复韵母中的音值，第十届中国语音学学会会议论文。
11. 罗常培、王均（2002）《普通语音学纲要》（修订本），北京：商务印书馆。
12. 罗杰瑞，张惠英译（1995）《汉语概说》，北京：语文出版社。

13. 覃夕航（2010）普通话元音/ɤ/的性质和声学分析，第九届中国语音学学术会议论文。
14. 邵敬敏（2007）《现代汉语通论》（第二版），上海：上海教育出版社。
15. 唐作藩（2000）《普通话语音史话》，北京：语文出版社。
16. 王福堂（2006）普通话语音标准中声韵调音值的几个问题，第七届中国语音学学术会议会议论文。
17. 王洪君（2008）《汉语非线性音系学》（增订版），北京：北京大学出版社。
18. 王理嘉（1983）北京话的中元音音位，《语文研究》，第 3 期，21—33 页。
19. 王理嘉（1991）《音系学基础》，北京：语文出版社。
20. 王理嘉（2003）《汉语拼音运动与汉民族标准语》，北京：语文出版社。
21. 王力（1985）《汉语语音史》，北京：中国社会科学出版社。
22. 王萍（2009）《北京话声调和元音的实验统计与分析》，天津：南开大学出版社。
23. 吴宗济、林茂灿主编（1989）《实验语音学概要》，北京：高等教育出版社。
24. 吴宗济（1992）《现代汉语语音概要》，北京：华语教学出版社。
25. 徐世荣（1958）《普通话语音基础知识》，北京：人民教育出版社。
26. 薛凤生（1986）《北京音系解析》，北京：北京语言学院出版社。
27. 薛凤生（2009）音韵学二题，《语言科学》，第 4 期，337—344 页。
28. 杨顺安（1991）从声学语音学的角度对普通话元音音位系统的初步研究，《语文研究》，第 2 期，11—20 页。
29. 赵元任（1979）《汉语口语语法》，北京：商务印书馆。
30. 周同春（1990）《汉语语音学》，北京：北京师范大学出版社。
31. 周有光（1961）《汉字改革概论》，北京：文字改革出版社。
32. Cheng, C. C. (1973) *A synchronic phonology of Mandarin Chinese* (Vol. 4). De Gruyter Mouton.
33. Duanmu, S. (2007) *The phonology of standard Chinese* (Second Edition). Oxford University Press, USA.
34. Hartman, L. M. (1944) The segmental phonemes of the Peiping dialect. *Language*, 28-42.
35. Hockett, C. F. (1947) Peiping phonology. *Journal of the American Oriental Society*, 253-267.
36. Howie, J. M. (1976) *Acoustical studies of Mandarin vowels and tones* (No. 6). Cambridge University Press.
37. Syrdal, A. K., & Gopal, H. S. (1986) A perceptual model of vowel recognition based on the auditory representation of American English vowels. *The Journal of the Acoustical Society of America, 79*, 1086.
38. Wang, W. Y., Li, K. P., & Brotzman, R. L. (1963) *Research on Mandarin phonology* (No. 6). OHIO STATE UNIV COLUMBUS.
39. Zwicker, E., & Terhardt, E. (1980) Analytical expressions for critical‐band rate and critical bandwidth as a function of frequency. *The Journal of the Acoustical Society of America, 68*, 1523.

关于《汉语大词典》的一些问题

陕西师范大学文学院 郭芹纳

提要：本文分析了《汉语大词典》中的一些问题，从释义可商、义项未全、书证欠妥、词条设立和通假字的处理等五个方面加以讨论，以供《汉语大词典》修订时参考。

关键词：《汉语大词典》 释义 义项 书证 通假

《汉语大词典》十二册出齐之初，我曾应邀撰写过一篇一万多字的评论文章，记得其内容是说明该词书的优点及特色，其方法则是根据自己收集的《三国志》《洛阳伽蓝记》《百喻经》《红楼梦》《清诗别裁集》等十余部书中的词语资料，来进行"验证"，并与当时台湾省编撰的《中文大辞典》作了一些定量的比较。可惜终于未能发表，当时没有电脑，底稿未得保存。过了多年，我又根据使用过程中之所见，写出《汉语大词典评略》一文，发表在《古汉语研究》1996 年第 4 期上。经过这两次写作，加之对《汉语大词典》的经常使用，我对这部"我国词书史上具有里程碑意义的"词书产生了很深的感情。若干年过去了，我陆续又发现了一些问题，基于对《汉语大词典》的热爱，故而再次写出鄙见，以供修订时参考。

我们在使用和分析《汉语大词典》（以下简称《大词典》）的过程中发现，有些问题尚未引起编写者的注意，因而还没有作出相应的处理方案。下面，我们试从以下几个方面予以讨论。

一、释义可商

词义是随着时代的发展而发展变化的，这个道理已是尽人皆知的。可是，在具体实践中，我们却往往照顾不周。例如：

"馎饦"，《大词典》释为"汤饼的别名"。说是"古代一种水煮的面食"。（第十二册572 页）但是，龚自珍《馎饦谣》："父老一青钱，馎饦如月圆。儿童两青钱，馎饦大如钱。盘中馎饦贵一钱，天上明月瘦一边……"据诗中的描写，这里的"馎饦"似非"汤饼"，而应为今之"烧饼"。若真如此，那么，后世的"馎饦"是否还可以指"饼"呢？这个问题值得我们留意。按："饦"单言时，谓"饼"。《大词典》于"饦"字已经指明这一意义。其文曰："饦，饼。《方言》第十三：'饼谓之饦。'北魏贾思勰《齐民要术·大小麦》："（青稞麦）堪作麨及饼饦，甚美。"清潘荣陛《帝京岁时纪胜·元旦》："猪肉馒首，江米糕，黄黍饦。"（见第十二册 495 页）

有些义项的说解，可能是根据对"句意"的理解而产生的。例如：

"蹲踞"之义项 2，《大词典》解释为"蹲或坐；蹲。《水浒传》第一〇四回：'又有那撅钱的，蹲踞在地上，共有二十徐簇人。'柳青《种谷记》二十：'赵德铭把一条板凳空

放在门台上，也挤到区长跟前笑迷迷地蹲踞下来。'

今按："踞"固然有"坐"义，但是，也可以与"蹲"义同。我们以为，"蹲踞"当为同义连文，只表示"蹲"的意思。《大词典》将第一条书证解释为"蹲或坐"，将第二条书证解释为"蹲"，这就是根据对"句意"的理解而产生的释义差异。其实，第二条书证中的"蹲踞"只是"蹲"的意思，而没有"坐"义——因为板凳是"空放在门台上"的，赵德铭并没有"坐"。"蹲踞"表示"蹲"的意思，古代不乏用例。如，《宋史·志·卷六十二志第十五·五行一下·水下》："宣和中，洛阳府畿间忽有物如人，或蹲踞如犬，其色正黑，不辨眉目。"又同书："宣和元年夏雨，昼夜凡数日，及霁，开封县前茶肆中有异物如犬大，蹲踞卧榻下，细视之，身仅六七尺……"又《南齐书·列传第三十五高逸·顾欢》："擎跽磬折，侯甸之恭，狐蹲狗踞，荒流之肃。"依据这些例证，我们认为不应将"蹲踞"解释为"蹲或坐"，即应当删去"或坐"二字。

有些词语的释义，似有以偏概全之嫌。例如：

"正午"，《大词典》释为"指中午十二点钟左右"。（第五册306页）今按：此释义概括性不够。正午不仅可以指日中，也可以指夜半。如《水浒》第42回："宋江爬将起来看时，月影正午，料是三更时分。"这个"正午"，即指午夜之时。"午"本为十二时辰之一，相当于十一时至十三时。因为午时日正中，故称日中为"午"。引申之，月中也可称"午"。如王禹偁《中秋月》诗："何处见清辉，登楼正午时。""正午时"，即指"月正中"之时。又韩愈《和崔舍人咏月二十韵》："过隙惊桂侧，当午觉轮停。""当午"，指月当午，与"锄禾日当午"不同。因此，"正午"的解释，还可以增加这样的说明："也可以指夜半时分。"

又《大词典》释"清阴"为"清深的树荫"。（第五册1313页）然而"清阴"并不限于"树荫"——"竹阴"亦可谓"清阴"。如钱起《暮春归故山草堂》："谷口春残黄鸟稀，辛夷花尽杏花飞。始怜幽竹山窗下，不改清阴待我归。"（按：此诗一作刘长卿诗，题云《晚春归山居题窗前竹》。）（《全唐诗》上604页中）

又"秦馀"，也可以指人物。如，孟浩然诗《宿武阳即事》尾联："鸡鸣问何处，人物是秦馀。"（《全唐诗》上377页上）《大词典》仅释为"秦代的遗迹"，这就漏掉了有关人物的部分。（第八册64页）

又"温树"，《大词典》释为"同'温室树'1"。（第五册1473页）而"温室树"义项1下云："《汉书·孔光传》：光周密谨慎，未尝有过。沐日归休，兄弟妻子燕语，终不及朝省政事。或问光：'温室省中树何木也？'光嘿不应。后以'温室树'泛指宫廷中的花木。"（第五册1468页）可是，《辞源》又是这样解释的："温树：西汉孔光官至御史大夫，谨慎守法度，对家人亦绝口不言朝省政事。家人或问宫内温室树皆何木，光嘿然不应。见《汉书·孔光传》后人因以'温树'作为居官谨慎的赞语。唐褚亮碑：'忠慎有踰温树。'"（第三册1850页）由《词源》所释可知，"温树"还有"作为居官谨慎的赞语"这一意义，《大词典》未吸收《辞源》之说，应该是一个失误。

有些释义之误，则是由于不明方言而造成的。例如：

蒲松龄《穷叹词》："俺如今又不杪，又不傻，又不聋，又不哑。""杪"，《大词典》音miǎo，释为"通'眇'。眼瞎。"（第一册1191页）

按：这里的"杪"，当为"嘲"的借字。蒲松龄的笔下，"嘲"表示呆、傻之义者甚多。例句中的"又不杪，又不傻"，《聊斋俚曲集·姑妇曲》作"又不傻，又不嘲，好媳妇你休去了。"又《增补幸云曲》十五:"这长官嘲头嘲脑的听什么琵琶。"此外,"嘲"还可以与"呆"构成连文。如,《增补幸云曲》十五:"二姐自思道:'我看这人相貌出奇,必然不在人下,可怎么这么嘲呆?'"要之,例句中的"又不吵,又不傻",是言其精神状态;"又不聋,又不哑"是言其身体状况。若解释为"眼瞎",则于叙述精神状态之际突然冒出一个描写身体状况的词语,这就与原文的表达不相协调。董遵章《元明清白话小说著作中山东方言例释》中,将"吵"列入"嘲"的又体,注音为 cháo。足可为证。

又如"不气长",《大词典》释为:"1、倒霉。元乔吉《两世姻缘》第四折:'则是我养女儿的不气长也,我与你做个丈人,便一拜也落不的你哩。'元杨文奎《儿女团圆》楔子:'二嫂,你看这无女儿的好不气长也呵。'2、不争气。元石德玉《秋胡戏妻》第四折:'则是俺那婆娘家不气长。'"(第一册 435 页)《近代汉语词典》与《大词典》所释相同。

按:陕西方言中,"气长"表示"理直气壮"的意思(这是其基本义)。如"坐在吴康旁边的是一位陕南农村装束的妇女,眼神安祥而又庄重。这就是从她给吴康的那许多情书里认识了吴康的那个团支书!她占据了刘兰芝的位置,那么有理气长……"(《陈忠实文集一·回首往事》170 页)这里的"有理"正是对"气长"的极好说明。"气长"的反面,就是"不气长",表示"不理直气壮"之义。例如:"靠人不气长,亲姊妹也是这!"(《陈忠实文集一·枣林曲》182 页)

《大词典》所分之二义,也当是根据对句意的理解来划分的,其实,均可用这一个意思来理解,不当分为两个义项。

又如"扶挶",《大词典》释为:"方言。拉扯。《醒世姻缘传》第 22 回:'快手把三个上了锁,扶挶了靳时韶、任直两个来见大尹。'"(第六册 355 页)按:"扶挶",又可作"挶扶",都是同义并列结构,均表示"搀扶"之义。陕西、山东等地方言中至今仍在使用。《大词典》"挶"字下云:"搀扶。明沈榜《宛署杂记·民风二》:'扶曰挶。'《金瓶梅词话》第 21 回:'这个李大姐,只像个瞎子,行动一磨趄子就倒了。我挶你去,倒把我一脚蹅在雪里。'"(第六册 814 页)

关于不明方言而误的问题,我们将有专文讨论,故此处不多举例。

有的释义之失,则当出于误解联绵词。例如:

"郁湮"。《左传·昭公二十九年》:"郁湮不育"。注:"郁,滞也。湮,塞也。育,生也。"其实,"郁湮"即"郁伊"的转音。《后汉书·崔寔传》:"志士郁伊于下。"又可以作"郁邑"。《离骚》:"曾歔欷余郁邑兮。"王逸注:"郁邑,忧也。""郁湮"是联绵词,不应分训。前人已经指出其误,《大词典》仍沿用旧说,理合更正。(第三册 1142 页)

有些复合词语的解释,还需要进一步讨论。例如:

"疑"有"畏惧"义,《大词典》于"疑"之义项 7 注:"惊恐;畏惧。"但是,却将"疑畏"释为"猜疑畏惧"。这样的解释,是将其分为两个并列的词语来理解的。那么,这里的"疑",到底是"恐惧"之义,还是"猜疑"之义呢?需要讨论。又如,《大词典》将"疑怖"释为"疑惧、惶恐",将"疑骇"释为"疑惧,惊骇",将"疑惮"释为"疑忌、畏惧,将"疑惧"释为"猜疑、畏惧"。可见,编者对类似的词语之解释,并没有完全统一。这也是一个需要讨论的问题。

二、义项未全

《大词典》某些词条的义项尚未全备。例如：

"指斥"，《大词典》设有2个义项：1、指名直呼。2、指责、斥责。但是，下例中的"指斥"却应与"指"义同。

《左传·成公二年》："石成子曰：'师败矣，子不少须，众惧尽。子丧师徒，何以复命？'"孔颖达疏："子者，指斥孙子。"按：孙子，即卫国的将领孙良夫。

其实，《大词典》在"斥"字下已经指出，"斥"有"指，直接指明"之义。（第六册1052页）"指斥"之"指名直呼"义，当是由"指"发展而来的——这一点，我们可以由《大词典》所列出的书证看出。《大词典》在"斥"的义项4（即"指，直接指明"义）下，列出3则书证：1、《诗·周颂·雝》："假哉皇考。"汉郑玄笺："皇考，斥文王也。"2、宋吴曾《能改斋漫录·类对》："初，王维过郢州，画孟浩然像于刺史亭，因曰浩然亭。咸通中，刺史郑诚谓贤者名不可斥，更榜曰孟亭。"3、《辽史·天祚皇帝纪二》："遣僧家奴持书约和，斥阿骨打名。"今按：这三个书证，就很清楚地反映出"斥"字由"指"到"直接指明"的发展过程。"斥"既与"指"义同，自然可以与"指"构成同义连文，因此，"指斥"首先当有"指"义，而后才发展出其他意义。《大词典》未列出"指斥"之"指"义，当视为遗漏。

又如"宁"字下无"静"义。"宁"有"静"义，已见于《尔雅》。《尔雅·释诂上》："宁，静也。"陕西方言至今还有此语。如说："刚才还吵个不休，现在可宁下了。"也可以使用重叠式，说成"宁宁的"（意思是"静静的"）。《汉语大字典》即将"静"列为"宁"字的第二个义项，所引书证第一条即为《尔雅》。《汉语大词典》未列出这一义项，这样，在单字字义与复词词目及义项之间，就缺乏照应，于"宁静"一词的"平静，安静"之义项下，人们就不容易了解其词语的结构方式（当属并列式）[1]。

复如"着"，应有"到"义，这是由"附着"之义引申而来的。唐代已多其例。如张谔《九日》诗："绛叶从朝飞着夜，黄花开日未成旬。"（《唐诗别裁集》434页）《大词典》在"zhuó"音之下，列出了介词"向"等义项（见义项17），却没有说明还有"到"这个义项。似应补充。

有些词条的解释，没有说明其本义。例如：

"败绩"，《大词典》列出了"军队溃败"和"指事业的败坏、失利"两个义项，却未指明"翻车"这一本义。（第五册464页）其实，《大词典》所列的两个义项，都是从这个意义引申而来的。不交代清楚这个本义，读者则不知其然。"败绩"之"翻车"义，陆宗达先生早已指出，不知《大词典》何以未能采纳。

三、书证问题

词书的书证应该与其义项密合无违，这是词书的基本要求。可是，我们发现，《大词典》的有些书证与释义却不相吻合。例如：

《大词典》在"过"字的义项26下云："用在动词后，表示完毕。关汉卿《谢天香》第三折：到早起过洗面水，到晚来又索铺床叠被。"（第十册955页）

---

[1] 参见拙文《单字字义与复词词目》及《说大型汉语辞书中字词的照应》。

今按：此例与释义不合。按照编者的解释，该句则成为"到早"和"起过洗面水"两部分。实则"早起"应视为一词，与下句的"晚来"相呼应。例句中的"过"，应是"递送"之义。这个意义在近代汉语中时见使用。例如：杜甫《夏日李公见访》诗："墙头过浊醪，展席俯长流。"张文成《游仙窟》："今朝若其不得，剩命过与黄泉。"《调风月》二[三煞]："明日索一般供与他衣袂穿，一般过与他茶饭吃。"《拜月亭》二[梁州第七]："则我独自一个婆娘，与他无明夜过药煎汤。"[1]张可久《梧叶儿·即事》曲："风香富贵花，俏人家，小小仙鬟过茶。""过茶"，即谓送茶。乔吉《一枝花·杂情》："热兀罗过饭供茶。""过"与"供"互文义同。"过"有"送、递"之义，故可以与"度""递"构成连文。如：《铁拐李》二折："旧官行，揣勒些东西；新官行，过度些钱见。""过度"，即给与、付与。[2]《大词典》在"过"的义项之下也列出"传递"之义，同时又收有"过送""过遗"二词。（见第十册964页、971页）据此可知《大词典》的编者是清楚"过"的这一意义的。大约是书成众手，彼此之间沟通不足所致吧。

有时候，则是由于对书证的理解有误而造成书证欠妥。例如，《大词典》于"敦3"之义项2下云："通'憝'。怨恨，怨怒。"书证之一为明冯惟敏《折桂令·嘲友人下第乘独轮车》曲之一："蜷的个腿偎腿软瘫做一朵，敦的个手搥胸世不得通活。"（第五册492页）

按：这首曲全文如下："问先生归计如何？也不张旗，也不鸣锣，小小车儿，低低篷子，款款折磨，蜷的个腿偎腿软瘫做一朵，敦的人手搥胸世不得通活。怕待奔波，且慢腾挪，只落的两眼迷离，四鬓婆娑。"该曲嘲笑下第者在"独轮车"中的窘态，句中的"敦"与"蜷"皆为描写动作、姿态的动词：因车小，故只能"蜷"，因路不平，故只是"颠"——"敦"是"颠、颠簸"之义，用来作为"怨恨"义的书证显然是不妥当的。

有时候，《大词典》还存在书证与词目不相应的情况。例如：

《大词典》于"顾"之义项6"顾惜；眷念"义下之书证为《管子·明法》："明主者，使下尽力而守法分，故群臣务尊主而不管顾其家。"（第十二册359页）

按："管"亦有"顾及"义。《大词典》"管"字条下义项11即云："顾及，过问。刘禹锡《杨柳枝》词之八：'长安陌上无穷树，唯有垂杨管别离。'"（第八册1199页）可见，例句中的"管顾"应为连文，不宜用"管顾"作为"顾"的书证。

《大词典》于"选"的第14个义项是这样注释的："须臾；片刻。《吕氏春秋·音初》：'二女爱而争搏之，覆以玉筐。少选，发而视之，燕遗二卵。'高诱注：'少选，须臾。'苏曼殊《断鸿零雁记》第十章：'少选，上身汗出如注，惫极，帖然而卧。'"

按：由所引的两个书证来看，都是以"少选"为词条的——高诱注"少选，须臾"，更能说明问题：他是为"少选"来设注的。可见，《大词典》的词目为"选"，而书证中出现的却是"少选"，两者之间不能相互印证。相比之下，《汉语大字典》引《玉篇》和《古今韵会举要》的解释，就比较好。其义项10的注释为："《玉篇·辵部》：'选，迅也。'《古今韵会举要·铣韵》：'选，少选，须臾也。'……"

又如"多久，指一段时间。李广田《或人日记抄》：'以后，隔不多久，就会有这类的事情发生。'"（第三册1176页）

---

[1] 以上2例分别转引自江蓝生、曹广顺《唐五代语言词典》，上海教育出版社，1997年，第150页；李崇兴、黄树先、邵则遂《元语言词典》，上海教育出版社，1998年，第114页。

[2] 以上2例转引自龙潜庵《宋元语言词典》，上海辞书出版社，1985年，第300页。

按：书证中是以"不多久"为短语的，也与词目不合。《大词典》无"不多久"这一词条。

书证的时间问题，现在更加受到人们的重视。《大词典》在使用书证时，有时候也存在书证时间显晚的情况。例如：

"经过"之"交往"义，《大词典》引李白、王安石、范成大及顾炎武的作品为书证，据我们所见，阮籍之作品中已有用例。如其《咏怀》诗："西游咸阳中，赵李相经过。"又骆宾王《帝京篇》："赵李经过密，萧朱交结亲。"（《全唐诗》上199页）按："经过"与"交结"对举义同。其《与博昌父老书》中亦云："每怀夙昔，尚想经过。"这些书证的时间，均较《大词典》所引为早。

又如，"疏钟"一词，《大词典》所引两条书证，皆为清人之诗句。其实，唐人的诗作中就有用例。如：刘长卿《栖霞寺东峰寻南齐明征君故居》："片云生断壁，万壑遍疏钟。"（《全唐诗》上347中）

又如"息耗"，《大词典》义项3"消息、信息"下第1条书证："《魏书·王肃传》：'肃还京师，世宗临东堂引见劳之。又问：江左有何息耗？'"（第七册503页）按："息耗"先秦已有。其实，《大词典》于"耗"字条义项6"消息；音信"下即引《韩非子·解老》为书证："修身者以此别君子小人，治乡治邦莅天下者各以此科适观息耗，则万不失一。"（第八册593页）所以出现这种情况的原因，还应是此二册的编写者未能互相关照的缘故吧。

又如"辴然"，义为"笑貌"。《汉语大词典》引《昭明文选·左思〈吴都赋〉》、五代王定保《唐摭言·贤仆夫》、清人蒲松龄《聊斋志异·红玉》和茅盾《神的灭亡》为例（第三册565页），时代显得过晚。《庄子·达生》篇中已有用例："桓公辴然而笑曰：'此寡人之所见者也。'"

又如"梗棘"之"阻塞"义，《大词典》的书证为《新唐书·藩镇传·王廷凑》："既薄贼鄙，馕道梗棘，樵苏不继，兵番休取刍蒸。"（第四册1034页）按：南北朝王僧达的《与沈璞书》中，已见用例："吾闻泾阳梗棘。"可引以为证。

有些书证的出处有待商榷。例如，《大词典》于"维稍"条引"陶翰《新安江林》诗'江源南去永，野饭暂维稍。'"（第九册897页）按，该诗的作者应为章八元。上海古籍出版社1979年版的《唐诗别裁集》《前言》中即明确指出："章八元的五律《新安江行》，原误作陶翰诗。"其校记云："《全唐诗》又作严维诗。《文苑英华》《唐诗品汇》《唐诗纪事》等又作张谓诗。"（上册310页）遗憾的是，《大词典》没有吸收这一校勘成果。另外，《大词典》还误将诗题中的"行"排成"林"字。

书证若能够引用古注来证明，则其效果会更好。例如："深"可以引申为"草木茂盛"义。《汉语大字典》引用了这样一条书证：《楚辞·九章·涉江》："深林杳以冥冥兮，乃猨狖之所居。"王逸注："山林草木茂盛。"有此古注，则可以证明这一意义古人确已有之，也可以使人看出其引申的过程。但是，《大词典》却没有这样处理，其书证如下：《三国志·魏志·李典传》："南道狭窄，草木深。"杜甫《春望》："国破山河在，城春草木深。"欧阳修《和圣俞百花洲》："不知芳渚远，但爱绿荷深。"相较之下，《汉语大字典》的做法，是值得借鉴的。

四、词条问题

《大词典》在词目的设立上，也有值得商榷之处。例如：

"龙门阵"，《大词典》的解释如下："方言。聊天，闲谈。周而复《上海的早晨》第三部二七：'陈市长不是说了，这次和大家谈谈家常，摆摆龙门阵。'巴金《谈〈灭亡〉》：'至于杜大心失恋的故事，我在成都不止一次地听见人摆过这样的龙门阵。'"

按："龙门阵"的本义和"摆龙门阵"的意思是不同的。就《大词典》所举书证看，第一例说成"摆摆龙门阵"，第二例说成"摆过这样的龙门阵"。可见"聊天，闲谈"之义，并不是单独使用"龙门阵"一词，而是和"摆"发生关系的。《大词典》又收"摆龙门阵"，解释如下："方言。谈天；讲故事。杜鹏程《保卫延安》七：'战士们一有空闲，就摆龙门阵。'《当代》1981 年第 3 期：'就像四川人所说的"摆龙门阵"那样，讲了他参加几次战斗的经过。'"我们认为，要表示"聊天，闲谈"之义，不当设立"龙门阵"这一词条。下面一例，也值得讨论。

《大词典》设立有"时子"一条。解释说："时候。唐拾得《诗》之 31：'汝看朝垂露，能得几时子。'"（第五册 692 页）

按：这里需要讨论的是，应以"时子"为词条呢？还是以"几时"为词条。江蓝生《唐五代语言词典》中就没有设立"时子"这一词条，而以"几时"为词条。（176 页）我们以为，这样的处理是合适的，诗句中的"子"，可以看成词尾。

有些词条的立目，各词典也存在差异。例如：《大词典》以"祝融"为词条。其义项 3 云："峰名。衡山的最高峰。据《路史》云，祝融葬衡山之阳，是以名之。唐韩愈《谒衡岳庙》诗：'紫盖连延接天柱，石廪腾掷堆祝融。'宋杨万里《送刘子思往衡阳》诗：'洞庭昨夜起霜风，翩然欲登石廪与祝融。'"而《辞源》却以"祝融峰"为词条："衡山的最高峰。在湖南衡山县西北。《全唐诗》129 崔兴宗《同王右丞送瑗公南归》：'铜瓶与竹枝，来自祝融峰。'宋朱熹《朱文公集》五《醉下祝融峰作》诗：'浊酒三杯豪气发，朗吟飞下祝融峰。'皆指此。"

《大词典》以"祝融"为词条，《辞源》以"祝融峰"为词条，二者都有书证，到底以何者为好呢？很值得研究。

汉语的构词有其特点。例如，常常可以以一个名词为主体，与相关的词语结合为一组词语——我们且称之为"词语系列"。此类词语，有些可以是"同义词语"。例如，在表示"早上"这个意义时，可以由"早"为主体，构成"早上""早晨"（"早辰"）"早晌""早间""早朝"等一系列意义相同的词语。（参见拙文《近代汉语中的时间词语》）。此类词语，应该都有资格进入词典之中。例如，《大词典》就收入了"鸡栖"和"鸡埘"二词（均为"鸡窝"义）、"离抱"和"离怀"二词、"惊涛"和"惊浪"二词。今按："涛""浪"义近，故均可与"惊"搭配。与此类似的还有"惊波、惊流、惊湍"等词语（而《辞源》却未收"惊浪"）。可是，《大词典》对于有些词语却未能妥善处理。例如，收意思基本相同的"非刺""非诋""非訾""非毁""非谤"，却不收与之同类的"非诮"。钱起《江行一百首之二十》："非诮作逐臣。"又如，《大词典》"愧"字条下收"愧怯"（害羞）、"愧怕"（羞惭害怕）、"愧畏"（惭愧和畏惧）、"愧悚"（惭愧惶恐）、"愧惶"（羞惭不安）、"愧栗"（惭愧惶恐）、"愧惮"（羞惭畏惧），但是却不收"愧惧"。（第七册 664 页）今按：该词中古以来，使用较多。例如：裴松之《上三国志注表》："愧惧之深，若坠渊谷。谨拜表以闻，随用流汗。"《南齐书》卷二十六："显达谦厚有智计，自以人微位重，每迁官，常有愧惧之色。"《隋书·李士谦传》："有兄弟分财不均，至相阅讼，士谦闻而出财，补其少者，令与多者相埒。兄弟愧惧，更相推让，卒为善士。"

又如《大词典》收"过语"，不收"过说"。皮日休《寄题镜岩周尊师所居》序："后柯别十二年，日休至，吴处人过说周君尚存吟想，其道无由以觌，因寄题是诗云。"（《全唐诗》下 1555 页）。他如收"诗魂"，不收"诗魄"等，皆属于此类情况。

还有一些词条，也可以考虑收入。例如：

"合欢鞋"，王涣《惆怅诗十二首》之二六："夜寒春病不胜怀，玉瘦花啼万事乖。薄幸檀郎断芳信，惊嗟犹梦合欢鞋。"（《全唐诗》下 1738 页）《大词典》收"合欢某"者甚多，如"合欢被""合欢床""合欢席""合欢裤""合欢帽""合欢襦"等等，独不收"合欢鞋"。据此，我们建议收入。

一些汉唐时代出现的词语，也应考虑收入。例如：

"箕敛"，《周礼·天官·大宰》："以九赋敛财贿箕泉。"郑注："今之箕泉，民或谓之赋。此其旧名与？"可见，赋在汉代又称作"箕泉"，故宜收录。

又如"尔谁"，杜甫《湖南送敬十使君适广陵》："形容较吾老，胆力尔谁过。"（《杜诗镜铨》989 页）"尔谁"宜当为词，陕西方言中现在还有"你谁"的说法，可资参证，故亦宜收录。

对于一些同音异字现象，立目时应当如何处理，也需要提出来讨论、商榷。例如：

《大词典》收有"敢则是"，同时，又收"敢子是""敢只是"，并且注明"见'敢则是'"。（第五册 471 页）可见，编者是把它们视为同音替代字来处理的。但是，有些同一词语的音转用字，却未能"一视同仁"地予以处理。例如，《儿女英雄传》中尚有"敢则""敢仔""敢自"等写法，是否需要收录或者说明，也是需要考虑的。

再如，《大词典》收录了"作踏""作塌""作蹋""作挞"等词，也都有"糟蹋"之义，我们以为，这是同一词语的不同书写形式，应该采用"互见"的方式加以说明，如在"作踏"下说："又作'作塌''作蹋''作挞'。"有了这一交代，读者就会明白它们之间的关系。他如，"思谋"与"思摸""思谟"，"撕掳"与"撕罗"等也都是这种情况，需要指出它们之间的音转关系。

对于某些"音转借字"，也需要点明。如《大词典》于"正"（音 zhèng）字条之义项 42 下云："代词。犹这么，这样。《老残游记》第十四回：'俺妈看见齐二叔，问他：'今年怎正利害？''今按：句中的"正"，实则是"这"的转音（还可以转为"真"）。所以，这一条的解释，应该说明是代词"这"的音转。

五、通假问题

对于通假字，《大词典》多能指出。例如，"洞"，《大词典》于义项 16 下云："通'恫'。恐惧。参见'洞疑''洞心骇目'。"（《汉语大字典》也指出："洞通恫。"）又如，"女"之义项 13 下云："通'汝'。尔，你。"等等。这些都是《大词典》的优点。可是仍有一些通假字，书中尚未指明。例如：

《大词典》在"淑"的"善，善良"之义下，未指出它是"俶"的假借字。而《汉语大字典》却引郝懿行之说，指出："淑者，俶之借音也。"朱骏声也指出："假借为俶。"

《大词典》在"肩"的义项3下云："兽三岁曰肩。一说四岁。"并举例证如下："《诗·齐风·还》：'子之还兮，遭我乎峱之间兮，并驱从两肩兮，揖我谓我儇兮。'毛传：'兽三岁曰肩。'《周礼·夏官·大司马》'大兽公之'郑玄注引汉郑司农曰：'三岁为特，四岁为肩。'"在此，《大词典》没有说明"肩"是"豜"的借字。可是，马瑞辰以为"肩"通"豜"。根据汉字的形义关系来看，我们以为，马瑞辰的说法是合适的。

还有一些词语，本来也是使用了假借字的形体。因此也需要指出来。中国社会科学院语言研究所古代汉语研究室编撰的《古代汉语虚词词典》在这方面就做得比较好：常常在某一虚词之下，说明其来源，指出为假借字。如言："虚词'而'是假借字"、"虚词'胡'与本义无关，而是假借字"等等。我们以为，这种做法值得提倡。《大词典》没有说明假借的例子如：

"信子"条下云："装在器物中心的对象。如蜡烛的捻子、爆竹的引线等。"其书证为《醒世因缘传》第15回："要不是他，咱哪里寻徐翰林去？如不着这一封挡饥的书去，可不就像阴了信的炮燀一般罢了？"今按：此"信子"当是"芯子"的借代字。应该予以说明。

又如，《大词典》于"藉子"条下云："方言。小儿卧处垫的防尿布。章炳麟《新方言·释器》：'淮北小儿卧处以布御秽，谓其布曰藉子。'"今按：此说之误有二：其一，藉子当是"襁子"的同音替代字。对此，清人王念孙已经指出。《汉语大词典》亦引以为证。其第九卷"襁"字条下云：《广雅·释器》："褿、袚、戈，襁也。"王念孙疏证："《玉篇》：'襁，小儿衣也。'李奇注《汉书·宣帝纪》云：'緥，小儿大藉也。'藉与襁通。"（见第九册125页）。出现这个问题，当是《大词典》缺乏照应所致。其二，尿布不仅用在卧处，平时也用来垫在小儿的两裆之间，用于防尿。仅言"卧处"，不够全面。他如"所"下不言"许"之借等等，均值得斟酌。为什么会出现这种现象呢？我们分析，可能是在编辑之初，尚未估计到这一类问题，未能做出统一的处理方法。因此，我们建议，在《大词典》的修订中，应该就此问题做出统一的安排。

此外，在通假字的处理中，还存在这样一个问题，即是否为通假字的问题。例如，《大词典》在"判"的义项13下云："通拼。舍弃。"

按：这里存在几个问题。首先，当"舍弃"义的"拼"，应当写作"拚"。因为《大词典》"拼"字下只有两个读音：pīn 和 pēng，而这两个读音之下都没有"舍弃"的义项。而在"拚"字之下，有 pīn 和 pàn 两读。义为"豁出去；舍弃不顾"。一般的读者根据《大词典》的解释，在"拼"字下难以找到相通的依据。所以，我们以为最好写作"拚"。这样，才便于读者查阅。其次，"拚"的"舍弃"义是否是通假，值得讨论。《汉语大字典》处理为异体字："（判）同拚（拚）。"并且加上注音说明"旧读 pān"。（这个注音，对于读者是相当重要的。）而后引张相《诗词曲语词汇释》："判，割舍之辞；亦甘愿之辞。自宋以后多用拚字或拚字，而唐人则多用判字……然其本字实本作拌。"又引仇兆鳌之注："杜甫《曲江对酒》：'纵饮久判人共弃，懒朝真与世相违。'仇兆鳌注：'判，正作拚。'"两部词典以及张相、仇兆鳌的看法各不相同，值得进一步讨论。

又如，"择"可以通"释"，但是，《史记·李斯列传》中"河海不择细流，故能就其深"之"择"，是否也与"释"相通呢？《大词典》引此为例，说明二者相通。但是，下列类似的句子中，都没有使用"释"字：司马贞《索隐》注李斯之句曰："《管子》云：'海不辞水，故能成其大；（泰）山不辞土石，故能成其高。'"《韩诗外传》："夫泰山不让砾石，江海不辞小流，所以成其大也。"《宋史》卷 487："大朝化覃无外，度豁包荒，山不谢乎纤埃，海不辞于支派。" 又《说苑》卷八："夫泰山不辞壤石，江海不逆小流，所以成大也。"《度世品经经》卷一："菩萨有十事弃捐魔事……如大江海不厌众流。"上举各例，或用"辞"，或用"逆"，或用"厌"，皆不用"释"，若根据这些"异文"，是难以证明"择"可以通"释"的。据我们的考察，"择"所以会有"舍弃"之义，是由其"选择"义引申而来的：有选择则有区别，有区别则有弃舍——择此亦即释彼，故可引申为"弃舍"——墨子所言，可谓与我们所议相同。《墨子·经说上》："取此择彼，问故观宜。"《吕氏春秋·大乐》："故一也者制令，两也者从听圣择两法一，是以知万物之情。"高诱注："择，弃也。法，用也。"陕西方言至今还常说"择菜"一语，根据我们的调查，他们都理解为是"将不好的部分取掉"。据此，我们认为，若能从引申的角度说明词义，则不必借助于通假。（参见拙文《排句变文说》）。复如，《大词典》说"污通洿"（ 见"污"（wū）义项 14。第五册 910 页）。但是，段玉裁和朱骏声都没有指出这一点。《汉语大字典》解作"同洿"，在"洿"字的义项 4 下又说："同污（污）"，也与《大词典》的看法不一。因此，《大词典》之说值得考虑。

此外，《大词典》还有一些失校问题、引文的断句问题等，这里就不再详述。

参考文献：

（清）彭定求等编《全唐诗》，上海古籍出版社，1986 年。
（清）沈德潜《唐诗别裁集》，上海古籍出版社，1979 年。
中国社会科学院语言研究所古代汉语研究室编《古代汉语虚词词典》，商务印书馆，1999 年。
汉语大字典编辑委员会《汉语大字典》，四川辞书出版社、湖北辞书出版社，1986 年。
龙潜庵《宋元语言词典》，上海辞书出版社，1985 年。
江蓝生、曹广顺《唐五代语言词典》，上海教育出版社，1997 年。
李崇兴、黄树先、邵则遂《元语言词典》，上海教育出版社，1998 年。
郭芹纳《单字字义与复词词目》，《辞书研究》1991 年第 4 期。
郭芹纳《说大型汉语辞书中字词的照应》，《辞书研究》2004 年第 2 期。

[笔谈]

古诗文吟诵·我学习古诗文吟诵的经历

杭州师范大学 鲁国尧

一

在中国，读诗歌、散文，除了因人而异与因地而异的"土"方法以外，还有一种"登大雅之堂"的方法，叫做"朗诵"，这是小学以上文化的人都知道的。"朗诵：大声地诵读诗或散文，把作品的感情表达出来。"（《现代汉语词典》第6版）按，我觉得这个定义还可以，但又觉得欠缺点什么，未惬人意，似乎还不能说"尽善"。

而在中国，"朗诵"以外，还有一种"吟诵"的方法，对作品感情的表达则远超现代流行的"朗诵"。在百年以前，大概是家喻户晓的，即在六十多年前，知识分子也都还知道。斗转星移，时移势迁，到而今，知道"吟诵"的很少，而听过"吟诵"的更少，会"吟诵"的则少之又少。

因此将"吟诵"定为"非物质文化遗产"，恐怕不会有人反对，因为它跟被联合国定为"非物质文化遗产"的昆曲属于同一类型。说它是"濒危"的"非物质文化遗产"，恐怕也会为人所认同，因为它快要失传了。不信，可以调查中国两千四百多所普通高等学校、独立学院、国家审定的分校办学点的古典文学、古代汉语、中国史、中国哲学史、中国经济史、中国法律史等课程的数以千计的博导、教授、副教授、讲师，他们是最应该会"吟诵"的，可是有多少人会？年轻教师甚至连听都没听过！

中国自古以来，就有"咏""吟"诗文的传统。《礼记·檀弓下》："人喜则斯陶，陶斯咏。"《世说新语·雅量》叙谢安"作洛生咏"，刘孝标注引《文章志》："安能作洛下书生咏，而少有鼻疾，语音浊，后名流多学其咏，弗能及，手掩鼻而吟。"于此可见"咏"与"吟"是同义词。陈寅恪先生阐释："所谓'洛下书生咏'，殆即东晋以前洛阳之太学生以诵读经典之雅音讽咏诗什之谓也。"《晋书·顾恺之传》："恺之……又为吟咏，自谓得先贤风制。……夜于月下长咏。"陈寅恪先生推测云，顾恺之"自谓得先贤风制，岂即指谢安以前之旧规欤？"（《从史实论切韵》）

到了后代，"吟"使用频率高，可以说，"吟"字带起了一个词族。除了本文所讨论的"吟诵"外，这个词族还有一些成员，如"吟咏""吟哦""吟讽"等，这些双音词都是由"吟"组成的。《现代汉语词典》（第6版）："吟：吟咏。""吟哦：吟咏。""吟诵：吟咏诵读。""吟咏：有节奏地有韵调地诵读（诗文）。"怎么叫"有节奏""有韵调"？纸上难言其妙，需要口出音声，耳闻乐律，方能体味。

这个词族的几个词，意义是什么？意义相同吗？什么关系？看来语言学界还没有研究清楚。

谨陈陋见如下：据我浅知，大致说来，这个词族的"吟""吟咏""吟哦""吟讽"可以用来表示诗歌创作或修改的活动（"吟诵"似无此义）。古人作诗，不像今人用纸笔写诗

（近年则是敲电脑的键盘打字了），而是以摇曳变化、上下抑扬的曼声，藕断丝连地吐出成串诗意的词语。这可以从下列"书证"揣摩出它们的意味：李白《答王十二寒夜独酌有怀》："吟诗作赋北窗里，万言不直一杯水。""吟诗"与"作赋"对言，可见此"吟"乃创作，非读诵，下句的"万言"亦可间接证明。罗大经《鹤林玉露》卷十四："杨诚斋……尝自赞云：'江风索我吟，山月唤我饮。'"白居易《夏日独直寄萧侍御》："情性聊自适，吟咏偶成诗。"欧阳修《六一诗话》："（梅）圣俞平生苦于吟咏，以闲远古淡为意，故其构思极艰。"计有功《唐诗纪事》卷三十五："（杨）巨源……旦暮吟咏不辍。年老头摇，人言吟诗所致。"祝穆《古今事文类聚》别集："贾岛初赴举，在京师。一日于驴上得句云：'鸟宿池边树，僧敲月下门。'始欲着'推'字，又欲着'敲'字，炼之未定，于驴上吟哦，引手作敲推之势，观者讶之。"陆游《夙兴出谒》："觅句吟哦惯，逢人省识疏。"显然"吟哦"为了"觅句"。辛文房《唐才子传》："宋之问贬还，道出钱塘，游灵隐寺。夜月行吟长廊下，曰：'鹫岭郁岧峣，龙宫隐寂寥。'未得下联，有老僧燃灯坐禅，问曰：'少年不寐而吟讽甚苦，何耶？'之问曰：'欲题此寺，而思不属。'僧笑曰：'何不道"楼观沧海日，门对浙江潮"？'"此中"吟"与"吟讽"义同，皆为作诗。

杜甫《解闷》："陶冶性灵存底物，新诗改罢自长吟。"《至后》："愁极本凭诗遣兴，诗成吟咏转凄凉。"其中的"吟"与"吟咏"，表达的也许是对自己的新作的自我欣赏，或许他仍然在"炼字"。贾岛《题诗后》："二句三年得，一吟双泪流。"卢延让《苦吟》："吟安一个字，捻断数茎须。"唐代苦吟诗人何其苦！

鲁迅的诗句更可见作诗是"吟"出来的，然后才用纸笔录下，《无题》："吟罢低眉无写处，月光如水照缁衣。"雅言叫"吟"或"吟咏""吟哦""吟讽"，毛泽东则用了个通俗的"哼"字，《词六首·引言》："这些词是在一九二九至一九三一年在马背上哼成的。"

"吟"这个词族中的"吟诵"用来表示诵读，"吟哦""吟讽""吟"也有这种功能。诵读已成的作品，自然多是他人的，但也有自己的。如陆游《书志》："小儿抱遗经，衣短两胫赤。吟诵何琅琅？声出如金石。"谢枋得《送黄六有归三山序》："暇则历访先贤讲习之所，借书吟诵，著述不休。"罗大经《鹤林玉露》卷十二："绍兴间，黄公度榜第三人陈修，福州人。解试'四海想中兴之美赋'，第五韵隔对云：'葱岭金堤，不日复广轮之土；泰山玉牒，何时清封禅之尘？'时诸郡试卷多经御览，高宗亲书此联于幅纸，黏之殿壁。及唱名，玉音云：'卿便是陈修？'吟诵此联，凄然出涕。"阮阅《诗话总龟》卷一："一日，献诗曰：'好去上天辞富贵，却来平地作神仙。'莱公得诗不悦。自是礼日益薄，即辞去。后二年，贬道州，每题前诗于窗，朝夕吟哦之。""莱公"，寇准也，宋真宗时名相。《朱子语类》："微醺则吟哦古文，气调清壮。某所闻见，则先生每爱诵屈原《楚骚》、孔明《出师表》、渊明《归去来》并诗，并杜子美数诗而已。"《旧唐书·杨师道传》："太宗每见师道所制，必吟讽嗟赏之。"叶梦得《避暑录话》："乐君"，"家贫甚，不自经理"。"聚徒城西，草庐三间，以其二处诸生"。"每旦起，分授群儿经，口诵数百过不倦。少间，必曳履慢声抑扬吟讽不绝。蹑其后听之，则延笃之书也。"叶梦得以"慢声抑扬"四字形容"吟讽"可谓得之矣。韩愈《进学解》："先生口不绝吟于六艺之文，手不停披于百家之编。"白居易《酬元九对新栽竹有怀见寄》："分首何今处？君南我在北。吟我赠君诗，对之心恻恻。"最后一例则是吟诵自己的作品了。

看来，在古代，诵读诗文的方式是"吟诵"，可以随时随地"吟诵"（如宋高宗吟诵陈修联语），不像今天的"朗诵"，是必须在"大雅之堂"，在正经场合，当作一件需要认真对待的事，拿腔作势进行的。

就我所亲历、所耳闻，现代人"吟诵"的对象，全是古典诗文。我从未见过有人吟诵现代白话诗文的。上引《现代汉语词典》（第 6 版）"吟咏"定义中的"诵读（诗文）"也有点小毛病，似可改为"诵读（古典诗文）"。

二

"吟诵"古典诗文的方式究竟如何？也有前贤做过描写。我见到两则。

第一是鲁迅《朝花夕拾·从百草园到三味书屋》（《鲁迅全集》第二卷第 291 页，人民文学出版社，2005 年）：

> 先生自己也念书。后来，我们的声音便低下去，静下去了，只有他还大声朗读着："铁如意，指挥倜傥，一座皆惊呢～～～；金叵罗，颠倒淋漓噫，千杯未醉嗬～～～……"
>
> 我疑心这是极好的文章，因为读到这里，他总是微笑起来，而且将头仰起，摇着，向后面拗过去，拗过去。

第二是夏丏尊、叶圣陶《文心》（中国青年出版社，1983 年）之十四"书声"（第 102 页）：

> 寒——岩＿＿枯——木－原——无＿＿想——
> 野—馆—梅——花＿＿别－有－春＿＿

其中的符号，书中有说明（第 95 页）：

> －表示须急，——表示须缓。这是缓急方面的符号。声音的差异，不外高低，强弱，缓急三种。此三种符号以外还有一个＿＿，表示读到这里须摇曳的。

三

任如椽巨笔，在纸上也难描摹"吟诵"的声调神情。看纸为虚，听声为实。我因为亲闻师诲，所以对"吟诵"有具体的感性认识。

我有幸得到南社诗人的传授，因而有幸会吟诵，如今我已至七六之年，应该将自己学习、掌握吟诵的经过写下，给二十世纪的中国文化史添一则资料。

我是江苏省的溱潼镇人。溱潼镇，在解放前堪称穷乡僻壤，属东台县。解放后，曾短期划归兴化县，后属泰县。泰县于 1994 年撤县建市，更名为姜堰市（县级），属地级扬州市。1996 年设置地级泰州市，姜堰市为其属下的县级市。2013 年 1 月姜堰市撤县建区，更名姜堰区。

我知道吟诵是在很小的时候，我常常看到父亲（讳鸿煦，字照林，以字行，1908—1966 年）右手执一书，通常是光连纸的薄薄的本子，卷起来，一边眼睛看着，一边口中吟哦，抑扬顿挫，最后的字音往往拖腔很长，还不时摇头，身体也有些晃动，很是入神。我长大后知道他"执"的薄薄的书是线装的多卷本的《古文观止》中的某一本，他喜欢吟诵的是贾谊的《过秦论》、李华的《吊古战场文》等有气势的，或饱含感情的古文。我祖父是城市贫民，子女多，因此父亲念私塾只能念到十五岁（那时都是以"虚岁"计），按照家乡的惯例就必须辍学，到人家商店里做学徒（溱潼方言叫"学乖"），要"吃三年萝卜干儿饭"，此后为了生计，再无求学的机会。他小时念的《诗经》、《书经》我还保存着，是清光绪年间的坊印本，毫无版本价值。我父亲学历低，可是他时不时地吟诵古诗文，自我陶醉。大概吟诵对他那一代的人是很普通的事，是否称得上"技能"都难说，犹如他们这种类型的小"知识分子"，每个人的算盘都打得嘀嘀嗒嗒的飞快，都有一手漂亮的毛笔字一样。这是那个"旧时"的一种文化吧，但今日抄撮的论著成摞的大多数博导、教授、博士却"非不为也，实不能也"。即以"吟诵"而言，习此道者微乎其微，称之为"濒危"绝不为过。

1950 年我家搬到泰州（1996 年以后是地级泰州市下属的海陵区），我在泰州上的初中。初中毕业后被分配到省扬州中学（不是考的，是政府分配的），那是 1952 年。1953、1954 年夏天，放暑假我就从扬州回到泰州家中，看看书，走访老同学聊聊天，这是我假期的两桩主要的事。看我太轻松，我父母就要求我跟房东仲一侯先生学习。

仲一侯先生（1895—1970 年）是泰州的老中学教师，江苏文史馆馆员，在当时的泰州，是最有学问的人了。他的父、祖都是泰州的著名文士，前清的秀才，可以说，仲家是文化世家。我还记得他家的正厅的梁上，悬挂着木质大匾，上书正楷"锡尔纯嘏"四个大字，是韩国钧题写的。韩国钧（1857—1942 年），字紫石，是民国北京政府时期的江苏省长（1922—1925 年任职），南京城墙的"挹江门"就是他任省长时开的，当时命名为"海陵门"，他还将自宋代以来的乡贤文集汇编为《海陵丛刻》23 种 66 册，"海陵"是泰州的古称。紫石先生在抗日战争中全力支持新四军，大为军长陈毅（1901—1972 年）、政委刘少奇（1898—1969 年）所礼敬，不屈于日寇忧愤而卒。韩国钧是泰县海安镇人，1943 年新四军以泰县东部（含海安镇）、如皋县西部等地设置紫石县，如此命名表示对韩紫石先生的崇敬，1948 年更名为海安县至今。（按，民国时有以人名命名地名的习惯，如中山县、志丹县、左权县、立煌县等，前三者沿用至今。）

仲一侯先生于民国二年（1913 年）由柳亚子（1887—1958 年）亲自介绍参加南社。在中国现代史上，南社是著名的革命文学社团，陈去病、柳亚子等人发起，于 1909 年创立，累计有社员 1110 人。柳亚子 1940 年撰《南社纪略》一书，其中的《南社社友姓氏录》逐一录载社友的姓名、籍贯，"所附亚剌伯数字，表示填写入社书之先后"，例如陈去病 1，高旭 2，柳亚子 3，胡怀琛 103，戴季陶 116，宋教仁 164，黄侃 221，汪东 234，吴梅 236，汪精卫 260，沈钧儒 287，黄兴 323，李书城 324，黄忏华 338，黄节 375，杜国庠 485，闻宥 609，柳无忌 629，柏文蔚 727，邹鲁 758，沈尹默 923。"其未填入社书者，则别以汉文数字，表示其绍介之先后"的，有马叙伦十四，居正五一，于右任六五，《南社社友姓氏录》第 186 页："仲中，字逵民，江苏泰县人。430。"仲中即仲一侯先生，那时的人可以字有多个，也经常以字行。仲一侯先生文革中遭迫害而卒，其诗稿、一个大房间的书籍（大多数是大字木刻本）尽数丧失。他诗作有几千首，现辑存者仅约 50 首。

仲先生家在杨柳巷，有两进大房子，解放后，经济收入减少，就将前面一进给姐姐周家住，第一进房子的东侧有两间简易，面积也小的房子租给我们家住。有口井在我们家东侧，从仲家的院子东墙有个小门，以便打井水。相隔三四十米，我们白天都可以时时听见仲先生高声吟咏作诗，我母亲经常说："仲先生又唱了。"

在 1953 年、1954 年的两个暑假里，我几乎每天的上午都到仲先生处学习半小时左右。先生先教我的主要是古诗文吟诵，他吟诵一句，我跟着模仿，也吟诵一句。开始时，一句总得重复好几遍，直到先生认可了，或基本认可了，才学第二句。初期学的是唐诗绝句，记得第一首是王昌龄的《出塞》，最后一句很特别，而且"度阴山"三字延沓很长时间，我曾问过先生："为什么到了'不教胡马度阴山'，吟诵起来特别高昂？'阴山'后面拖出来的'喽'字又高又长，拖那么久？"记得先生是这样回答我的："这首诗是英雄诗，就要有英雄的气概，结尾尤其要突出，大将军，横刀立马，气盖万夫！"接着又说："吟诵诗不是随便的，自己要进到诗里去，诗什么感情，你就要有什么感情。"以后逐步学习一些较长的诗，那时我十五六岁，也许模仿能力还可以，也许先生感到还满意，逐渐就让我吟诵他没有教过的诗和古文。仲先生也给我讲点古诗文，这培养了我对中国古典文学的兴趣，在他的熏陶下，我高中毕业的时候，虽然我的代数、三角、立体几何的分数都很高，但我没有考理工科，而是考的中文系。先生也曾教过我作诗，当然首先是作绝句了，可是我那时连平仄是什么都不懂，作不起来，后来先生就不勉强我了。

我的第二位吟诵老师是魏建功先生（1901—1980 年）。魏先生是中国著名的音韵学家，国语运动的健将，解放后任北京大学一级教授，中国科学院哲学社会科学学部委员（现在叫做"院士"），《新华字典》之父，有《独后来堂十年诗存》（载《南大语言学》第三编）。魏先生的老师是钱玄同、沈兼士、周树人等先生，魏先生的专业是语言学，有杰出成就，但是他会作诗，会吟诵古诗文，会写一手遒劲刚美的毛笔字，这些对他那一代学者都是"寻常事"，而今的终身教授、学部委员又何如呢？我 1955 年考进北京大学中文系，第一学年的课有"古代汉语"，魏先生讲授。他是解放前的江苏省如皋县西场镇人，大概在新四军设置紫石县时，西场镇就划进来了，紫石县后来改名海安县，所以魏先生就成了海安人了。魏先生教我们的古代汉语课，两个学期。最后一课，是在 1956 年的 6 月吧，他给我们三个班约一百个学生（含德国、蒙古等国的留学生）吟诵了一篇比较长的古文，抑扬顿挫，摇曳，拖腔……对大多数同学而言，闻所未闻，跟平时的高声朗读课文迥然不同啊。在先生吟诵之时，全都屏住呼吸，鸦雀无声，待到先生吟诵完毕，全场爆发出哄堂大笑，声震屋宇。在久久的笑声中结束了这一堂课，亦即结束了这一门课。我常到魏先生家，魏先生除了教我语言学外，也教过我吟诵。我跟魏先生可算是同乡，魏先生对我很关怀、爱护，我生病，他还写了介绍信叫我去北京城里老火车站附近的一个胡同（徐悲鸿故居在此）找孙仁和先生（解放前的辅仁大学教授，研究《左传》《韩非子》及词学的专家，兼通岐黄之术，盐城人）开方子。我曾跟孙先生聊起出版不久的陈奇猷先生的《韩非子集释》，我说："两厚本，了不得啊！"孙先生接着说道："我教过他，有些是我讲义上的。"

因为仲一侯先生和魏建功先生都是苏中人，魏先生的母亲姓仲，与一侯先生同宗，同一个辈分。我的两位老师的吟诵"腔调"可说是相同的。他们教我吟诵的时候，没有给我讲"通论"，没有讲"重要性"和"吟诵史"，就是说，不讲"理论"，不教"方法"。他们的教法，就是自己示范，学生跟着模仿，偶或指点评骘、颔首认可。我们家乡有句俗谚："一字动，百字摇。"意思是学到一定程度，自然会触类旁通，或者融会贯通。

我的吟诵是少年时代学会的，也许是"幼学如漆"吧，所以到老都记得。等到我研究生毕业之后，做了"古代汉语"课和"音韵学"课的教师的时候，我在每学期的最后一课，给同学们吟诵一些旧体诗和古文，同学很感到新奇。我每吟诵完一首（篇）后，同学们往往欢笑不已,长时间鼓掌。这是因为现在的"古典文学""古代汉语"课的老师从来没教过,听了我的吟诵,他们才知道咱们中国还有这种传统文化!

可叹息的是,上千年的传统,仅仅短短六十年,昔时连小的知识分子都熟悉的、掌握的"古诗文吟诵",至今日竟成了"濒危"的非物质文化遗产!

我自己也常以此自娱,我喜欢吟诵的有杜甫《咏怀古迹》《秋兴八首》、高适《燕歌行》、白居易《琵琶行》、刘长卿《长沙过贾谊宅》等,古文则是贾谊《过秦论》、王羲之《兰亭集序》、李华《吊古战场文》、范仲淹《岳阳楼记》等。每逢吟诵这些千古名篇时,身心沉浸于中,宠辱皆忘,忧喜悉遗,精神仿佛升华到一个真纯的境界。

2012-10-18 写于杭州师苑新村,2013-5-1 增补

附言:一、此文今有所修改补充。二、关于"咏""吟""哦""诵""读""讽"等词的词义、彼此关系、它们所引领或参与的词族,愿他日有暇,当作较深入的研究。更盼词汇史专家作文,以惠读者如我。

2015 年 1 月底于南大图书馆

继承传统学术，创新现代思维

——《鲁国尧语言学文集·衰年变法丛稿》评析

安徽大学　白兆麟

南京大学中文系教授、音韵学家鲁国尧学兄托人转送来一部他的新著《鲁国尧语言学文集》（以下简称《文集》）。其副题"衰年变法"四字特别引起我的注意。国尧学兄与我都已是耄耋之年，自然是所谓"衰年"；而"变法"二字则立即使人想起中国历史上的三次重大变法，上古的商鞅变法、中古的王安石变法与近代的戊戌变法，这三次变法都以失败而告终，莫非学兄由语言学转向历史学或政治学了？读过《自序》始知，此之"变法"非彼之变法也。

国尧学兄于"衰年"读到有关两位大画家齐白石、黄宾虹至老年决心扫除"形似"、摈弃"临摹"、大变画风的"动人事迹"，因而"发誓走'衰年变法'之路"，提出了"义理、考据、辞章，坚实、会通、创新"的"治学十二字诀"。

全书收集了他近年所撰 49 篇文章，除了语言学之外，内容"广及思想史、美学、接受学、古人类学、历史学、文学、文献学、西洋比较法等学科"，鲁兄大致把它们分为七组。第一组有几篇是正面阐述其"变法"之理念与实践；第二三两组分别是音韵学与语言学史方面的评议文章；第四组 8 篇札记、读后感和第五组 16 篇序言，是他"学术思想和学术主张"的表述；第六组 3 篇是学术会议发言；末组 4 篇属于杂感之类。如果就其"衰年变法"的"追求"与本文篇幅而言，我们的评析当着眼于该书论述之重点，即第一、三、五组的若干篇文章，其他几组或及焉，或否焉。

一

第一组的头一篇，是鲁国尧在"中国语言学发展之路——继承、开拓、创新国际学术研讨会"上的总结发言。这篇发言反复阐述上个世纪著名史学家、思想家陈寅恪，在其《冯友兰〈中国哲学史〉下册审查报告》一文中所说的对待"外来之学说"的教训，"他先后列举三例，一是'忠实输入不改本来面目'之唐代唯识宗，二是死灰复燃之近现代唯识学，三是他目睹的正在进行的'忠实输入北美或东欧之思想'"；而对其结论也是三条："卒归于消沉歇绝"，"疑终不能复振"，"亦终归于歇绝者"。陈先生最后画龙点睛："其真能于思想上自成系统，有所创获者，必须一方面吸收输入外来之学说，一方面不忘本民族之地位。此二种相反而适相成之态度，……二千年吾民族与他民族思想接触史之所昭示者也。"

以上一段文字发表于 1933 年，而国尧教授坚信，"于今日，于将来，仍然具有指导意义，仍然光芒四射"。在这篇发言的最后，他满怀热情地指出："中国语言学人应该坚定地走自主创新之路，为繁荣中国语言学而奋斗。"

正是从上述理念出发，国尧学兄才写下了以下几篇开拓创新的文字。

其一是《一个语言学人的"观战"与"臆说"》。该文针对人类起源问题"近二十多年来，以分子生物学为支撑的'出自非洲说'呈席卷之势","认为有必要向中国语言学界介绍与之针锋相对的学说"，因而以大量的篇幅引证并详尽阐述"以中国科学院吴新智院士为首的中国古人类学家"对此说的"质疑、诘难"，他们发表了许多文章，"不屈不挠地坚守自己的""多地区进化说"。在此基础上他提出了自己的"一点臆想"："分子生物学出现的时间不算长，就打进古人类学家的研究领域，提出了'出自非洲说'。如果这门学问再发展若干年，其研究成果也许颠覆今日的学说。"不仅如此，他还引用《现代物理知识》杂志所刊载的题为《人类语言出自非洲》的一则报道，说奥克兰大学的一位学者，根据"人类基因和表型的多样性呈现距离非洲越远则越少的趋势"，"发现在现代语言中，距离非洲越远地区的语素（语言的最小单位）也越少"；据其统计，"起源地非洲141语素"，"中国普通话32语素"等。针对此数据，他质问道："中国普通话是不是'32语素'？而且，我们中国人所熟悉的长江以南的众多方言，它们较之普通话复杂得多，例如吴方言，即以声母而论，因为保留了古全浊声纽，其数目即在三十个上下，遑论其韵母？（笔者按，西洋学人往往忽视声调）至于中古汉语，其语素远逾现代汉语普通话的数目，这是铁板钉钉的。"

无独有偶。上述文章发表于 2012 年。笔者寓居美国期间，亦于同年在美国的中文报纸副刊上发表了一篇题为《土生土长的中国人》的学术札记。该文开篇即指出："关于人类的起源，目前国际公认的有两种：一是非洲起源说，一是多地区起源说。前一说是个更老的话题。《世界日报》3 月 24 日有篇转载于《新京报》的学术报道，题为《马鹿洞人在云南》，指出'马鹿洞人'在中国云南的发现显示，现代人在东亚地区起源和演化比先前所知的复杂得多，而这类化石可能代表东亚地区一种未知的已灭绝的古代人群。因而又揭开了上述二说的争议。"

文章接着写道："据我所知，自十七世纪中叶以来，中国人是'外来'说还是'本土'说，一直争论不休。1965 年，被国际奉为汉学大家、加拿大学者蒲立本所谓'公元前五千年原始汉语和吐火罗语同源同族'，是当前西方汉学界的主流说法，这个说法有力地支撑了认为'中国人是从埃及或者其他地域迁移而来'的观点。本文根据所见之有关资料综述一下关于此话题的不同见解。""近几年来，安徽蚌埠双墩遗址的发掘成功，无情地打破了中国人'外来'的说法"。"在此基础上，中国科学院历史地理学家、著名古文字研究专家黄盛璋先生公布了他的研究成果，他通过对双墩文化及其发掘出来的 607 个刻画符号的研究，证明中国人是'土生土长'的"。这批"双墩刻画符号是淮河中游最早的淮夷族所造的字符，它早于埃及最早的陶刻两千年。……这些起源阶段的文字符号，比起蒲立本所说的'吐火罗语'早了两千年。这就回应并否定了加拿大汉学家所提出的'原始汉语和吐火罗语同源说'"。（参见拙著《唏哦集》103-104 页）

其二是《语言学与美学的会通：读木华〈海赋〉》。国尧学兄之所以撰写此文，主要是有感于他的老师朱德熙所说的一番话："回过头看五十年代以来培养的学生，其中虽然也不乏杰出者，但总的看来，失之于陋。"学兄以为，其"表现之一是治学的'窄'"；而"应该倡导'会通'，语言学与其他学科的会通即是一途"。"会通的目的在超越，在创新"。于是他亲自实践，挑选《文选•海赋》中的两段，以语言学与美学相结合的角度，具体分析"描写大海的波涛汹涌、震天动地的无比壮美的景象"和"描摹海中灵怪之一的鲸鱼，其生存和死亡的两种状态"。

如《文集》所言，即使"从语言学角度研究而言，也有多种途径，如词语使用的选择，修辞手法的丰富，文字的视觉冲击感，等等"。而鲁兄却独辟蹊径，单"从音韵学的视角来考察《海赋》的美"，因为在他看来，"赋，不只是视觉艺术，而且是听觉艺术"。为此，他自创"韵集"、"音耦"、"骈调"等概念术语来解析《海赋》的"布局规律"和"组织方式"，从而让读者体会其中和谐的"音韵美"。

有意味的是，笔者较早地于2001年也谈到了同样的问题，只是用"学科的融合"这一概念来表述："如果说，古代的学术以合为主，因而出现了不少综合型的大学问家，他们兼通在今天看来属于几门不同学科的学问，……那么近代却是以分为主，学术门类越分越细，这有利于就研究对象进行深入细致的考察与分析。"可是，"现代学术又由分立趋向融合。因为分工过细，必然容易忽略与其他学科的交流与渗透，妨碍对研究对象作全面系统的观察与认识。学术再度趋向融合，也是科学发展的必然。当然，这种融合并非简单的重复，而是高层次上的结合与渗透。"

接着所举的例子，就是美学大师朱光潜在其《西方美学史》一书论述"移情"之理时写道："我国古代语文的生长和发展，在很大程度上是按移情的原则进行的，特别是文字的引申义。""他还特别为上述文字加注：'读者试图翻阅段玉裁的《说文解字注》，注意一下文字的引申义，就可以明白这个道理。"（参见拙著《顾盼集》185-186页）其后还举了一些例子来具体说明。为节省篇幅，就不再赘引了。

笔者前后两处说到与国尧学兄有着相同的论述，无非是"势所必然，心同此理"罢了。

余下的六篇，其主旨无非以下四点：第一，反复强调"变法"即改变学术理念的重要；第二，再三宣扬前面已介绍过的陈寅恪的治学原则；第三，告诫学人，不仅要中西贯通，而且还要古今贯通；第四，论证将"历史比较法"和"历史文献考证法"二者结合起来的必要性。至于这一组最后一篇《郑成功两至南京考》，在我看来，是用以引证"历史文献考证法"的有效性。

二

第三组两篇都是关于裴特生《十九世纪欧洲语言学史》的，前一篇为"读议"，后一篇为"校订本后记"。前一篇如鲁兄所言，"本文的宗旨主要在于""以批判精神审视"该书"及十九世纪欧洲语言学盛行的比较法"。此篇《读议》值得我们注意的有这么几点：一、"西方语言学至十九世纪而臻鼎盛"，"首先在于'天时'"；二、裴特生等欧洲学者，"在论述十九世纪西方语言学的重大成就时，就事论事，局限于语言学本身的进程和内在因素，这是他们的不足"；三、"每一学科都不是'单科独进'，而是相互影响，相互激荡，由小到大，由弱到强"；四、"科学的门类虽然多种多样，但是其发展的进程却有其相似性因而彼此必有交叉影响"；五、"欧洲十九世纪的众多语言学家以比较的方法研究语言学，努力理清各语族、各语支的亲属关系，然后'寻根'，追寻'共同祖先'，即重构原始母语，其学术思想显然跟当时如日中天的生物学有密切关系"；六、"所谓'比较'""是有其特定的涵义，他们指的是有亲属关系的语言之间的比较。寻觅被比较的语言之间形态变化的体系的相似，是确认它们具有亲属关系的准绳"；七、"破除西方中心主义，树立'全球史'的观念。世界文明是多元的，不同的土壤、不同的环境都能培育出各自的参天大树，各民族的语言都有自己的特色，都作出了自己的重要的贡献"。

后一篇《后记》，概括说来有这么几点：一、再次强调"接受学"的重要，建议引进中国语言学；二、高度评价裴特生的《十九世纪欧洲语言学史》，并热情赞扬钱晋华女士对此书的中译本；三、具体叙述自己补译与校订该书的认真态度与合作过程。其中也不乏校订者的学术理念。

读了上述两篇文字，感慨万千，随即想起笔者类似的经历。1959年大学毕业即分配到高校从事汉语教学，为了同时提高语言学理论和俄语阅读的水平，便托友人从苏联购来两部俄文版的专业书，一是契科巴瓦院士的《作为语言学对象的语言问题》，一是维诺格拉多夫院士的《19—20世纪欧洲语言学史》。教学之余，凭借《俄华大词典》，断断续续地花了十几年的时间，前后两次硬啃这两部大书，并作了一些笔录与札记以备后用，直到"文革"结束。此后，又用了一年多的业余时间，将其中极有学术参考价值的部分内容翻译成三篇文章。头一篇是《索绪尔的语言学说》，加上[译者按]发表于1978年；第二篇是《作为结构的语言系统》，发表于1980年。（参见拙著《文法训诂论集》182-202页）以下选择两篇译文中与上述内容有关的两小段，供读者参考比较：

> 索绪尔说，在研究自己的对象时，应该区分共时的（研究"同时发生的"）观点和历时的（"不同时间的"，在时间上连续发生的）观点。换句话说，把研究对象放在"同时发生的轴线"和"连续发生的轴线"上来研究。前者是研究同时存在（共同存在）的事物之间的关系，后者是研究在时间里的变化。索绪尔认为，当我们碰到价值的概念而"不考虑到两种轴线的存在，不区分价值本身的系统和在时间意义上被研究的价值本身"，就不可能严密地、科学地进行研究。

> 布龙达尔认为，比较语法"首先是历史的，它优先研究词语的起源和发展，并把注意力主要集中于语源学和发展史。由于它的威望，普通语法或理性语法逐渐失去它的作用，而标准语法或实践语法开始获得历史的灵感。有些理论家（如盖尔曼·保尔）始终坚持任何有关语言的科学都应该具有历史性的主张"。在我们看来，比较语法是有价值的，它给语源学的研究提供科学的基础，并且揭示出（在某种程度上）亲属语言的发展道路，换句话说，比较语法的价值在于它帮助建立起语言的科学的历史，在于它是"历史的"。

以上叙述无非说明，作为那个时代中青年学人的内心深处，都竖立着一个比较崇高的追求目标。

第四组首篇《语言研究"问思"录》，值得今日年轻学人关注的，笔者以为有以下几个方面：其一，以瑞典汉学家高本汉的著作为例，强调"语言研究需要充分占有材料"；其二，以珠算究竟发明于元代中叶还是汉代以前为例，提出"材料需要查核"，"对于有争议的书或作者，只陈述一种意见，会误导读者以为这是唯一的观点，正确的做法应该交代、指出还有另一种论点"；其三，"调查方言的上乘方法是使两个或多个被调查者自然对话，从而获取鲜活的语料"；其四，"语言研究的平面描述与纵向探溯应该并重"；其五，引述20世纪中国三位语言学家魏建功、王力、朱德熙的文章或书信，彰显"中国语言学的道义传统"，即"爱国主义精神""中华民族的自强不息的精神""不崇洋的精神"。

余下有两篇读后感：一为缅怀语言学家鲍明炜，推崇他"平面描写与历史推溯并重"的"大家精神"；一为表彰张涌泉等三位学者编撰"煌煌巨著"《敦煌经部文献合集》的"热忱和勤苦"。联系上面所说的三种精神，鲁兄显然意在扫除"甚嚣尘上"的"学界浮躁之风"!

三

接着读过第五组的 16 篇序及跋,你会明显地感觉到《文集》著者的热心肠。这么多的序文,几乎都是应约为中青年学者的著作而撰写的,所涉及的学科大致都是他所精通的音韵学和方言学。有篇序里的一段文字能够展示其内心的情结:"回忆起我自己在年轻时、中年时,除了得到教过我课的诸位老师的奖掖外,还得到了并未给我上过课的好些先生的赏识或提携,……如今我老了,我也应该仿效当年提携我的诸位先生于万一,对比我年轻的学人尽一点应尽的责任。"说得多好啊!

那么,国尧学兄是否会滥用此种"情结"呢?否。上面所引那段文字的文章标题"重文章,更应重道德",就明确地表明了他的态度和原则。即从"重文章"这方面来说,国尧学兄予以肯定的那批著作,或者田野调查牢实,或者材料搜集齐全,或者研究方法得当,或者推理论证严密,总之是经过他的慧眼审视过的。譬如有一篇是为谭世宝《悉昙学与汉字音学新论》一书所写的序中,就列举了五条事例,如"细致考辨"、诸多"论证"、重要"发现"等,来说明该书"胜义缤纷,许多高见令我推服"。

又如《〈中外语言学史的对比与研究〉序》,其中言道:"当今的这本书,即俞允海、潘国英先生的书名,它体现了当今时代思想的色彩。'中外'是并列结构,在俞、潘先生的笔下,中国语言学史与外国语言学史是并列的,然后加以对比,加以研究。这种学术思维、学术走向是值得我们重视的";又说:"这本书所论述的范围不局限于中国,而以一半的篇幅付给欧美语言学史,兼及印度、日本。此书不仅论述了西方、印度、日本语言学的历史,而且叙述西方、印度、日本的文化、宗教传统。所以我说其述广、其论多,读者会从此书获得许多知识,许多教益。"

再如《序刘晓南〈宋代四川语音研究〉》,指出"这是一本原始创新的书"。为什么呢?因为"他提出了两个假说:一是宋代蜀方言和闽方言存在亲密关系,二是宋元四川方言历史断层说。这两个假说,言人之所不能言,道前人之所不能道"。其假说之所以得到"激赏",因为"伟大的科学家爱因斯坦说过:'提出一个问题往往比解决一个问题更为重要,因为……提出新的问题、新的可能性,从新的角度看旧的问题,却需要创造性的想象力,而且标志着科学的真正进步'。"

最后不能不列举《"特立"之著》这篇为李无未教授《日本汉语音韵学史》所写的序。之所以称之为"特立",除了该书著者的"'卓识'和机遇二者"之外,"值得赞赏"的是"搜集资料之勤勉,所得之丰赡,令人羡慕"。"这部长达四十多万字的专著","引用文献之多,估计有两百种左右"。不仅如此,"尚有一个特点需要指出",即打开该书的目录,"映入眼帘的是'传统日本汉语音韵学研究的特点'、'近代日本汉语音韵学研究的特点',等等。李无未教授著书,直奔评论",而"评骘是非得失优劣"是需要"识断"、需要"功力"的。

如果对《文集》作形而上的统观,其著者是要求中国语言学人:既要审视传统,又要放眼国外;既要回顾古代,又要盯住当代;既要登高望远,又要脚踏实地;既要依托理论,又要凭借资料。目标只有一个,那就是建立起中国自己的科学语言学。

写到这里，本文应该结束了。不过还有几句心里话需要交代。初看该书时，本没有打算写书评，因为它涉及的内容比较庞杂。后来国尧学兄来我们博士点主持学位论文答辩，见面时即要求我写篇书评，并希望提一提书中的不足之处。我当时有些犹豫，但见他态度十分诚恳，也就想尝试一下。不料这么一尝试，就写成了现在这个样子。至于说到该书的不足，当然不是没有。其一，所收文章似乎未经筛选，给人的感觉有些杂；其二，文章内容重复之处不在少数，如果能再加以整饬效果会更好些；其三，有些文章的标题未免过于口语化，似有再斟酌的必要。这只是笔者个人的感受，仅供著者及读者参考。

汉语的研究应该尊重科学讲究逻辑*

北京语言大学　张　猛　华学诚

一

五十年前，有关汉语的理论研究工作主要是在结构主义语言学的平台上展开。其历史则可以上溯到一个多世纪以前的《马氏文通》。

五十年来，汉语研究的理论平台更新了多次：格语法、耗散结构、配价语法、义素分析、语义场、转换生成语法、认知语法、类型学等等[1]。走马兰台类转蓬，各领风骚若干年。这些平台是否在结构主义语言学的基础上取得了新的进步，从而对汉语的认识能够做到理论上更简约，认识上更全面而深入呢？或者说，这些平台起到了哪些切实的作用？解决了哪些具体的疑难呢？

要回答上述问题，恐怕不是轻松的事情。

有一个事实难以回避，那就是当我们想要编写一部《汉语学》教科书的时候，就不难发现几乎没有一个平台上的研究者能够仅仅站在自己的平台上完成全部编写工作。

而这样一本教科书，一本关于汉语的《汉语学（概论）》，而不是关于语言的《语言学（概论）》，应该系统地反映汉语的历史沿革、汇总汉语的表达与理解的内部规则，应该能够积极地指导我们从事汉语普及教育、从事汉语国际教育、从事汉语研究。

任何理论都应该为现实服务，为认识自然、驾驭自然服务，这是科学研究的基本逻辑。

当下的汉语研究者，是否关心这样一项基本建设工程呢？

二

不知大家心中有没有这样一种感觉：五十年来，汉语的研究在理论上、方法上不断地更新平台，已经到了更无可新、新无可喜的地步。扪心自问，如果明天冒出一个新的理论或方法论，大家还会像五十年前一样兴奋和充满期待与热情吗？

如今的汉语研究，有相当一部分已经异化，成了研究者个人的思维游戏，不再是实事求是解决实际问题、剖析客观现象提取内部规则的科学工作了。曾经的一类现象有对应的一条规则，变成了一个现象有对应的一组规则，所谓一象一法，而非万象一法。以万变应不变，而非以不变应万变。以至于论文越来越难懂，方法越来越难用，成果越来越难以理解，后学越来越难以入门。有多少学子，望而却步？有多少世人，惑而远之？

汉语是我们每一位同胞每天都在使用的工具。如果我们的研究不能帮助到每一个人，

---

* 本文为2012年香港中文大学中文系建系50周年学术讨论会而作。

1 陆俭明、沈阳著《汉语和汉语研究十五讲》，北京大学出版社，2003年。

我们就应该反省。如果我们的工作只是仅仅服务于自己的兴趣，热衷于把语言像蚕蛹一样包裹到层层茧丝中去，语言便成了木乃伊，理论便成了裹尸布。

我们失去的，是汉语研究的对象和目标，这违背了汉语研究的逻辑。

三

一位年轻的教师来信问我："'沛公欲王关中，使子婴为相，珍宝尽有之。'[1]这一句'珍宝尽有之'宜理解为宾语'珍宝'前置，'之'复指前面的宾语；还是被动句'珍宝全部被占有'呢？"他列举了各家说法，自己却不知所措。

如果严格按照教科书里的规则来分析，可以这样回答他：

第一，不宜理解为宾语前置，因为已知的宾语前置的条件中，没有能够适用于该例的。[2]

第二，"之"不是复指，因为已知的构成复指的条件中，没有能够适用于该例的。[3]

第三，这不是被动句，因为不符合被动句的形式要求[4]——动词"有"的施事"沛公"在前面已出现并作为大主语而存在，"珍宝"是"有"的受事且位于"有"的前面却不是"有"的主语。

第四，综上，尽管可以说"之"和"珍宝"的语义所指相同，但从上下文考虑，视"之"为语气词更为妥当。

就上例而言，宾语前置、代词"之"复指及被动句形式等三种说法似乎都能"说得通"，却又都不符合教科书中的规则和定义。如果严守规则，坚持从逻辑上分析，是可以发现其中似是而非之处的。从逻辑上讲，要处理这样一个特别的现象，需要注意两点：一、首先作为特例加以说明，而不是强行套入某一条现有规则中去；二、如欲由此建立一条新的规则，需要说明该条新规则与所依据的现有理论系统中各条规则之间的兼容关系。

那么，为什么年轻教师会感到困惑呢？

其一，因为学界已经弥漫开了一种令人忧虑的风气：一象一法，众说纷纭。

其二，因为该年轻教师尚未掌握如何处理特例的方法。

不尊重逻辑，不珍视已经取得的研究成果，一味强调"突破"，盲目追求"创新"，导致一象一法、众说纷纭的局面出现。殊不知一旦抛弃对全局的观照，不讲逻辑，往往陷入盲人摸象的境地，放下西瓜捡起了芝麻，或者抛掉了西瓜而一无所有。

四

如果说上例还是介于似是而非之间，还有值得推敲的余地，那么下面几个例子中的逻辑问题就颇耐人寻味了。

【其一】"汉语不是英语"

——假设有人提出申请，要来香港中文大学开设一个语言学讲座，宣讲这样一个论题，

---

[1] 百衲本二十四史《史记》卷七《项羽本纪》，第十三页。台湾商务印书馆影印本。

[2] 动词宾语前置的条件有四个：1. 否定句中代词宾语前置。2. 疑问代词作宾语前置。3. 宾语前置而用代词在宾语后复指。4. 代词"是"作宾语前置。

[3] 复指成分应该与被复指成分相连。

[4] 被动句的主语必须是动作的受事。

你们能接受吗？[1]

有一个笑话，说现在小区的保安真了不起，他们整天都在思考人生的哲理，他们提出的问题都是终极的哲学问题：——你是谁？——你从哪里来？——你要去哪里？

"你"是一个代词，用来指那些想要进入小区的陌生人中的一位。他们是张三、是李四、是王二麻子，等等。

如果把"你"抽象化，使之脱离现实中的个体的人，变为认识上的"本我"，保安的见面三问，岂不都是哲学的基本问题了吗？

那个笑话使用了偷换概念的手法。而偷换概念，就是一个逻辑上的问题。

像"汉语不是英语"这样的大白话，本来说的就是世人皆知的一个事实：汉语是汉语，英语是英语，二者不同。众所周知，汉语当然不是英语，不然为什么一个叫汉语，一个叫英语呢？但如果正儿八经地作为一个大学讲座的话题，唯有将其中的主要概念抽象到哲学的高度，方才能够成立，方才说得下去；否则，这个话题有什么意义？

接下来的，就是逻辑的问题了：如果讲的不是汉语的问题，或者也不是英语的问题，而是哲学的问题，那为什么要把这个讲座放到语言学名义下来开设呢？

事实上，有相当一部分名为语言学研究的论文，是以写哲学论文的方式来写的，或者干脆写成了哲学论文；这倒也不是坏事，因为语言学和哲学本来就是可以相通的。

问题在于，那些论文最终却既不像语言学论文，又不是哲学论文，违背了学科分工的逻辑，这才是值得深思的现象。

五

【其二】"中国的文化，就是汉字的文化"

——如果这是一篇论文的题目，你们会接受这篇论文吗？

这句话本来是一位日本学者说的。[2]

其中文译文看上去就是一个全称肯定判断。但如果真的认为这就是一个全称肯定判断，将"中国的文化"等同于"汉字的文化"，实在令笔者感到困惑。[3]

中国的文化当然包含了汉字的文化，但不等于仅仅就是汉字的文化。史家文献中记载的黄帝时代就有许多文化的成就，其中史官仓颉创造的汉字，便是那个伟大时代诸多文化成就中的一项。可以说，汉字本身就是中国文化的结晶。汉字的孕育、产生和发展，都包含在中国文化的发展过程中。汉字是一种工具，工具可以推动文化的发展，甚至催生出新的文化并成为新生文化的标志；但任何工具都不能脱离其所在的文化体系而独存，更不能等同于该文化体系。

中国古代的农作物栽培、蚕桑纺织、宫室建筑、陶冶漆艺、医药针灸、青铜工艺、绘画印染、音乐舞蹈，以及制作弓弩矰缴网罟罼罗钟磬琴瑟旗鼓车船等，也都是"中国的文化"，但不能说是"汉字的文化"。

---

1 这是沈家煊研究员 2012 年 9 月 12 日下午 2 时在北京语言大学"语言学及应用语言学系列讲座（1）"的演讲标题，没有副标题。

2 ［日］平冈武夫《日本文〈中国古代书籍史〉序言》，见钱存训《书于竹帛》附录三，林慈爱译。上海书店出版社，2004 年，第 185 页。

3 《民俗典籍文字研究》第八辑，商务印书馆，2011 年，第 1 页。

原文"中國の文化は、漢字の文化である",译作"中国的文化，就是汉字的文化"是不妥的。关于日语中的"…は…である"格式的翻译问题，有过许多讨论。在日本中国学界里流传着一个这样的经典话题——有位日本学者说过一句名言"わたしは、考據学である。"[1]于是人们常常谈起：这样的句子该如何翻译成现代汉语？

笔者以为，这个问题如果单从现代汉语判断句的句式去考虑，必然无解；但若从古代汉语的判断句形式去考虑，则并非难题。"わたしは、考據学である"的文言翻译是"仆者、考据学也"。其中的"仆"可以用"鄙人""老夫"之类表示第一人称的自谦词代替。古代汉语判断句形式里，"也"是一个表示加重语气的语气词，不等于现代汉语的"是"；"者"则是一个表示强调、提顿的辅助性代词。因此，"わたしは、考據学である"的汉语翻译"仆者、考据学也"转译为现代汉语后应该是："我这个人啊，考据学哟。"这是一句意味深长的话，而不是一句简单的直白[2]。同理，"中國の文化は、漢字の文化である"，直译为汉语应该是"中国之文化者，汉字之文化也"。相当于现代汉语的"中国文化这个东西啊，汉字的文化哟"。——这同样也是一句意味深长的话。倘若不了解汉语文言的表达方式，简单直白地根据现代汉语口语去翻译，便难以传达出言者的内心境界，也无法使读者真切地理解言者的深意。

只要细读平冈武夫的序文原文[3]，依据表达的逻辑，参照古代汉语的表达方式，是不难了解其感慨叹赏之情怀的。

六

【其三】

读到过一些论文，其中使用的一种方法如下：

1. 假如甲语言有 A 现象，乙语言也有 A 现象，丙语言乃至丁语言、戊己庚辛语言等也都有 A 现象；同时，上述诸语言还有 B 现象。
2. 调查发现，汉语也有 A 现象。
3. 那么，结论：汉语必然也有 B 现象。

将"有"视为"等于"，才会出现这样的推理。

正如查理有房子，约翰有房子，伊万诺夫也有房子；同时，他们都有私家汽车。调查发现，张三有房子；那么，张三必然有车子。

按照上述逻辑来撰写的论文很多，但是，头脑清醒的学者不难看出，这样的逻辑是有问题的。

"有"不能等同于"等于"。

（只重共性，忽略个性。在处理共性与个性的关系上出现了逻辑上的混乱。）

---

[1] 据台湾大学中国文学系教授张宝三博士说（2012 年 12 月）。
[2] 王力主编《古代汉语》或郭锡良主编《古代汉语》中都有关于古代汉语判断句形式的灵活应用的说明。
[3] 钱存训著《中国古代書籍史——竹帛に書す》，宇都木章、沢谷昭次、竹之内信子、広瀬洋子合譯，財團法人法政大学出版局。1980 年 9 月 25 日、初版第 1 刷。

七

我们每一个人每一天都在使用汉字,但汉字并不单单属于你,也不单单属于我,它不仅仅只属于我们这个时代的人。

汉字属于历史,属于中华民族。它既属于我们的祖先,也属于我们,还属于我们的子孙后代。

所以,任何关于汉字的手术,都是不能轻易做的。这一点,是文化的逻辑。

文化的问题,宜用"保守疗法"解决,不宜用"文化大革命"式的暴风骤雨的方式解决。

有一得必有一失。我们常说:每一种文化都有她的优点,也有她的缺点。但我们是否真的都能够认识到:一种文化得以存在并传承下来,靠的就是她的全部特性而不仅仅只是她的优点;对于一种文化的缺点的批评以及对优点的赞美,都和传承无关,都是特定时代、特定地域、特定的人群出于特定的需要而作出的,都是片面的。

文化无需任何人的赞美,她就在那里。

这就是文化的逻辑。

汉字已经有机地融合在中国文化中,融入在中国历史里。无论何时、无论何地、无论何人,都不能将汉字剥离成一个孤立的对象,一厢情愿地动手动脚。任何对汉字的人为改动,都将伤害到中国文化的本体,都将遭到中国历史的抵制。

如果我们藐视历史,历史就将藐视我们。

八

中国文化里,诗人文化比哲人文化更占优势。

前两年某些地方的反日游行中,有反日情绪者,为泄私愤而打砸烧同胞的私有财物;甚至恨屋及乌,殴伤拥有日货的同胞。这是一种情绪化到极端的表现。

反之,又有一些同胞对抵制日货呛声,说什么"抵制日货?有种你抵制日本语言!"有博文提出"汉语词汇抗日"的概念,继而在这个自己杜撰的概念基础上作出结论,对"当代汉语词汇抗日的两难境地"大发感慨。

这些都是做事不能冷静思考、感情用事的表现。是一般诗人的逻辑,不是哲人的逻辑。

就说"汉语词汇抗日"吧。那博文的逻辑是:汉语中许多词出自日语,属于"日货"。要抵制日货,就该抵制这些词。从而提出"怎么抵制"的质疑。所举例子不少,如"宣言""发明""抵制"等。

这样的逻辑可谓无稽之谈。试看其一:这些"日货"都是多音节词或词组,它们全都可以拆成单音节形式。那么,试想其二:按那些博文的逻辑,只要找出这些单音节形式出自哪个地方,就可以说这些"日货"实际上是那个地方出产的"货"。试问其三:那些单音节形式的词究竟出自哪个地方?究竟是哪个国家的"货"呢?"宣""言""发""明""抵""制"等,都是地道的日货吗?

——呵呵,都是中国货!

——所谓的"汉语词汇抗日",归根结底,会抗回到中国来。

违反逻辑的结果,往往是自食其果。

要抗日，是要抵制日本方面的不法行为，是要维护我国的根本利益。经济制裁是政府的手段，不买日货是百姓的选择。但是，中国也罢，日本也罢，都是人类大家庭中的民族之一。每个民族都有其个性，有其优点和缺点。各民族之间应该和睦相处，取长补短。在这个基础上，文化的交流和互相学习，经济的交流和互利互惠，对双方的百姓都是有益无害的。

当今时代，中日乃至世界各国文化之间的交融已经到了这样一个境地：要连根断掉日本文化，就等于断掉中国文化，断掉人类文明。因为日本文化的根，一大半和中国相连；而人类文明，又怎么少得了中国呢？

九

一切规律都有其内在逻辑。科学研究有科学研究的逻辑，汉语研究有汉语研究的逻辑，汉语语法研究、跨学科研究，情感与理智的关系，规则与演绎的关系，以及文化传承，追本溯源等，都有其自身的逻辑。

尊重逻辑，首先要尊重事实；尊重事实，才有可能做到尊重科学、尊重自然规律。

搞汉语学，研究汉语汉字，应该实事求是，细察古今，分清是非，努力做到以简约繁，化难为易，这才是符合逻辑的，是天下为公的，是科学的，是文明的；否则，就是不讲逻辑的，是自私的，是反科学的，是愚昧的。

《语法修辞讲话》的前前后后*

北京大学外国语学院　姜望琪

"《语法修辞讲话》的前前后后"就是"《语法修辞讲话》的上下文",就是《语法修辞讲话》是在什么背景下写作的,发表以后又产生了什么影响。

一、社会背景

《语法修辞讲话》的写作背景可分作社会背景和学术背景两大部分。先讲社会背景。

1950年11月,毛泽东致信胡乔木,要他起草一份关于正确书写电报的文件。这份《关于纠正电报、报告、指示、决定等文字缺点的指示》由毛泽东修改定稿后,于1951年2月1日作为中共中央文件下发全党执行。(丁晓平2011:203—204)文件下发二十天之后,胡乔木觉得语言文字问题党外群众中也存在,如果公开发表此文件,效果可能会更好。于是他致信毛泽东说,"《关于纠正电报、报告、指示、决定等文字缺点的指示》,细看一遍,觉得并没有什么秘密,似可公开发表。一来党内外看的人多,事情容易办成功;二来对于报章文字和社会文字习惯也可以造成很大的影响。当否请示"。2月25日,毛泽东在胡乔木的来信上批示:"可以印成小本发给党内外较多的人看,不要在报上发表,因此件并无给群众看的必要。而一般文法教育则应在报上写文章及为学校写文法教科书。"(同上:219)

毛泽东的意见是对的。1949年不仅标志着共产党执政的开始,而且标志着一个历史新阶段——和平、建设新阶段的开始。此前的半个世纪,甚至一个多世纪,中国一直处于战乱、动荡之中。而这个时期恰恰是中国政治、经济、文化各个方面发生最剧烈变化的时期:两千多年的帝制被推翻了,历史更长的文言文被白话文取代了,占中国最大多数的工人、农民的社会地位提高了。这一切都对语言文字应用提出了新的挑战:不识字的需要扫盲,白话文需要规范,跨越方言区的共通语需要制定,汉字需要简化,拼音方案需要统一等等。

于是,新政府一方面通过创办扫盲班、夜校等大规模群众性活动,在基层普及语言文化知识;另一方面是在上层设立各种必要的机构,以统一领导语言文字规范工作。例如,1949年10月,政务院下设新闻总署和出版总署(胡乔木为新闻总署署长,范长江、萨空了为副署长;胡愈之为出版总署署长,叶圣陶、周建人为副署长),成立中国文字改革协会(吴玉章任常任理事会主席);1950年6月,成立中国科学院哲学社会科学学部语言研究所(罗常培任所长);同月,北大中文系主任魏建功调入国家出版总署编审局筹建新华辞书社,准备编写《新华字典》;1950年12月,成立人民教育出版社(叶圣陶兼任社

---

* 本文初稿曾在《语法修辞讲话》发表60周年学术研讨会(2011年10月,天津)宣读。北京大学出版社胡双宝先生对初稿提出了许多富有价值的修改意见,特此致谢。

长及总编辑）。实践证明，这些机构确实为新中国的语言文字规范工作作出了不可磨灭的贡献，《语法修辞讲话》是其中最重要的贡献之一。

在报上写文章强调文法重要性的工作，其实一直在做。如，1950 年 5 月 21 日，《人民日报》在转载吕叔湘批评文章《读报札记》时发表过短评《请大家注意文法》，要求用正确无误的语言文字表达正确无误的思想，消灭文法错误。但是，写文法教科书，普及一般文法教育的工作是个空白。因此，胡乔木在得到毛泽东批示后联系了成立不久的语言研究所，他们表示有困难。他转而征求叶圣陶的意见，叶圣陶立即推荐了吕叔湘。于是，1951 年 2 月底，吕叔湘就接到了任务。（吕叔湘 2009：284）

经过紧张的准备，《语法修辞讲话》基本就绪后，1951 年 6 月 6 日起在《人民日报》连载，同时配发由胡乔木起草、经毛泽东修改的社论《正确地使用祖国的语言，为语言的纯洁和健康而斗争！》。该社论指出，"正确地运用语言来表现思想，在今天，在共产党所领导的各项工作中具有重大的政治意义。在国民党及其以前的时代，那些官僚政客们使用文字的范围和作用有限，所以他们文理不通，作出又长又臭的文章来，对于国计民生的影响也有限。而在共产党领导下的中国就完全不同了。党的组织和政府机关的每一个文件，每一个报告，每一种报纸，每一种出版物，都是为了向群众宣传真理、指示任务和方法而存在的。它们在群众中影响极大，因此必须使任何文件、报告、报纸和出版物都能用正确的语言来表现思想，使思想为群众所正确地掌握，才能产生正确的物质的力量"。把语言文字应用提高到了政治的高度。

作者在初版序言中也说，"新闻总署胡乔木署长和人民教育出版社叶圣陶社长最初发起这个讲话，人民日报总编辑邓拓先生拨出人民日报的珍贵的篇幅来刊载这个讲话"（吕叔湘、朱德熙 1952：10）。可见这不是一部单纯的学术著作。

二、学术背景

先讲吕叔湘先生的学术背景。众所周知，吕先生大学时学的是外语专业，但他凭借自己的国学底子，自学进而研究汉语语法，达到了中国语言学的最高境界。

吕先生正式研究汉语语法是在 1926 年，那时他刚从东南大学毕业，在丹阳县立中学教书。为讲授国文文法，他研读了《马氏文通》。1929 年，他在苏州中学教学时有机会阅读了丹麦学者叶斯柏森的《语法哲学》等语言学名著。

1936 年吕先生到英国留学。1938 年回国后到云南大学任教，同年在《今日评论》上发表第一篇汉语语言学文章——《中国话里的主词及其他》，与朱自清先生讨论是否每个句子都要有一个主词的问题。1939 年暑假后他开始教授中国文法，参考了王力在西南联大"中国现代语法"课程的讲义。1940 年暑假后，吕先生迁居成都，任华西大学中国文化研究所研究员。期间，发表了《释您、俺、咱、喒，附论们字》、《说汉语第三身代词》（英文）、《论"毋"与"勿"》等研究近代汉语的论文。

1941 年春天，在四川省教育科学馆工作的叶圣陶先生约请吕先生编写一本文法，供中学语文老师参考。大约半年后，他即完成了《中国文法要略》的上卷。1942 年秋，吕先生应邀到金陵大学中国文化研究所工作。完成《中国文法要略》的中卷、下卷后，1944 年还出版了《文言虚字》。写这两本书的经历，使吕先生改变了对普及工作的看法。从此，他在继续写作《从主语宾语的分别谈国语句子的分析》之类研究性文章的同时，写了大量普及性论述。

1946年，吕先生随金陵大学回南京，开始兼任中央大学教授。同时与朱自清、叶圣陶合作编写《开明文言读本》。1948年到上海参加开明书店，1950年2月应聘到清华大学任教。

1951年1月，吕先生应邀开始在《开明少年》杂志上连载《语法学习》[1]（后移至《进步青年》载完）。这是叶圣陶推荐吕叔湘的直接原因。

朱德熙先生1939年考取西南联合大学物理系，由于受唐兰的古文字学吸引，一年后转入中文系。他师从唐兰、闻一多学习古文字学和音韵学，并得到罗常培等教授的指导。1945年毕业后在昆明中法大学中文系任教。1946年受聘到清华大学中文系[2]任教，教大一国文，把语法讲活了。1947年起，朱先生在北平《新生报》正式发表有关古文字的文章。1949年春天，清华大学中文系着手课程改革，提出了改进大一作文教学的问题，朱先生负责编纂作文教材。他收集了三百多篇作文和一些报刊文章，参考了夏丏尊、朱自清、叶圣陶、吕叔湘、王力等先生的著作，在吕叔湘等先生的直接指导下，编写了一本《作文指导》。该书1951年正式出版。这是吕先生找朱先生合编《语法修辞讲话》的直接原因。

三、社会影响

《语法修辞讲话》所产生的影响也可以从社会和学术两个角度讨论。

如前所述，刊发《语法修辞讲话》是新中国一系列语言文字举措的一部分，甚至可以说是20世纪50年代到60年代初期在中国历史上影响深远的文字改革运动的序曲。

2001年6月6日，《语法修辞讲话》刊发50周年之际，《人民日报》发表评论员文章《为祖国语言的纯洁和健康继续奋斗》，高度评价了《语法修辞讲话》所产生的作用。该文认为，五十年前的《人民日报》社论，"表明了党和国家对语言文字规范化工作的高度重视，宣告了新中国语言文字规范化工作的全面展开。当时在本报连载的吕叔湘、朱德熙所著的《语法修辞讲话》，提高了几代人的语言文字应用能力。简化字作为规范的现代汉语用字，在国内全面普及，并且得到国际社会的承认；普通话成为全国人民的通用语言，促进了经济发展、民族团结和国际交往。如今，我们已经有了历史上第一部关于语言文字的法律，自2001年1月1日起施行的《中华人民共和国通用语言文字法》，使我国语言文字的应用走上法制化的轨道"。

换言之，《语法修辞讲话》为新中国的语言文字工作奠定了基础，新时期的汉语语言文字规范工作从此拉开了序幕。

1949年初，魏建功、萧家霖等向开明书店提出了编写新字典的计划，叶圣陶非常赞成。编写新字典不仅是少数文人的计划，也是政治形势的需要，新政权得有自己出版的普及性字典，让新社会的广大读者在读书写字时"有典可依"。经过一段时间的酝酿，1950年5月，叶圣陶以国家出版总署副署长名义驰函北京大学校长，商调时任中文系主任的

---

1 此前，吕叔湘曾与周振甫合作在《开明少年》"文章修理厂"栏目连载11篇习作评改，1951年9月出单行本《习作评改》。

2 据何善周介绍，闻一多看过朱德熙研究古文字的论文，认为很有才气，决定聘用他。（转引自《朱德熙先生纪念文集》57页）

魏建功到该署编审局来主持筹建新华辞书社,以便编写《新华字典》。新华辞书社的工作于 1950 年 8 月开始以后,人民教育出版社才正式召开成立大会。叶圣陶兼任人民教育出版社社长,实际也成为第一版《新华字典》的终审。

但是,《新华字典》的编纂难度比预料的大得多,出版计划一再推迟。最初计划于 1951 年 9 月底完稿,后推至 1952 年 6 月完成修订,年底出版。但到 1953 年 1 月,负责终审的叶圣陶仍不满意。按音序排列的《新华字典》最终于 1953 年 7 月交印刷厂排字,1953 年 12 月正式出版。1954 年 11 月,按部首排列的《新华字典》付印。至此,历时 5 年的出版计划终于完成。

同时,文字改革的工作也在紧张进行中。1950 年 8 月,教育部社会教育司举行简体字的研究选定工作座谈会,商定了选定简体字的四条原则。1951 年拟定了《第一批简体字表(初稿)》。1952 年 2 月,在教育部的筹划下,中国文字改革协会改组成中国文字改革研究委员会。同年 3 月,中国文字改革研究委员会成立汉字整理组,重新确定了编制简化字方案的四条原则。下半年中国文字改革研究委员会汉字整理组拟出《常用汉字简化表草案》第一次稿,收录比较通行的简体字 700 个。

1954 年 10 月,中国文字改革研究委员会改组成为国务院直属机构中国文字改革委员会。同年 11 月,中国文字改革委员会第一次常务委员会议决定对《常用汉字简化表草案》第五稿再作必要的修改。汉字整理组在第五次稿的基础上编成《汉字简化方案草案》。

1955 年 1 月,中国文字改革委员会、教育部、中国人民解放军总政治部、中华全国总工会发出联合通知,印发《汉字简化方案草案》30 万份,征求意见。1955 年 9 月,中国文字改革委员会拟定《汉字简化方案修正草案》。1956 年 1 月 28 日,国务院全体会议通过了《关于公布〈汉字简化方案〉的决议》。1 月 31 日《人民日报》全文发表了国务院的《关于公布〈汉字简化方案〉的决议》和《汉字简化方案》。简化字在现今中国大陆地区取得了"正体字"的地位。

在胡乔木的指导下,现代汉语词典的编辑工作很快也提上了国家日程。1956 年 2 月,国务院发布《关于推广普通话的指示》,责成中国科学院语言研究所在 1958 年编好以确定词汇规范为目的的中型现代汉语词典。该所词典编辑室在吕叔湘的带领下,从 1956 年夏着手收集资料,1958 年秋开始编写,1959 年底完成初稿,1960 年印出了试印本征求意见。随后,又由丁声树担任主编,经过修改,1965 年又印出《现代汉语词典》试用本送审稿。1973 年,在当时的形势下,以试印本的方式出版。经过进一步修订,于 1978 年正式出版了第一版。

四、学术影响

在某种意义上,《语法修辞讲话》的学术影响比社会影响还要大。[1] 说到底,这毕竟是一部学术著作,尽管其社会意义很大。

《语法修辞讲话》的最重要的学术意义是纠正了以前有的语法书重理论、轻实践的偏向。它把语法跟修辞、逻辑结合起来,以帮助写文章的人解决实际问题。

---

1 由于其例句来自现实生活,每个人的身边就有,《语法修辞讲话》刊发之后造成了"人人讲究用词,个个推敲病句"的社会风气(龚千炎 1987:146)。群众性的学习语法修辞的热情之高,范围之广,在中国历史上都是空前的(同上:145)。

在一个意义上，中国的传统语言研究历来都是重实用的。马建忠引入了西方的语言研究思路，但是，他的厚重国学底蕴同样在书中留下了深刻的印迹。他从四书、三传、《史记》、诸子、韩愈文等古代文献中收集了大约七八千例句，"因西文已有之规矩，与经籍中求其所同所不同者，曲证繁引以确知华文义例之所在"（马建忠[1898] 1983：13）。正因为尊重国学传统，而不是一味模仿，他揭示了许多"华文所独"。

梁启超多次肯定马建忠融合中西两种学术传统的努力。在《论中国学术思想变迁之大势》里，讲到近代时，他说，"今世俞荫甫（樾）为《古书疑义举例》，禀高邮学[1]，而分别部居之。而最近则马眉叔（建忠）著《文通》，亦凭借高邮……，创前古未有之业。中国之有文典，自马氏始。推其所自出，则亦食戴[震][2]学之赐也"（梁启超[1902] 1936：93）。在《中国近三百年学术史》里，讲到清代学者整理旧学的成绩时，他把《马氏文通》归属于"小学"，列在王引之的《经传释词》和俞樾的《古书疑义举例》之后。他认为"这部书是把王、俞之学融会贯通之后，仿欧人的文法书把词语详密分类组织而成的"（梁启超[1923] 1996：264）。

更难能可贵的是，在研究领域方面，马建忠也没有受西方的句子语法传统束缚。他"不愿意把自己局限在严格意义的语法范围之内，常常要涉及修辞。……语法与修辞是邻近的学科。把语法和修辞分开，有利于科学的发展；把语法和修辞打通，有利于作文的教学。后者是中国的古老传统，也是晚近许多学者所倡导，在这件事情上，《文通》可算是有承先启后之功"（吕叔湘 1983 "序"：5—6）。

这说明吕先生一方面意识到中国语言研究传统跟西方传统之间的区别，另一方面高瞻远瞩地预见到中国的传统思路正在被现代学者接受，即将成为新时期的时尚。

其实，吕先生自己也是既吸收西方理论，又继承中国传统的，虽然有时候不一定自觉地意识到。他的《中国文法要略》分"词句论"和"表达论"两部分。"表达论"以语义为纲描写汉语语法，"是迄今为止对汉语句法全面进行语义分析的唯一著作"（朱德熙 1982 "序"：3）。这可能有法国语言学家 Brunot 的影响，但根子应该还是中国的语言研究传统。吕先生在 1956 年的"修订版序"里说，这本书主要"是类集用例，随宜诠释，稍加贯通，希望对于读者的理解和运用各种语法格式能有一些帮助。这也就是前人写书讲虚字和句读的精神。在书成十年之后我才觉察自己无意之中继承了这个传统"（吕叔湘[1942] 1982 "序"：12）。

换言之，《语法修辞讲话》之所以能将重实用的传统发扬光大，是因为这本来就是吕先生的学术特点之一。同样，朱德熙先生虽然当时毕业时间不是很长，他的语言学知识已经相当全面，对西方和中国的语言学传统都有深入的研究，而且注重事实，跟吕先生的思路非常接近。[3]

在《语法修辞讲话》的影响下，随后出现了一大批重实用的普及语法知识的读物。比较突出的是张志公 1952 年 1 月起在《语文学习》上连载的《汉语语法常识》，曹伯韩 1952 年 8 月由工人出版社出版的《语法初步》。特别值得一提的是 1952 年 7 月《中国语文》创刊就开始连载的《语法讲话》（1961 年出单行本时改名《现代汉语语法讲话》）。它是由语

---

1 江苏扬州高邮是王念孙、王引之父子的故乡。因为他们在训诂音韵学上的成就，梁启超把这种学问称为"王氏高邮学"。
2 方括号内字为笔者所加。
3 据鲁国尧（2010）介绍，朱先生病逝前一年还批评"美国语言学有重理论轻事实的弊病"。

言所丁声树等编撰的，吸收了一些结构主义的观点。尽管如此，它也"兼顾到实用的方便，并没有美国结构语言学派那样拘泥"（周法高语，转引自龚千炎 1987:158）。该书的例句是从真实语料中精心挑选出来的，其合适程度令人叫绝，大大增强了有关论点的说服力。[1]

五、语法与修辞的关系

《语法修辞讲话》的成功还有一个因素：语法与修辞这两门学科之间的内在联系。这是更广意义上的背景。同时，该书的成功也反过来证明了语法与修辞确实有紧密联系，这对更好地处理这两者的关系也产生了影响。

两位作者在"引言"里解释了该书的规划过程。"最初打算只讲语法，后来感觉目前写作中的许多问题都是修辞上的问题，决定在语法之后附带讲点修辞。等到安排材料的时候，又发现这样一个次序，先后难易之间不很妥当，才决定把这两部分参合起来"（吕叔湘、朱德熙 1979/2002: 5）。

语言运用同时涉及语法和修辞两个方面，这种认识至少已经有 2000 多年的历史了。

"语法"这个概念对中国人来说是舶来品，所以追踪其历史要回到古希腊。希腊文的 γραμματική (grammatikē) 的词根 γραμματα，本义是"字母"的意思。在这个意义上，technē grammatikē 就是 the art of reading and writing。这是小学生在学校的学习内容，γραμματικός (grammarian) 就是教他们的老师。但是从公元前三世纪开始，γραμματική 逐渐产生了"文学研究"的含义，γραμματικός 就成了文学研究者，尤其是诗歌研究者（Sandys 1903: 6-7）。

因此，Dionysius Thrax 在公元前 100 年时完成的第一部希腊语法书对语法的定义是："语法是关于诗人和散文家通常用法的实用研究。它有 6 个组成部分：第一，注重韵律特征的朗读技术；第二，解释作品中的文学用语；第三，为深奥词语和历史事件作注解；第四，发现词源；第五，详细总结类推规律；第六，评判诗歌，这是语法中最崇高的部分。"（Uhlig 1883：5-6，Kemp 1987: 172）

这种语法是广义的语法，不是后来通行的狭义的、只包括词法和句法的语法。换言之，在语法学科[2]的初创时期，语法跟文学（或称"诗学"）是自然融合在一起的。

修辞作为一门学科，其创立时间比语法学早。一般认为，亚里士多德的《修辞学》标志着修辞学的正式诞生。在亚里士多德的修辞学里，语言是说服的工具。但是跟语言应用联系更紧密的是思维，要说服别人，首先要思考论据。这门关于思维的学科，亚里士多德称为逻辑学。从语言的角度看，因为逻辑学研究命题的真伪，对陈述句的研究归逻辑学。其他不具备真值的句子，如疑问句、祈使句等则都被亚里士多德划归修辞学或诗学。

换言之，在亚里士多德那里，跟语言有关的三门学科是：修辞学、逻辑学、诗学。后来，诗学被认为是语法学最崇高的部分，这三门学科便成了：修辞学、逻辑学、语法学。但是，不管其名称是什么，语法跟修辞密切有关这一点不变。

"修辞"这个概念，中国古代也有。《周易·文言传》就有"修辞立其诚"的说法，尽管对其确切内涵，人们有不同的理解。关于修辞的讨论也很多，《文心雕龙》甚至可以被看作这方面的一部专著。

---

[1] 这跟乔姆斯基时期仅仅依赖内省例句的情形形成鲜明的对照，语言学家常常对同一句话是否"合格"有不同的判断。

[2] 虽然柏拉图、亚里士多德等人早就讨论过语言问题，甚至提出了最早的"词类"，但一般认为那时还没有语法学这门学科。（参见 Pfeiffer 1968: 60 n1, 64, 76。）

周振甫（1982: 258）认为《文心雕龙》讨论修辞的篇章是附属于刘勰的文学论或文章论的，我们认为这个看法值得商榷。在学科分化还不明确的古代，文学跟修辞很难说谁附属谁。古希腊把文学（诗学）归属语法学就是一个例子，我们能因此否认古希腊的文学（诗学）的地位吗？至于修辞学跟文章学的关系更不能成为否认修辞学地位的理由。相反，这可能恰恰反映了中国语言研究传统的一个特点——整体论。

中国的"文章"是个古老字眼。早年有"文采"的意思，自汉代开始，逐渐用于表示一个相对独立的完整的书面语言单位。一首十几个字的诗是一篇文章，五十多万字的《史记》也是一篇文章。中国人很早就开始研究如何写好文章。

为什么？可能有功利的原因。"学而优则仕"，实际是"文而优则仕"。文章写得好，就可以当官。但是，在科举制度正式出现以前，文章在中国的地位就已经很高。曹丕就曾称之为"经国之大业，不朽之盛事"。

是一种文化原因吗？中国人就是看重写文章，把这当作一种人生追求。可是，即使是文化追求，也不应该无缘无故吧？

是不是有语言本身的因素？也可能有。汉语的最小单位是单音节的字，语言的魔力最终似乎来自字，中国人似乎有一种"字崇拜"。[1]当初的童蒙识字课本《仓颉篇》等都可以看作最早的字书。《尔雅》则是前人汉字研究（主要是字义研究）的集大成者。在上述字书的基础上，《说文解字》在汉字结构的研究领域实现了质的飞跃。许慎主要根据篆体仔细研究了各个汉字的形体、意义、读音，总结了三者之间的联系。他把这种联系用意符（部首）、声符的形式表示出来，并据此编排汉字，真正实现了"分别部居，不相杂厕"。

但是，语言运用不能只有字，孤零零的一个字很难表达复杂的完整的意思。字上面的单位是什么？中国人的选择是文章。古人写文章不用标点，通篇一体，就是一个佐证。[2]

这又是为什么呢？我感觉，可能跟整体思维的习惯有关。中国的医学是整体思维的产物。中医治病讲究从整体入手，而不是头痛医头，脚痛医脚。中国的绘画也是整体思维的产物。不仅泼墨的地方有意义，留白都是有意义的。用这种整体论指导语言研究，自然就会从相对完整的独立单位——文章——入手。

因此，文章成了中国古代的语言研究（或称广义的"语法"）、修辞、文论等的契合点。这是刘勰的《文心雕龙》能一石三鸟的根本原因。

随着语言研究的深入，特别是19世纪"语言学"的出现，西方修辞与语法的界限越来越清楚。但这种分家对汉语研究的影响有限。如上文所述，《马氏文通》虽然引入了西方的句子语法，马建忠仍然受中国传统的影响，讨论了段落的起句和结句等语法、修辞、作文交界的问题。黎锦熙的《新著国语文法》、吕叔湘的《中国文法要略》、王力的《中国现代语法》等也都超出句子局限，花相当篇幅讨论了复句等问题。

在这个问题上，商务印书馆1906年出版的来裕恂的《汉文典》值得一提。该书由《文字典》和《文章典》两大部分组成。《文字典》有《字由》《字统》《字品》三卷，分别讲述字的起源、六书、词类。《文章典》有《文法》《文诀》《文体》《文论》四卷，分别讲述字、句、章、篇的结构，作文的诀窍，文章的体裁，文章的地位及历史等。

---

[1] 如果汉语像希腊语那样，也使用拼音文字，可能中国人也早就开始研究"词形变化"（morphology）了。

[2] 汉语没有类似西方语言的"句子"。汉语的句子可断可连，即使在引入西方"句子"概念一百多年后，我们仍然不能有效地界定这个概念。参见姜望琪（2005）。

来裕恂在"序"里指出,"中国之于文字,未尝无专书"(来裕恂 1993:1)。他提到了《尔雅》以及郭璞、邢昺、邵晋涵、王念孙等人的研究,《说文解字》以及徐铉、徐锴、段玉裁、桂馥等人的研究,《广韵》以及顾炎武、江永、王念孙、孔广森等人的研究。他接着说,"况言文体,则有《文章流别》《文心雕龙》《文体明辨》;言文法,则有《文则》《文通》《文说》《文断》;选文,则有《文选》《唐文粹》《宋文鉴》《文章正宗》《明文衡》《唐宋八大家文钞》《古文辞类纂》;论文,则有《文章缘起》《文章志》《文章精义》《文谱》。何尝无文章之书?"在他看来,"吾国文字之书,文章之书,固有极博者焉,有极精者焉,有极通者焉。然而博只一类,精只一艺,通只一道"。需要的是"合一炉而冶之,甄陶上下古今,列举字法文法"。他认为,"马氏之书,固为杰作,但文规未备,不合教科"。日本出的汉文典,"皆以日文之品词,强一汉文。是未明中国文字之性质,故于文字之品性,文之法则,只剌取汉土古书,断以臆说,拉杂成书。非徒浅近,抑多讹舛。"因此,他撰写了这部镕西方语法和中国文章学于一炉的独特的文典,虽然在口头上他把涅氏英文典、大槻氏日本文典看作精美详备的范例,并认为自己是"以泰东西各国文典之体,详举中国四千年来之文字"。

1907 年出版的章士钊的《中等国文典》跟来裕恂《汉文典》的观点相同。章士钊在"序例"中说"文典不外词性论、文章论二部",只是因为该书属于基础教材,所以只讨论词性,"文章论暂未涉及"。(章士钊[1907] 1911"序例":3)

从这个角度看,《语法修辞讲话》在 1951 年的问世,既是当时的现实需要,也是历史发展的必然。它的成功又反过来增强了语法修辞结合派的信心,进一步推动了结合修辞研究语法的具体路径的探讨。

这里我们准备重点讲一下张志公先生的有关探索。上文提到他 1952 年在《语文学习》上连载的《汉语语法常识》也是结合修辞讲语法的。他以张瓈一为笔名在《语文学习》上连载的《谈修辞》[1]则结合语法讲修辞。1957 年他在《中国语文》上撰文《语法研究的理论意义和实用意义》,呼吁注意语法研究的实用性。1961、1962 年,他又相继发表《词章学?修辞学?风格学?》《谈"辞章之学"》,倡导建立介乎语法、修辞之间的学科——辞章学。

从 1981 年到 1990 年,张志公先后在北京大学等校四次讲授辞章学。他提出,汉语是非形态语言,语言单位的组合不依靠形态变化,而依靠语义、逻辑事理等。因此,强制性的规则比较少,选择性的规则比较多。跟形态语言相比,显得非常灵活。例如,七言绝句《清明》可以改成很像"自度曲"的词——"清明时节雨,纷纷路上行人,欲断魂。借问酒家何处?有牧童遥指杏花村"。这种灵活性更使语法跟辞章学密不可分。(张志公 1996:78—79)

张志公注意到西方兴起的"话语分析"(discourse analysis)突破了传统语法的上限——句子。而他们所谓的"话语""超句统一体"就是中国传统所说的"篇章",这说明西方的语法也在往修辞这边靠拢。(同上:120—122)

1982 年,张志公先生还为中央广播电视大学主编了一套《现代汉语》,分上中下三册。

---

[1] 1953 年出单行本时改名《修辞概要》,1982 年改署张志公本名,并把以纪纯为笔名的《写作方法——从开头到结尾》合入其中。

下册，即第四编"汉语修辞"，原先准备照"辞章学"的系统编写。后来考虑到对象是电视大学的学员，决定采用大家比较熟悉的修辞学的路子。该书在轮廓上接近《修辞概要》，分"概论""词和句""段和篇""比喻及其他""文体、风格"五章。

虽然，对张志公先生的具体建议响应的人还不太多，但是，他的建议的大方向是正确的，这一点恐怕不会有异议。吕叔湘先生、朱德熙先生在他们第一版的"引言"里就承认，《语法修辞讲话》的修辞部分只限于句子范围，不够全面（吕叔湘、朱德熙 1979/2002：5）。1979 年再版时，他们又说，该书的缺点之一是，"只讲用词和造句，篇章段落完全没有触及"（同上：3）。可见，他们也认为篇章是语法修辞应该研究的内容。

五、结语

《语法修辞讲话》是新中国第一部重要语言学著作。我们今天纪念它，就要继承其优秀传统，注意语法与修辞的结合，注意语法研究的实用性，以期把我国的语言学研究推向新的高潮。

参考文献：

曹伯韩（1952）《语法初步》，工人出版社。

丁声树等（1961）《现代汉语语法讲话》，商务印书馆。

丁晓平（2011）《中共中央第一支笔：胡乔木在毛泽东邓小平身边的日子》，中国青年出版社。

龚千炎（1987）《中国语法学史稿》，语文出版社。

姜望琪（2005）汉语的"句子"与英语的 sentence，《解放军外国语学院学报》第 1 期。

来裕恂（[1906]1932）《汉文典》，商务印书馆。

来裕恂（1993）《汉文典注释》（高维国，张格注释），南开大学出版社。

梁启超（[1902]1936）《论中国学术思想变迁之大势》，《饮冰室合集》（第三册），中华书局。

梁启超（[1923]1996）《中国近三百年学术史》，东方出版社。

鲁国尧（2010）重温朱德熙先生的教导——为纪念朱德熙先生逝世十周年而作，《中国语言学》，225—227 页，原载《语文研究》2002 年第 4 期。

吕叔湘（1951）《习作评改》，开明书店。

吕叔湘（1953）《语法学习》，中国青年出版社。

吕叔湘（[1942]1982）《中国文法要略》，商务印书馆。

吕叔湘（1983）重印《马氏文通》序，载马建忠《马氏文通》5—6 页。

吕叔湘（2009）《书太多了》，东方出版中心。

吕叔湘、朱德熙（1952）《语法修辞讲话》（合订本），开明书店。

吕叔湘、朱德熙（1979/2002）《语法修辞讲话》（第二版），辽宁教育出版社。

马建忠（1898/1983）《马氏文通》，商务印书馆。

《人民日报》短评，1950 年 5 月 21 日，《请大家注意文法》。

《人民日报》社论，1951 年 6 月 6 日，《正确地使用祖国的语言，为语言的纯洁和健康而斗争！》。

《人民日报》评论员文章，2001 年 6 月 6 日，《为祖国语言的纯洁和健康继续奋斗》。

章士钊（[1907]1911）《中等国文典》，商务印书馆。

张志公（1953）《汉语语法常识》，中国青年出版社。

张志公（1982）《修辞概要》（读写一助）（1953 年单行本署名张瓈一），上海教育出版社。

张志公（主编）（1982）《现代汉语》（下册），人民教育出版社。

张志公（1996）《汉语辞章学论集》，人民教育出版社。

周振甫（1982）中国修辞学简史，载张志公（主编）《现代汉语》（下册）258—278 页。

朱德熙（1951）《作文指导》，开明书店。

朱德熙（1982）《汉语语法丛书》序，载吕叔湘《中国文法要略》1—4 页。

《朱德熙先生纪念文集》编辑小组（1993）《朱德熙先生纪念文集》，语文出版社。

Kemp, A. (1987) The *Tekhnē Grammatikē* of Dionysius Thrax. In Taylor, D. J. (ed.) *The History of Linguistics in the Classical Period*, 169-189. Amsterdam: John Benjamins.

Sandys, J. E. (1903) *A History of Classical Scholarship*. Vol. I. Cambridge: Cambridge University Press.

Uhlig, G. (ed.) (1883) *Dionysii thracis Ars Grammatica*. Leipzig: Teubner.

[转载]

著名的语言学家丁声树

何乐士

一

丁声树先生是在国内外享有盛誉的我国著名的语言学家。他是河南省邓县人,生于1909年3月9日。1926年考进北京大学预科,1932年从北京大学中文系毕业后,到中央研究院历史语言研究所做研究工作,先后任助理员、编辑员、副研究员(1940年初至1940年底)、专任研究员(1941年至1949年),1944年至1948年赴美国考察,曾兼任哈佛大学远东语言部研究员和耶鲁大学语言学部研究员,并加入了美国语言学会。1948年9月回国。解放后一直在中国科学院语言研究所(1977年5月改称中国社会科学院语言研究所)任研究员。曾担任过语言所方言研究组组长、《中国语文》杂志主编、词典编辑室主任等职,还兼任过中央推广普通话工作委员会委员,中国科学院普通话审音委员会委员。他是原中国科学院哲学社会科学部委员,第三届政协全国委员会委员,第六届政协全国委员会委员、常委,第三届、第五届全国人民代表大会代表。

丁声树先生从事语言学的研究工作近50年,在汉语音韵、训诂、语法、方言以及词典编纂等方面都有很深的造诣,他以自己精心研究的成果为我国语言科学事业的发展作出了重大贡献。

二

在20世纪三四十年代,丁树声先生致力于古代汉语的研究,发表了一些很有价值的学术论文。他的文章,从分析具体问题入手,在论证时古今结合,旁征博引,把音韵、训诂、语法、方言各方面的知识融会贯通,运用自如。他又善于以治活语言的方法来研究古代语言。他勤于探求,刻苦钻研,以其渊博的学识、科学的方法、新颖的思路、精僻的见解达到前人所未达到的新水平,"开创了当代科学地研究古代汉语的一代新风"。[1]

1935年,26岁的丁声树,大学毕业刚3年,就发表了他的成名之作《释否定词"弗"、"不"》。他引用先秦典籍170多个例句,条理分明地论证了"弗"、"不"本身的特点、与动词连用时的特点、与介词及状词连用时的特点等,从而对"弗"、"不"的不同用法得出新的看法,特别是总结出"弗"在先秦时的运用规律,指出在先秦古籍中,"弗"一般包含着"不……之"。由于"弗"后面动词的宾语"之"已包含在弗中,因而多形成"弗、动"式。这篇文章引起当时语言学界的极大重视。

接着在1936年,又发表了《〈诗经〉"式"字说》。《诗经》中"兄及弟矣,式相好矣,无相犹矣"(《小雅·斯干》)、"虽无好友,式燕且喜"(《小雅·车舝》)等诗句中的"式"

---

[1]《中国现代语言学家》,第32页,河北人民出版社,1981年版。

字，汉唐旧说都训为"用"，清代学者则一概视为语助无义之词。丁先生分析了全部《诗经》的"式"字句，并与上下文对照比较，他从"式"字每与"无"字对言，"式"字又与"虽"字对言，仔细玩味，反复推求，终于悟出"式"字有劝令的意味，是"应当"之义。接着又从"式"字说到"职"字，"职"和"式"古音相近，《诗经》"职"字也有和"无"对言的，因此"职"也可和"式"一样解作"应当"。他的见解十分精辟，标新立异而又切合语言实际，无怪有人称赞他"从此（指从"式"与"无"对言、与"虽"对言——笔者）入手，真是巨眼"。

1940年，发表了他的《〈诗·卷耳·芣苢〉"采采"说》。《诗经》"采采卷耳"（《周南·卷耳》）、"采采芣苢"（《周南·芣苢》）中的"采采"，前人大致有两种解释，毛《传》、孔颖达《正义》、朱熹《集注》以及陈奂《毛诗传疏》等都把"采采"看作及物动词，训为"采而不已"，即采了又采；但戴震《诗经补注》、马瑞辰《毛诗传笺通释》却认为"采采"是叠字形容词，训为"众盛之貌"，即形容卷耳和芣苢两种植物的繁茂。丁先生认为戴、马之说是正确的，但"考辨犹有未尽"；于是他不仅把全部《诗经》，而且把先秦群经诸子中的叠字通通考察一番，在此基础上对"采采"的用法做出了规律性的总结："三百篇中，外动词（即及物动词——笔者）不用叠字，凡叠字之在名词上者尽为形容词，则《卷耳》、《芣苢》之'采采'，其义自当为众盛之貌，不得训为采取。"并进一步指出，不仅《诗经》没有及物动词的重叠式，就是先秦群经诸子中也还没有见到。最后他说，外动词的叠用，现代汉语常有，如"读读书"、"采采花"、"锄锄地"、"作作诗"之类，毛、韩两家诗说解释"采采"，就是以现代的语例来揣测古代语言："此固汉儒说《经》之通弊；然古今语言迁变之迹，借此略得窥其一二。"他指出，这是中国语言史上语例演化的一个方面，值得语文研究深入探讨。

1943年发表了他的《"碚"字音读答问》。全文不过3000字，却显示作者巨大的功力。文章一开始就摆出问题："或问曰：四川北碚之'碚'，字书无考，本地人皆读去声，音如加倍之'倍'；外乡人每读阳平，音如栽培之'培'。是二者孰为正读乎？"这个"碚"字古今字书都没有收，要在上下古今若干万部书中去寻觅这个字的读音，实在太旷时费力了。再说这么一个不常见的字，不管读阳平声或去声，好像都没有什么了不起的关系，因此很少有人愿意探讨这个问题。而丁先生却不是这样。为了解决"孰为正读"的问题，他遍查古人诗文，终于发现"夷陵（今宜昌）胜迹有蝦蟆碚，荆门十二碚，两宋人书中道之者不可枚举。其字作'碚'，抑或作'背'、作'倍'"。他引用了两宋诗文中大量的例句，证明"碚"的异体字作"背"或"倍"；又引苏轼、苏辙兄弟的唱和诗以及黄庭坚诗，确证"碚"字依诗的格律应读去声。因而这个古今字书都未收的"碚"字，由于丁先生的潜心研究，终于有了确切的注音和解释："碚 bèi，地名用字：北～（在四川）。"正如杨伯峻先生所说："连注音短短十一个字，来得好不容易！"[1]

1943年，丁先生发表《"何当"解》，1949年又发表他在1944年写的《"早晚"与"何当"》。"何当"究应如何解释？清代文字训诂学家桂馥在他所著的《札朴》卷六"何当"条中，举出了唐代诏文、杜甫诗句两个例句，把"何当"解为"当也"。而丁先生在《"何当"解》一文中列举了自晋至唐100多个例句，这些例句绝不是无机的罗列，而是有机的、

---

[1] 杨伯峻《丁声树同志的治学精神》，《读书》1984年第2期。

精心的组合，就以唐诗例句来说，由初唐到中唐晚唐，上下几百年，其中的各个时期、各个地域都注意到了，共精选出数十人作品中的上百个例句，强有力地指出："作者之时地搀互不齐，而'何当'之义训宛尔相会。"令人信服地证明了"何当"不该训为"当也"，而该训为"何时"，因为它是"问时之词"。在《"早晚"与"何当"》一文中，丁先生不仅进一步阐发了清代学者姚元之、近时学者刘盼遂、吕叔湘先生释"早晚"为问时之词的观点，并且在他们所举的三四个例句之外，补充了近50个例句；更重要的是他深入比较了同为问时之词的"早晚"与"何当"在用法上的异同。通过对大量资料的分析对比，丁先生总结出两者在用法上的区别："何当"只能用于问将来之何时，"早晚"既可用于问将来的何时，也可用于问已经过去的"何时"。仔细品玩丁先生所举例句，就会发现他用例极为精确，比如在比较"早晚"与"何当"的区别时，有一例是《旧唐书》卷一九二《隐逸列传·王远知》中，唐太宗所降玺书："……近览来奏，请归旧山，已有别敕，不违高志，并[1]许置观，用表宿心。未知先生早晚已届江外，所营栋宇何当就功？"接着丁先生指出："此犹言未知先生何时已至江外，所营栋宇何时可就功也。'早晚'与'何当'并用，而'早晚'言已然，'何当'言未然，至显自可寻玩。"丁先生能精选出这样贴切的例句来说明问题，正不知要有多少倍于此的例句作后盾啊！

1948年丁先生写了《〈说文〉引祕书为贾逵说辨正》，这也是一篇十分精彩的文章。《说文解字》两引"祕书"，一在四篇目部："瞋，张目也。从目，真声。祕书瞋，从戌。"一在九篇易部："易，蜥易，蝘蜓，守宫也。象形。祕书说[2]，日月为易，象阴阳也，一曰从勿，凡易之属皆从易。"自来注《说文》者大都以"秘书"为纬书。近人丁福保却认为"秘书"当作"贾秘书"，以"贾秘书"为贾逵。他说："许君古学正从逵出，故《说文》引师说或称贾秘书或称贾侍中，而不名也。"其说似是而非，在学术界引起混乱，丁先生"不得不纠正之"。首先，丁先生遍查《说文》全书，得知《说文》引贾逵说时，照例都说"贾侍中说"，全书共17见。其次，丁先生又以确凿的史料证明，《说文》两次提到的"秘书"都是指的中秘图籍，根本不是官名。他指出，秘书监官之设始于后汉桓帝延喜二年，自此以前未有以"秘书"名官者，接着他雄辩地说："贾逵卒于和帝永元十三年（公元101），下距桓帝延熹二年（公元159）秘书监之初置，五十八年，乌得预为'秘书'？许慎《说文》作于永元十二年（公元100），安帝建光元年（公元121年）其子许冲奏上，又乌得称其父为'贾秘书'耶？"一针见血地指出，丁氏"盖不考其全书而臆为之说，固宜其言之多谬也"。

1948年发表了《论〈诗经〉中的"何"、"曷"、"胡"》，这篇论文可以说是丁先生研究古代汉语的代表作，当代著名语言学家如吕叔湘先生、杨伯峻先生等常以这篇文章作为古汉语研究的典范作品向年轻人推荐。"何"、"曷"、"胡"三字在《诗经》中都常见，古传注及训诂书解释字义时，照例只说"曷，何也"、"胡，何也"，未说异同；清代学者多以为是"一声之转"，可以"通用"。然而丁先生却不满足于前人的这种解释。他把《诗经》中这三字的用法全部加以仔细地分析比较，并广泛对照了先秦群经诸子，最后发现"这三字至少在《诗经》里并不是随便乱用的"，"其中尽管也有少数用法上偶尔相混之处，尽管

---

[1] 并，作者原文引《旧唐书》作"社"，现据中华书局二十四史标点本改为"并"，见《旧唐书》，第5125页。

[2] 作者原文引《说文》作"祕书说"。上海古籍出版社《说文解字注》1981年版作"祕书说曰"，见九篇下，"易"部，第459页。

也有少数文义上解释两可之处，但是从大体上看，从整个的趋势上看，实在是分用画然，区别显著"。丁先生指出三字的主要用法和区别是：一、"何"字在《诗经》中主要用于：（1）表"何物"、"何事"，如"其赠维何？"（《大雅·韩奕》）；（2）加于名词（不限事物）之上，如"何草不黄？"（《小雅·何草不黄》）"何人不将？"（同前）；（3）与"如"连用："如何"、"如之何"，表方法、程度、状态等，如"伐柯如何？"（《豳风·伐柯》）"析薪如之何？"（《齐风·南山》）；（4）表何处，如"云徂何往？"（《大雅·桑柔》）以上用法是"曷"、"胡"二字所少有，或者根本没有的。二、"曷"字在《诗经》中最大多数的用法是表"何时"，而且专指未来时间，如"君子于役，不知其期，曷至哉？"（《王风·君子于役》）"何"、"胡"二字都无此种用法。三、"胡"字在《诗经》中几乎一律是表"何故"，如"式微式微，胡不归？"（《邶风·式微》）"何"、"曷"在《诗经》中这么用的很少。丁先生以大量例证作为依据，条分缕析，说理透辟；尤其是指出"曷"专表未来时间"何时"，确切地揭示了"曷"在《诗经》中用法的重要特色，令人叹服。

丁先生的这些文章距今已有几十年了，但读起来依然感到它们那巨大的吸引力，篇篇都闪耀着真理的光辉。在这些文章中，丁先生无不是大量地占有资料，科学地驾驭材料，观察深入细致，发现问题敏锐，论证用尽全力，直如雄狮搏兔，使人深刻感受到杰出的科学论文的不可征服的力量，真可谓是不朽之作。

丁先生在解放前还有一部研究方言著作，那就是与赵元任等合作的《湖北方言调查报告》。历史语言研究所一共进行了6次方言调查，已发表的只有这一部。调查时间是1936年，直到1948年才出版。卷一是湖北64个调查点的分地报告，卷二是综合报告，包括综合材料、湖北特点及概况、湖北方言地图。这是中国第一部有方言地图的著作。

三

解放后丁先生更加自觉地将语言研究工作同社会现实需要紧密结合，努力为我国文字改革、推广普通话和促进汉语规范化服务。他在制定语言研究计划、编制方言调查表格、开办普通话语音研究班、培训音韵研究和方言调查人员、实际调查方言、现代汉语语法研究、词典编纂等方面都做了大量、切实的工作。他在一些会议上的发言多具有重要的指导作用。在他的主持、带领或参加下，编写出了一些在国内外有重要影响的语言学著作。他为我国语言学事业的发展贡献出了自己的一切。

在音韵学方面，丁先生有《谈谈语音构造和语音演变的规律》（1952年）、《古今字音对照手册》（1958年）、《汉语音韵讲义》（1981年）等论著。在《谈谈语音构造和语音演变的规律》一文中，丁先生用明白如话的语言、典型生动的实例，深入浅出地说明了语音构造与语音演变都有着严整而明显的规律，更进一步论证了两者的紧密关联和相互影响，最后指出，"研究汉语发展的内部规律，利用它们的内部规律来推进它的发展，使它的内容更丰富，结构更精密，这是中国语文工作者的任务"。这篇文章在语言学界有着深远的影响。

1958年出版的《古今字音对照手册》收常用字6000左右，在排列上以今音为主，依照现代普通话音系为序，标出普通话的读法，把古代的音韵地位注在后面，所依据的古音是《广韵》所代表的中古音系统。利用这本书来查找某个字在《广韵》系列里的音韵地位是很方便的。调查方言的人可以拿它作参考，研究汉语音韵的人可以拿它来推究古今语音的演变，一般读者可以拿它来考查普通话的字音。因此这本书在语言学界很受欢迎，尽管丁先生自己一再表示此书有些错误须加以改正，大家仍然认为"本书的编订是建立在对等韵学的精心研究和掌握古今语音演变规律的基础之上的"。[1]

《汉语音韵讲义》原是丁先生在"普通话语音研究班"上讲授课程时印发的讲义。语音班1956年2月起，由教育部和语言所合办，1959年8月后由中国文字改革委员会、教育部和语言所三个机构合办，它的任务一是培养推广普通话教学、工作的骨干；二是为全国汉语方言调查培养专业队伍。丁先生的讲义共分九章（由丁先生撰文，李荣先生制图），每章有习题，最后有总复习大纲。他写得深入浅出，条理清楚，既有很高的学术水平，又是普及语音知识的最好教材，对于掌握《广韵》系统和古今语音演变的规律大有帮助，在讲义没有公开发表之前就不胫而走，1981年在《方言》杂志发表后更是广为流传，供不应求。

在方言研究方面，由于丁先生和李荣先生扩充编订，署名中国科学院语言研究所编辑的《方言调查字表》（1955年）、《方言调查词汇手册》（1955年）、《汉语方言调查字音整理卡片》（1956年）以及由他们合编的《汉语方言调查简表》（1956年），使全国方言普查能够使用统一的调查表格，运用基本一致的调查方法，不仅方便工作，更为方言材料的互相比较对照和今后绘制全国汉语方言地图准备了重要的文件。这是在丁先生主持下对全国方言普查工作和汉语方言学所作的重要贡献。

1955年10月，在现代汉语规范问题学术会议上，丁先生作了《汉语方言调查》的重要报告（与李荣先生合作）。这个报告的第一部分，阐述了方言调查的意义，指出汉语方言调查是直接为推广普通话服务的，同时方言调查和全国方言地图的绘制、汉语史的研究也都是密切相关的。报告的第二部分简明扼要地介绍了现代汉语方言的分布概况并略述了八个方言区的语音特点。第三部分回顾了过去的方言调查工作。第四部分是关于方言调查计划的几项建议：（1）重点调查；（2）培养干部；（3）分区设方言调查站；（4）统一调查计划，为设计全国方言地图准备条件。这些建议很受重视，大部分都为这次会议的决议和以后的教育部、高教部关于汉语方言普查的联合指示和补充通知所吸收，对全国的方言普查工作产生了重大的影响。

1960年12月，在中国科学院哲学社会科学部委员会第三次扩大会议上，丁先生作了《关于进一步开展汉语方言调查研究的一些意见》的发言，建议汉语方言进一步的调查研究在继续注意语音的调查的同时，应以词汇、语法为重点。就当前推广普通话、汉语规范化的需要而论，方言词汇的调查研究尤其重要。这些建议对汉语方言的调查研究工作，有着重大的指导意义。

1959年春由丁先生与李荣先生等共同调查，由丁先生主持编写的《昌黎方言志》是一部备受语言学界称道的著作。为主持方言调查并编写这部书，丁先生费尽了心血。本书内容非常丰富，共分八章，对昌黎方言的语音、语法、词汇，昌黎话的特点，昌黎音与北京音的对应关系，昌黎方言南北两区的主要异同都有详细的描写和分析。书中还有诗歌、谣谚、故事，方言地图，分类词表等。解放前的方言调查往往侧重在语音方面，对词汇、语法重视不够，本书在丁先生主持下则有了新的面貌。在分类词表部分里，把词（或词组）

---

[1]《中国现代语言学家》，第33页，河北人民出版社，1981年版。

按意义分为天文、地理、时令、政治、工业、农业、商业等 36 项，共 100 多页，几乎占全书篇幅的一半。这种开创性的做法充分体现了丁先生对方言调查工作的主张。本书对昌黎方言的语法特点也专有一节论述，还有一节全是语法例句。过去的方言调查往往厚古薄今，用大量的篇幅跟《广韵》作比较，不是纯粹的描写语言学。本书却没有与《广韵》比较，为了推广普通话，详细分析了昌黎音与北京音的对应关系。正如王力先生所说："实际上，完全不提及《广韵》，也可以进行很有价值的方言研究工作，1960 年中国科学院语言研究所为昌黎县志所编的《昌黎方言志》就是很好的一个例子。"[1] 还有特别值得提及的是对昌黎城关声调的调查。开始大家认为是三个声调，后来丁先生仔细辨别分析，发现连读时声调有变化，连同轻声，一共应是七个声调，反映出丁先生那洞察秋毫的能力在方言调查上同样是出类拔萃的。《昌黎方言志》可以说是新中国方言调查的一个范本，有了它，全国各地方言调查和方言志的编写工作就有所遵循了。

在语法研究上，丁先生也有很深的造诣，他和吕叔湘、李荣等先生合编的《现代汉语语法讲话》（1961 年出版）是我国语法学史上占有特别重要地位的一部著作。本书的特点正如"内容提要"所说的，是"尽量通过语言事实来阐明现代汉语书面语与口语中的重要语法现象"，"并且着重于用法说明，而不是从定义出发"。这一特点与丁先生本人对语法研究的主张是完全一致的。1956 年在青岛的语法座谈会上，丁先生有一个重要的发言，他再三强调语法研究的方向要"从汉语的实际出发，具体地分析具体的问题，不可从现成的定义出发，不要简单拿另外一个语言的语法系统硬套在汉语上"。他希望大家"多做一些描写性的工作"，"要先把事实真相弄清楚，先知道语言的事实'是'怎么样，然后才能说'应该'怎么样"。该书就充分体现了这些精神，它选例精确恰当，分析细致入微，阐述事理清楚，在国内外语言学界获得很高的评价。这部描写语法，按性质和用法划分词类，用层次分析法分析句子，重视句子格式和词序，论述问题注意从语法结构和语法形式上着手同时也注意形式与意义的结合；善于吸收国外结构语言学派和该派以外的语法理论，但又始终注意到实际运用的方便和汉语固有的特点，并不拘泥于原说。无论是解放前或是解放后，它都是最重要的一部语法著作。[2]

在词典编纂方面，他的成绩更为卓著。自 1961 年他担任语言所词典室主任，主持《现代汉词典》的编辑工作，一直到 1979 年 10 月他因病住院不能工作为止，"在这将近二十年的时间里，他一直在为改变我国词典事业的落后面貌、为培养新中国年青一代的词典编纂队伍而默默无闻、孜孜不倦地工作着。他无私地把全部身心都奉献给了我国词典事业"。[3] 他深知编纂一部高水平的《现代汉语词典》是祖国四化建设的需要，是祖国语言文字发展和汉语规范化的需要；是十亿人的大国教育、文化、科学事业发展的必需；更何况这是周总理亲自提出、并且十分关怀的项目。作为一个共产党员，他怎能不全力以赴呢？在沉痛悼念周总理的日子里，他不止一次地对周围的年轻人说："最重要的是用做好工作的实际行动悼念总理。"为了编好这部词典，他不分白天黑夜地阅读大量资料，古今中外、理工农医……无不在他阅读范围之内。他亲自抄录卡片，认真校对编辑人员的卡片，反复

---

[1] 王力《中国语言学史》，第 203 页，山西人民出版社，1981 年版。

[2] 周法高《论中国语言学》（香港中文大学出版社，1980 年版）第 9 页说《现代汉语语法讲话》是国内"语法书中较好的一部"。

[3] 闵家骥《献身于词典事业的丁声树》，《辞书研究》1983 年第 5 期。

审订词条，虚心听取各方面的意见。他经常为了一个疑难字的处理吃不好饭，睡不好觉，冥思苦想，逢人就问，不把这个问题解决好，他是绝不会罢休的。由于丁先生学识渊博，再加上在治学态度上总是注意充分占有资料，实事求是，推陈出新，因此以往辞书上的错误他屡有发现，在字的音、形、义等方面纠正了前人很多疏失讹误。例如"皮里阳秋"的"阳秋"，即"春秋"。东晋时避郑后阿春讳，"春"字改称"阳"，"春秋"变成了"阳秋"。过去的辞书都把郑后阿春说成是简文帝（司马昱）的皇后，丁先生查阅大量资料、经过认真核对，弄清郑后阿春是简文帝的母亲，现在很多辞书都已改正这个错误。[1] 又如"匼"，山西省南部有匼河镇，"匼"字，依晋南方言，应该读 kē，但《康熙字典》只根据《韵会举要》、《洪武正韵》注了"邬感反（ǎn）"一个音。自《康熙字典》以后的字书、词典如《辞源》、《中华大字典》、《辞海》、《国语辞典》等，都只有 ǎn 音，没有 kē 音。只有辽代释行均的《龙龛手鉴》有 kē 音。但《康熙字典》是权威，《龙龛手鉴》是不被重视的。按《康熙字典》的凡例，对《龙龛手鉴》的音切，只能列入备考中，不入正集。可是"匼"的 kē 音，竟连备考也未收入。丁先生为了弄清"匼"的读音，专门写了《说"匼"字音》一文（1962 年），他从《康熙字典》引的材料入手，打开一个缺口。他引证大量材料得出最后结论："'匼'字今天读 kē，在历史上，有'苦合'、'口合'、'口答'、'渴合'等反切作证；有'匼匝'、'瘩匼'、'铪匼'、'磕匼'等同一个叠韵联语的异文作证；有匼河镇就是宋代的'唅河镇'作证。在方言上，又有匼河镇这个地名在晋南的实际音读作证。由此可见，《龙龛手鉴》注的'苦合反'，实在是一个很有根据的音。'匼'今天读 kē，正是符合古今演变的读法。……在普通话里，'匼'字应当读 kē，不应当读 ǎn。"这篇文章不到 3000 字，却不知倾注了丁先生多少心血！最后收进《现代汉语词典》的是总共不到 20 字的结晶："匼 kē 古代的一种头巾。匼河 kē hé 地名，在山西。匼匝 kē zā〈书〉周围环绕。"可以想见，一部 270 万言的《现代汉语词典》，所收词条，包括字、词、词组、熟语、成语等，共约 56000 余条，怎能不耗尽他的全部心血！如今这部词典已经进入千家万户；发行到六七百万册；有了它，大大推动了我国的词典编纂事业，国内外新出版的一些词典如《汉英词典》、《汉日词典》、《汉俄大词典》……都能拿它当作汉语词书最重要的依据。国外有一位汉学家说，在中国词典史上，这部词典可算得上是划时代的成就。[2] 说到成就，丁先生一定会说这是全体编辑人员的辛劳，而全体编辑人员则定会给丁先生记头功。的确，"这部词典所达到的成就，是与丁先生的学识渊博、治学严谨以及高度责任心和艰苦细致的工作作风分不开的"。[3]

四

丁先生不仅在业务上见识高远，在政治上也是是非分明、有胆有识的。他始终坚持"作为中国人，应当为祖国服务"的信念，他无限热爱自己的祖国。他的确是"由爱国主义走向共产主义"的知识分子，但他的爱国主义不始于解放前夕坚决拒绝跟国民党去台湾，而是开始于"七七事变"时。他在 1938 年写的《〈诗·卷耳、苤苢〉"采采"说》一文末尾写过这样一段附言："去岁卢沟桥之变，岛夷肆虐，冯陵神州。……不自揣量，亦欲放下

---

[1] 闵家骥《献身于词典事业的丁声树》，《辞书研究》1983 年第 5 期。
[2] 见《甘为沧海一滴水——记我国著名语言学家、共产党员丁声树》，《光明日报》1983 年 4 月 17 日第二版。
[3]《中国现代语言学家》，第 36 页。

纸笔，执干戈以卫社稷。遂举十年中藏读之书、积存之稿而尽弃之。人事因循，载离寒暑，未遂从戎之愿，空怀报国之心，辗转湘滇，仍碌碌于几案间，良足愧也。"[1]爱国的深情跃然纸上。他从热爱自己的祖国这一基点出发，对"谁能救中国？"这样一个重大的问题不能不严肃认真地思考。以他的敏锐和见识，他的第一步判断是：国民党是不能信赖的。因此在 1944 年他严辞拒绝加入国民党。当有些"同学"也来劝说，说是让他进去，把这个党"改好"时，他的回答是："我是个书呆子，没有这种能力！"在 1949 年前夕他不畏威胁和高压，大义凛然地拒绝跟国民党逃走，他在日记上写道："不逐名，不求利，不畏威，不附势……鲁迅所云'横眉冷对千夫指，俯首甘为孺子牛'，夫岂随流波荡者所能为哉！……立定脚跟，以与腐恶势力对抗，余之志也。"[2]

　　解放后经过党的教育和自身的观察与感受，丁先生得出了自己的第二个判断：只有共产党能够救中国。他对党充满了信赖、热爱与希望，他向党递交了自己的入党申请书。在 1962 年 6 月，他光荣地加入了中国共产党，成为一名共产主义战士。从此以后他更加严格地要求自己，更加努力地学习马列主义、毛泽东思想，更加自觉地用辨证唯物主义的理论和方法来指导自己的科研和工作。尽管他是国内外的知名专家，但他首先把自己看成是党内的普通一员。党布置什么任务，他总是认真完成。他在处理党和个人关系上，总是把党的利益放在第一位。他时刻以做人民公仆为己任，坚决反对特殊化。他家住房拥挤，所里要给他调换，他坚决往后靠。他家离所很远，他体弱多病仍坚持上班，所里派车去接他，他坚决拒绝。所里食堂离办公室有相当一段距离，不管严寒酷暑、风里雨里，他总是步行去食堂排队买饭，拒绝别人给他带饭或者让他先买。哪怕是很小的事情，他也不放松对自己的要求，决不接受任何特殊的照顾。

　　他在工作中不求名不求利，《现代汉语词典》的稿费他一文不要，也坚持不署自己的名。学部委员津贴费、人大代表的车马费，他从来不要。就是他本人的工资，每月平均也只给家里三分之一。他常对他唯一的女儿说："你要刻苦上进，自力更生，不要指望我给你留下什么钱。不然，反而害了你。"他生活十分俭朴，几乎一年四季都是布衣布履。他是这样艰苦律己，而对国家对人民对同志却十分慷慨。抗美援朝捐献飞机大炮，历年认购建设公债，赈济各地灾区受难者……他都是独自去银行把自己的一些积蓄捐献给出国家。他不愿在所内报名，怕受表扬，更怕给捐献少的同志造成压力。20 世纪 60 年代河北发大水，邢台地震，他除了捐钱，还捐献了许多衣物，家里床上的毛毯也被他抽走了。在所里他密切地关心着大家，当有的同志收到急电，报告亲人病危时，当有的同志身患不治之症时，当要成家的年轻人经济有困难时，当有同志被家庭重担压得喘不过气时……常有一位雪中送炭的老人默默地出现在你的身边，那就是他，大家敬爱的"老丁"。

　　他平易近人，待人和蔼可亲。他有那么大的学问，那么强的才能，那么高的见识，可是仍然虚怀若谷，不耻下问，对自己仍是那样地不满足。为了解决一些字的读音、释义问题，周围的研究人员、资料人员、行政管理人员、门房传达员、通信员、清洁工、炊事人员、司机……都是他请教的对象，他从不放弃任何向别人学习的机会。他和群众的关系是那样平等，那样亲密，真如鱼水一般。

---

1 杨伯峻《丁声树同志的治学精神》，《读书》1984 年第 2 期。
2 闵家骥《献身于词典事业的丁声树》，《辞书研究》1983 年第 5 期。

他虽没有太大的组织才能和工作魄力,但他那以身作则、严于律己、勤勤恳恳,几十年如一日的工作作风,他那渊博的常识,严谨的治学态度,诲人不倦的精神,他那谦虚谨慎、平等待人的思想品质,却像磁铁一样有吸引力,把大家紧紧地团结在一起。如果说解放前他主要是个人研究,写出论文;解放后他作为学科的带头人,则把集体的力量形成拳头,在语言学的许多方面做出了令人瞩目的成就。

至于他对青年的爱护和培养,那就更是尽人皆知的了。他常说:"我要向一些老科学家学习,发扬做'人梯'的精神。"的确,他捧给青年的是一颗火热的心。他关心青年人的学习和成长,对他们循循善诱。为了培养编词典的青年大学生具备一定的音韵学知识,1964年他就为他们开设音韵课,并亲自为他们批改作业,甚至在十年浩劫期间还关心着这些同志的学习。在工作上他总是放手让青年人干,在编写实践中增长才干。他在工作上要求严格,如果由于工作粗心造成错误,他绝不原谅,总是当面严肃批评。他看人主要不是看人的资历和天分,而是看人是否勤奋努力、认真负责、肯于钻研,是否坚持又红又专、作风正派。他真是像老园丁那样精心地爱护身边的每个年轻人,无怪乎大家都非常愿意接近他,亲热地叫他"老丁"。1979年10月,当他突然因溢血半身不遂住进医院时,牵动着多少同志的心啊!多少同志争先恐后地要求去医院帮助护理,多少同志徘徊在医院门口打听他的病情变化,又有多少同志恨不得能替他生病,把自己的健康奉献给他!"桃李不言,下自成蹊",他深深地赢得了大家的敬爱,他的道德文章的巨大影响将永远留在大家的心坎里,激励着大家的前进。

五

丁先生在近半个世纪中对祖国语言学事业所作的卓越贡献,他对祖国、对人民、对同志所做的一切有益的事情,党和人民是永远不会忘记的。1983年4月16日中国社会科学院召开全体党员大会表彰丁声树同志,号召大家向他学习。院党组书记梅益同志在会上发言,给了他高度的评价:"丁声树同志是从爱国主义走向共产主义的知识分子的优秀代表,是在国内外享有很高声誉的语言学家。他学识深广,治学严谨,工作勤奋;德高而不显,望重而不骄;不为名不为利,严于律己,始终把自己看作一名普通党员,一名人民的公仆。"[1]

第二天,在《光明日报》(1983年4月17日)第二版整版登载了表彰丁先生的长篇报道,题目是《甘为沧海一滴水——记我国著名语言学家、共产党员丁声树》(作者是新华社记者戴煌、李光茹,光明日报记者林玉树),文章的最后是这样说的:"丁声树离开工作岗位已三年多了,但他这'一滴水'——一滴特殊物质组成的水,一滴放射奇光异彩的水,仍在滋润着很多人的心田。他的严谨学风和高尚情操,他那浩然的民族正气和纯洁的党性,已在语言学界建立了非人工的纪念碑——一座树立在人们心坎上的纪念碑。它正激励着人们刻苦地学习、奋发地工作,为振兴中华而奋斗。"

愿以此作为本文的结束。

---

[1]《中国社会科学院召开党员大会号召向知识分子优秀代表丁声树学习》,《光明日报》1983年4月17日第一版。

附：丁声树先生语言学论著目录

一、专著

《湖北方言调查报告》（赵元任、丁声树、杨时逢、吴宗济、董同龢），商务印书馆，1984年。

《汉语方言调查简表》，（丁声树、李荣），中国科学院语言研究所，1956年。

《方言调查字表》（丁声树、李荣扩充编订。署名：中国科学院语言研究所），科学出版社，1955年。

《方言调查词汇手册》（丁声树、李荣扩充编订。署名：中国科学院语言研究所），科学出版社，1955年。

《古今字音对照手册》，科学出版社，1958年。

《昌黎方言志》（丁声树、李荣等。署名：河北省昌黎县县志编纂委员会、中国科学院语言研究所合编），科学出版社，1960年。

《现代汉语语法讲话》（丁声树、吕叔湘、李荣、孙德宣、管燮初、傅婧、黄盛璋、陈治文），商务印书馆，1961年。（本书从1952年7月起到1953年11月止，曾以《语法讲话》为题，用"中国科学院语言研究所语法小组"的名义，在《中国语文》月刊上连续发表了十七次，共二十一章。）

《现代汉语词典》（主编。署名：中国社会科学院语言研究所词典编辑室，商务印书馆，1978年。

《汉语音韵讲义》（丁声树撰文，李荣制表），《方言》杂志1981年第4期，第241-274页（1981年以前以油印本形式广为流传），上海教育出版社，1984年。

二、论文

1935年

释否定词"弗"、"不"，《历史语言研究所集刊·庆祝蔡元培先生六十五岁文集》下册，第967—996页。

1936年

《诗经》"式"字说，《历史语言研究所集刊》第6本第4分册，第487—495页。

1940年

《诗词·卷耳、芣苢》"采采"说，《北京大学四十周年纪念论文集》乙编上，第1—15页。

1943年

"碚"字音读答问，《历史语言研究所集刊》第11本（1943年出版，1947年再版），第465—468页，第449-463页。

"何当"解，同上。

1948年

论《诗经》中的"何"、"曷"、"胡"，《历史语言研究所集刊》第10本，第349—370页。

1949年

"早晚"与"何当"，《历史语言研究所集刊》第20本下册，第61—66页。

《说文》引祕书为贾逵说辨正，《历史语言研究所集刊》第21本第1分册，第55—61页。

1952年

谈谈语音构造和语音演变的规律，《中国语文》创刊号，第15—17页。

谈谈汉字的标准化，《一九〇五年语文问题论文辑要》，大众书店1952年出版，第114—115页。

1956年

汉语方言调查（丁声树、李荣，1955年10月27是在现代汉语规范问题学术会议上的发言），《现代汉语规范问题学术会议文件汇编》，科学出版社1956年出版，第80—88页。

在语法座谈会上的发言,《中国语文》第 9 期,第 40 页。

1958 年

文风笔谈,《中国语文》第 5 期,第 201 页。

1961 年

关于进一步开展汉语方言调查研究的一些意见,《中国语文》第 3 期,第 4—6 页。

1962 年

说"臣"字音,《中国语文》第 4 期,第 151—153 页。

(原载河南大学古代汉语研究室编《古汉语研究》,河南大学出版社,1987 年)

《古今字典》自序

洪成玉

1959年，王力先生亲自编写讲义并亲自主讲的古代汉语课程，首次把古今字列入古代汉语的教学内容。讲义中虽没有给古今字下一个明确的定义，但强调古今字的产生是由于古字"'兼职'多"，后起的今字只是分担其中的一个职务，并举"责 债""舍 捨"为例，说："'责''舍'是较古的字，'债''捨'是比较后起的字。我们可以把'责 债''舍 捨'等称为古今字。""'责''舍'所移交给'债''捨'的只是它们所担任的几个职务中的一个。"王先生这个通俗而形象的说法，启示我们应从语言的角度去认识古今字：即古今字的产生，是由古字所兼任的意义多，后起的区别于古字形体的今字，只是分担古字中的一个意义。换言之，也即语言中新词的产生、词义的发展，促使原先记录某个词或词义的古字增加了新的意义，从而形体也发生相应的变化，后起的区别于古字形体的今字，所记录的只是古字中的一个意义。这就是说，古今字的产生，首先是语言问题，其次才是文字问题。这就把古今字与异体字、通假字、繁简字等区别开来，同时还很自然地把古今字与同源字联系起来。

异体字的产生，完全是文字问题，与新词的产生、词义的发展毫不相干。异体字是人们不良的书写习惯所造成的。历代以来，有的人不写正体字，或兴之所至，或别出心裁，或图省事，随意生造一个与正体字相对应的异体字，从而导致汉字数量的大量增加。这完全是一种畸形的不健康的文字现象。这种现象，严重地破坏了词有定字，字有定义的正常关系，使得同一个词有好几个不同形体的字。既造成了汉字的极大的混乱，又无端地增加了使用者的负担。汉字的总数，迄今为止仍然是个未知数，问题就出在异体字上。我国第一部字书《说文解字》收单字9353个，加上重文1163个，共计10516个字。自此以后，成倍增长的汉字主要是异体字。到1986年出版的《汉语大字典》已收单字54678个，1994年出版的号称"当今世界收汉字最多的字典"《中华字海》所收楷书汉字已达到85568个，而2001年台湾出版的《异体字字典》所收单字竟多达105051个，其中还不包括民用俗字、义未详的正字等。这十万多字的《异体字字典》中当然也包含正体字。一个正体字，与之相对应的异体字，往往有两个或两个以上。因此，可以说，这十万多字中，绝大多数是异体字。其数量之多，不禁令人叹为观止，但也还不能说这本《异体字字典》已收罗齐全，毫无遗漏了。如果像有的先生说的那样，古今字也包括异体字，那么研究古今字，不仅毫无意义，没有必要，而且根本就没有这个可能性。

通假字的产生，也完全是文字问题，与新词的产生、词义的发展也毫不相干。古代，主要是先秦两汉时期，人们在书写时有个写同音替代字的习惯。"经传往往假借"（王引之《经义述闻序》），"汉人能通借尤多"（段玉裁《说文解字叙注》）。如把早晨的"早"，写成"蚤"，这种现象本质上就相当于今天写了一个错别字。如果把《史记·项羽本纪》"且日不可不蚤自来谢项王"这句话读出声来，丝毫不影响语义的表达。语言是音义结合物。在这个语句中，把"早"写成"蚤"，只是发生在书面语言中。如果读出声来，转换成口语，语义一点也没有发生变化，当然也就不存在与词或词义的发展变化有任何联系。

写通假字在当时虽然是被允许的，但却造成书写的混乱。针对这种混乱的现象，《说文解字》应运而生，对规范汉字的书写起到了积极的促进作用。"《说文》既出，而用通借字者少矣。"（陈澧《东塾读书记·小学》）如《史记·项羽本纪》中"旦日不可不蚤自来谢项王"，《汉书·高帝纪》就把"蚤"改为"早"。（按：《说文》和《汉书》作者处于同一时期。）

当前，对古今字确实还存在着一些不同的理解，有的先生把不同的理解归结为只是看法的不同。笼统地说，也无不可。但从深层次分析，我则认为首先是基本观点的不同；其次是对古今字研究的深入程度也存在着差别。

古今字的产生，首先应该强调是语言问题。王力先生在《同源字典·序》中，高度评价清人对同源字研究的成果，认为他们也完全有能力编写一本同源字典，然后设问说："那么，为什么他们不写出一部同源字典或语源字典呢？这是由于他们是从文字的角度研究问题，不是从语言的角度研究问题。"古今字都是同源字。同理，清人对古今字的研究，也已达到相当的深度，但为什么他们不编写出一部古今字字典或区别字字典呢？这也是由于他们是从文字的角度研究问题。现在，有的先生虽也关注古今字的研究，但也是由于他们不是从语言的角度，而只是从文字的角度观察问题，始终把目光停留在文字现象上，从而在一定程度上模糊了对古今字的认识。

古今字同时也是文字问题。即使有了正确的基本观点，研究古今字的难度也依然是很大的。主要有两个原因，一是汉字形体本身发生了很大变化，一是历代的古籍都程度不同地受到后人的改动。这两个原因都是客观存在的。

汉字的形体，从甲骨文到今天的楷书、宋体，形体结构发生了很大的变化。汉字从甲骨文算起，已有约 3500 年的历史，其形体历经了由甲骨金文到篆文，并由篆而隶、由隶而楷的演变，在不同形体的转换过程中，文字的形体结构难免会发生错讹。这种现象，尤其是在由篆而隶的变化中更甚。因此，现存古籍中的文字已非原貌，要辨别因词义发展而形成的古今字，确实不容易。

还有一个更为主要的原因是，现存先秦古籍，是经汉人大规模收集整理或后人改动的。汉人在收集整理过程中，曾羼入不少汉代才有的字，造成古今混杂的现象。关于这一点，《说文解字》研究者在分析古今字这一现象时，屡屡提及。另外，汉魏以来，古籍屡经传写，古籍原貌也有所失真，更兼屡经历代刊刻、奉诏修定等人为因素，文字也常被改动。如唐人卫包曾奉诏改古文《尚书》从今文，"宋人每好臆断改旧文"（卢文弨《重雕〈经典释文〉缘起》），等等，要从现存古籍中，辨识厘定古今字，其难度之大可想而知。只有大量参考有关古今字的研究成果，并接触和掌握相当数量的古今字，慎辨细察，才有可能逐渐加深对古今字的认识，才有可能逐渐认识古今字的面貌。我曾参阅了大量有关古今字的研究资料，积年所逐渐收集的古今字也逾千组，但在真正动手编写时，又数经筛选，最后只保留了近 500 组古今字。其中有的因书证不足，有的因理据欠缺；有的看似古今字，如"丁宁 叮咛""夫容 芙蓉""旁光 膀胱""鹿卢 辘轳""辟历 霹雳"等，但从词的角度分析，并不是由于"'兼职'多"，似应看作是一个词的不同写法。还有一些，如"展转 辗转""辐凑 辐辏",“展”的本义就是转，"展转"，是同义连用；"凑"的本义是众流会聚，"辐凑"是车辐之会聚于毂。因"展"经常与"转"连用，"凑"经常与"辐"连用，因类化作用写作"辗""辏"，从单词来看，"展""凑"等也因"'兼职'多"，字型发生了区别性的变化，可看作是古今字。但不是很典型，只是酌情收了一些。本着宁缺毋滥的原则，最后完稿时，计有古今字 498 组，共 1134 个字（不计括号内的简化字、异体字）。

　　古今字都是同源字，而同源字又是同义词。我对古今字和同义词的关注，几乎是同步进行的。1981 年在《中国语文》发表了《古今字概说》，1983 年就又在《中国语文》上发表了《古汉语同义词及其辨析方法》，接着在 1987 年出版了《古汉语同义词辨析》一书。在接触古今字的量不断增加，认识也有所提高以后，1992 年在《北京师范学院学报》发表了《古今字概述》一文，同年，我所申请的《古汉语同义词词典》国家社科项目得到批准。1995 年在积累了一定量的古今字后，又在语文出版社出版过一本叫《古今字》的小册子，2009 年在看到有的先生把古今字混同于异体字、繁简字后，又在《首都师范大学学报》发表了《古今字辨正》一文，同年年底，在商务印书馆出版了《古汉语常用同义词词典》。我在完成同义词词典的编写过程中，接受李行健先生的建议，把任务分阶段完成，先在商务出版了《谦词敬词婉词词典》。我正在编写的《古今字字典》，实际上也是我准备完成的同义词系列词典中的一本，也不妨看成是同义词词典。

　　我心里虽一直有个编写古今字字典的夙愿，并且也积累了不少材料，发表过一些前期的科研成果，但考虑到编写的难度，一直迟迟未敢动手。直到年近八旬，深感垂垂老矣，馀日不多，且时不我待，才驽马十驾，鼓起馀勇，勉力而为。在编写过程中，徒劳无功的事常常发生。因要查证一个字，必须尽可能地查阅这个字的所有材料，但最后发现可采用的很少，也只有几十个字，有时甚至一无所获，劳而无功。因此，能否在有之年成书，也一直忐忑不敢自信。应该感谢宿娟先生。她曾向我约稿，当时我虽以这般年纪不宜承接有期限性的任务为由，没有立即答应，但念及自己已进入期颐之年，驾鹤西游，时有可能，也常暗自鞭策，以期早日完稿，以了夙愿。宿编的约稿无疑是一种潜在的推动力量。

　　自清人开始深入研究古今字至今，已有二百多年历史。近人研究甲骨金文时，也是从语言的眼光屡屡提及古今字。应该说，现在编写一本古今字字典的条件已基本具备。听说有的先生也在主编写古今字字典，但迄今为止还不见出版。这本古今字字典，有可能还是第一本。也由于是第一本，缺乏现成的参考资料，不敢轻下断语。为了说明所言不虚，持之有据，本字典大量引用了古人、今人的研究成果，包括字书、韵书的解释，历代的注疏、校勘，尤其是清人对《说文解字》的各种形式的研究心得，庶几避免个人的臆断。但是，最初产生的编著，不免存在粗糙疏漏之处，竭诚盼望同行匡谬补缺，批评指正。

（原载洪成玉《古今字字典》，商务印书馆，2013 年 7 月）